Christoph Dieckmann
Freiheit, die ich meine

Christoph Dieckmann

Freiheit, die ich meine

Unbeherrschte Geschichten

Ch. Links Verlag, Berlin

Gewidmet dem Andenken von Michael John (1965–2011),
Kopf und Herz der »Erfurter Herbstlese«

Das Buch erscheint auf Wunsch des Autors
in nichtreformierter Rechtschreibung.

Die Deutsche Nationalbibliothek verzeichnet diese Publikation
in der Deutschen Nationalbibliografie; detaillierte bibliografische
Daten sind im Internet über www.dnb.de abrufbar.

1. Auflage, März 2012
© Christoph Links Verlag GmbH
Schönhauser Allee 36, 10435 Berlin, Tel.: (030) 44 02 32-0
www.christoph-links-verlag.de; mail@christoph-links-verlag.de
Umschlaggestaltung: KahaneDesign, Berlin, unter Verwendung eines
Gemäldes von Caspar David Friedrich: »Der Chasseur im Walde« (1813)
Satz: typegerecht berlin, Berlin
Druck und Bindung: Freiburger Graphische Betriebe, Freiburg

ISBN 978-3-86153-671-0

Inhalt

Freiheit, die ich meine

Grenzerfahrungen

Ich bedarf äußerlich der Enge,
um innerlich ins Weite zu gehen.
Theodor Storm

All the years the people said
He's acting like a kid
He did not know he could not fly
So he did
Guy Clark: »The Coat«

1

Da stand sie, blond und braungebrannt, in einem weißen Leinen-
kleid. Sie war sehr schön, soviel sah der Junge im kühlen Däm-
mer des Flurs. Sie lachte, gab ihm die Hand und erfragte seinen
Namen. Er sagte: Mein Vater ist noch im Dorf unterwegs. Meine
Mutter ist im Garten, dort kann man das Klingeln nicht hören.
Möchten Sie ein Glas Apfelmost?

Er führte sie in Vaters Pfarramtszimmer, das nicht grundlos betreten werden sollte. Aber dies war ein Grund. Er plazierte sie gegenüber der Bücherwand, unter Dürers Apostelbildern. Er eilte in
den Keller, griff aus dem Regal eine verstaubte Flasche und lief in
die Küche, erregt und froh. Auf dem Most schwamm ein Häutchen
Schimmel. Das schwappte er in den Ausguß und füllte ein großes
Glas, randvoll. Er trank einen Schluck ab und trug das Glas ins
Amtszimmer. Dort saß das Mädchen im Gespräch mit dem Vater.
Der Vater sagte: Das ist unser Zweitältester. Sie lachte wieder und
griff dem Jungen ins Haar: Wir kennen uns schon.

Folgendes war vorgefallen: Das Mädchen hatte dem Vater
einen Brief geschrieben und eine unerhörte Bitte vorgetragen. Sie

wohne im Erzgebirge, wie ihr Freund. Der sei nun Soldat, grenz-
nah stationiert bei Dingelstedt, in Mönchhai. Niemals bekomme
er Urlaub, höchstens Ausgang. Sie sehne sich so sehr. Ob es möglich wäre, im Dingelstedter Pfarrhaus eine Nacht beieinander zu
sein?

Ein solches Ersuchen forderte in den sechziger Jahren vom
lutherischen Pfarrhaus nichts Geringeres als den sittlichen Grenz-
durchbruch.

Mönchhai lag oben im Huy. Die Garnison war ein Unort, der
den romantischen Wald realsozialistisch unterbrach. Schlagartig
endeten die dichten Buchen und entbargen ein ödes Kasernengelände. Einzelne Soldaten sah man nie, nur Marschzüge uni-
former Hammelherden, wie sie, in anderer Wolle, auch von den
Schäfern durchs Harzvorland getrieben wurden. Die Kinder der
Offiziere besuchten die Dingelstedter Schule. Der Vater des Klas-
senprimus war Oberleutnant, wie die alte Lehrerin bedeutsam wissen ließ. Dem arroganten Sprößling begegnete sie mit einer Servili-
tät, die ihn nicht angenehmer machte.

Das Militär galt wenig in der DDR-Bevölkerung. Die Wieder-
bewaffnung lag noch nicht lange zurück. Der Schutz des Staates
und seiner deutsch-deutschen Grenze war kein Bedürfnis der Ost-
harzer Bauern. Im Volk kursierte noch der Fluch: Dem Deutschen,
der je wieder ein Gewehr ergreift, soll die Hand abfallen. Die älteren Frauen des Dorfes trugen Schwarz. Die Männer waren irgendwann »aus der Gefangenschaft heimgekehrt« – bei weitem nicht
alle. Auf den Anrichten der Bauernstuben lächelten Porträtphotos
junger Militärs, geziert mit Trauerflor. Die Nationale Volksarmee
der DDR erfreute sich der Spottbezeichnung Hoffmanns Trachten-
gruppe. Heinz Hoffmann hieß der Armeegeneral. Drill und Bräu-
che waren roher als bei der Bundeswehr. NVA-Rekruten wurden
möglichst fern ihrer Heimat stationiert.

Transatlantisch weit lag das Erzgebirge vom Huy. Die Eltern
berieten sich. Dann schrieb der Vater dem Mädchen: Wir freuen
uns auf Ihr Kommen. – Ein Stündchen später betrat auch der
Freund das Pfarrhaus: ein Hering in Uniform. Das Mädchen um-
halste ihn, schluchzend, glücklichen Unsinn stammelnd. Er sagte:
Mädel, dein letzter Brief, ich konnt's nicht mehr erwarten. Der

Junge dachte: Was schreibt sie dem, der ist häßlich, warum liebt sie ihn? Für schön und also liebenswert hielt er den Musketier d'Artagnan oder den Ritter von Pardaillan, der degenschwingend über die Kinoleinwand tobte und weibslustig jauchzte: Hoho, ich bin ein Gascogner! Der Hering ähnelte dem Vater auf den alten Wehrmachtphotos: genauso dünn und scheu, abstoßend kostümiert. Und doch hatte der Vater die schöne Mutter gewonnen.

Nun deckte die Mutter in der Sommerstube den Abendbrottisch. Es war Freitagabend, aber der Vater sprach das feierliche Sonntagsgebet: »Aller Augen warten auf dich, Herr, denn du gibst ihnen Speise zu seiner Zeit. Du tust deine Hand auf und erfüllest alles, was lebt, mit Wohlgefallen.« Das Paar betete mit. Ansonsten sprach der Soldat kaum. Wurde ihm das Brot gereicht, die Wurst, der Rollmops, dankte er mit knappem Nicken. Das Mädchen sprudelte. Krankenschwester war sie und schwärmte von Annaberg, in einem drolligen Dialekt. Am wunderbarsten aber sei das Meer, der Kampf von Wogen und Wind, die Insel Hiddensee. Dort finde man Freiheit, am Ende der Welt.

Die Julischwüle drückte. Im Garten vor dem Fenster huschten die Schwalben. Zur Unterhaltung wußte der Junge wenig beizusteuern. Kennerische Äußerungen über Wismut Aue quittierte der Soldat mit Desinteresse. Fußball sei landsmannschaftliches Dauergequatsche in der Verrücktenanstalt NVA. Da erzählte der Junge einen der damals beliebten Anstaltswitze: Zwei Verrückte wollen fliehen. Drei Mauern müssen sie nachts überwinden und dann das große Tor. Aber wie? Per Räuberleiter überklettern sie die Hindernisse. Der eine Ausbrecher sitzt bereits auf der dritten Mauer und starrt aufs Tor, da ruft der andere von unten: Können wir das Tor öffnen? – Nein, auf keinen Fall! – Warum denn nicht? – Es ist schon offen!

Gutmütiges Gelächter. Nur der Soldat sagte kränkend: Witz komm raus, du bist umzingelt. Es donnerte. Der Vater schloß die Fenster und verhieß: Heute gibt's noch was! Das Paar blickte sich an. Endlich lächelte auch der Soldat. Die Buttermilch zeichnete dem Mädchen einen kleinen weißen Bart auf die verschwitzte Oberlippe. Dann sagten die beiden artig Gute Nacht. Sie verließen die Sommerstube und schritten, die Treppe knarrte, zum Fremdenzimmer empor. Der Junge sah ihnen nach und ersehnte etwas Namenloses – den Brief, die Insel, das Meer. Das Verschwinden des Soldaten und der Kindheit. Den Wald, der das Geheimnis des Kindes war. *Es zog den Schlüssel aus der Tür. / Es warf ihn in die Sonne und er schmolz. / Das Haus war leer, fort war das letzte Tier. / Es lagen bloß noch ein paar Steine hier / und nachts zum Feuermachen etwas Holz. / Der Morgen war von Tau und Asche kalt. / Es ging auf einen Weg in einen Wald. / Der Engel sah es und vergaß es bald.*

Einige Wochen später nächtigten Mädchen und Soldat nochmals im Dingelstedter Pfarrhaus. Nichts davon meldet die Erinnerung, aber einen Satz des Genossen Heinz Hoffmann: »Wer unsere Grenze nicht respektiert, der bekommt die Kugel zu spüren.«

2

Unsere Grenze wurde respektiert. So lautet die Kurzantwort auf die Frage: Wie habt ihr in der Diktatur gelebt? Die Frage, eine Anklage, ist altbundesdeutscher Herkunft. So fragten die Achtundsechziger, als sie von ihren Vätern und vom NS-Rechtsnachfolger BRD die schonungslose Offenlegung der braunen Vergangenheit verlangten. Dementsprechend müßten nun auch die Spät- und Nachgeborenen der »zweiten deutschen Diktatur« endlich Rechenschaft von ihren Eltern fordern: Wie konntet ihr leben mit Stasi und Stacheldraht? Was habt ihr getan? Wo blieb euer freiheitliches Aufbegehren?

Ausführlich wäre zu erwidern: Die DDR war nicht Nazideutschland, die Ostdeutschen arrangierten sich mit den Gegebenheiten des Kalten Kriegs. Die meisten Menschen sind pragmatisch. Sie wollen gewohnheitlich leben oder Karriere machen und passen sich den Verhältnissen an. Wenn die sich wandeln, wandeln sie mit. Mehrheit läuft immer zur Mehrheit, unbeschadet der Ideologie. Das wissen die Ideologen der Diktatur. Das Volk ist nie verläßlich überzeugt. Man kann ihm nicht trauen. Grenzschutz tut not und das bewaffnete Mantra: Die Machtfrage ist geklärt!

Die Staatsmacht durchdrang das Volk, das seine Grenzen

kannte. Die Grenze kannte es nicht. Es gehört zu den erstaunlichen Eigenheiten der grenzfixierten DDR-Erinnerung, daß der Bürger den hochgerüsteten Limes gar nicht zu Gesicht bekam, es sei denn als Grenzsoldat oder in Berlin. Die Macht umzäunte das Land. Das Volk entzog sich der Macht nach innen. Die Macht war der Staat DDR. Das Volk wohnte im gleichnamigen Land, nach Möglichkeit privat. Die Staatsmacht hätte gern auch das private Land erobert. Zu »staatlichen Anlässen« marschierte die Staatsjugend auf und skandierte: DDR UNSER VATERLAND! Blaublusiges Jungvolk bekannte: MEINE HEIMAT DDR! Auch der Nichtpionier sang mit, als die geliebte Klassenleiterin, schwungvoll dirigierend, »Unsere Heimat« anstimmte. Die Zukunftssonne schien, die Harzer Bauernkinder zwitscherten und brummten, Frau Schmädig sang hellauf vor: *Unsere Heimat, das sind nicht nur die Städte und Dörfer, / unsere Heimat sind auch all die Bäume im Wald. / Unsere Heimat ist das Gras auf der Wiese, / das Korn auf dem Feld und die Vögel / in der Luft und die Tiere der Erde / und die Fische im Fluß sind die Heimat. / Und wir lieben die Heimat, die schöne / und wir schützen sie, weil sie dem Volke gehört, / weil sie unserem Volke gehört.*

Heute klingt das ökologisch. Damals intonierte dieses Pionierlied von Herbert Keller und Hans Naumilkat DDR-Ideologie als Sentiment. Der Staat betrieb die Verstaatlichung der Heimat als Verheimatung des Staats. Der Effekt hielt sich – in Grenzen. DDR-Identität war nur als parteiisches Bewußtsein möglich, nicht als naturwüchsiges Empfinden. Die rabiate Vernutzung der Natur nährte und zerstörte den Industriestaat DDR, der Giftluft und verseuchte Flüsse produzierte und die Wälder sterben ließ. Die überlebende Natur blieb ein nichtsozialistischer Rückzugsraum: Heimat.

Was ist des Deutschen Vaterland? Der Junge kannte das deutsche Urasyl: den Wald, der gleich hinterm Pfarrhaus begann. Alltäglich lief er in den Wald. Der Huy barg die Klauswiese und die Gletschertöpfe, die Daneilshöhle und den Schwedenstein. Der Wald gebar Märchen, ihm galten altdeutsche Lieder: *Der Wald steht schwarz und schweiget, und aus den Wiesen steigt der weiße Nebel wunderbar.* Und: *Dunkler Wald, grün gestalt't, wie viel zählst du Zweiglein?* Und: *Wer hat dich, du schöner Wald, aufge-baut so hoch da droben?* Und: *O Thäler weit, o Höhen, o schöner grüner Wald, du meiner Lust und Wehen andächt'ger Aufenthalt.*

In jedem Sommer verreiste die Familie für drei Wochen. Urlaub hieß: größere Wälder, Steigerung des Waldgefühls. 1961 war Elend im Harz beurlaubt worden. Zehn Tage vor dem Mauerbau hatte der Junge eine alpine Erfahrung gemacht, die dann für 28 Jahre verboten blieb: die Besteigung des Brockens. 1962 fuhren wir ins thüringische Finsterbergen, 1963 nach Schnepfenthal in Thürin-gen. 1964 erwählten die Eltern die Wartburgstadt Eisenach, 1965 Wilhelmsdorf (Thüringen). Der dichte Tann der Erinnerung hütet kirchliche Erholungsheime. Durch ächzende Treppenhäuser wan-deln biedere Paare, toben zur Bravheit ermahnte Pastorenkinder. Andachtsglocken hallen und pünktliche Gongs, die dreimal täglich zum Gemeinschaftsmahl rufen. Am Kopf der Tafel präsidiert eine greise Diakonisse in weißgrauer Schwesterntracht und spricht das Tischgebet. Man setzt sich. Dann klappert Aluminium an Porzel-lan.

Nicht der Brocken wurde zur prägsamsten Erfahrung des 61er Urlaubs, sondern eine wahrhaft lutherstarke Tat wider die Dikta-tur. Auf der weißgedeckten Mittagstafel stand ein Sparschwein, mit ordnungspolizeilicher Funktion. Für jeden Klecks aufs Tisch-tuch war dem Schwein ein Groschen zu zahlen. Die Erwachsenen, autoritär geprägt, fügten sich diesem Gottesgesetz. Eines Mittags gab es Grießbrei mit Kirschsaft. Der Junge kleckerte dreimal. 30 Pfennig Strafe? Er griff zum Saftkännchen und übergoß das weiße Tuch, bis sich die drei kleinen Flecke zu einem kirschroten See verbanden. Die Diakonisse erstarrte. Dann bebte ihr Häub-chen. Dann reckte sie die dürren Hände zitternd gen Himmel. Dann krähte sie: Aaaah!! Warum tust du das?

Damit mein Vati nur zehn Pfennig bezahlen muß.

Eine Pfarrfrau kicherte. Ansonsten schwieg die Tischgemeinde. Erstmals bemerkte der Junge die DDR-typische Art der Kritik: das innere Kopfschütteln. Der Vater, immer korrekt, büßte den Gro-schen ins Schwein. Nach Tisch tadelte er die Tat.

Aber Vati, jetzt mußtest du bloß einen Groschen bezahlen.

Ja, aber der Saft war alle.

Dann ging es wieder in den Wald. Unablässig wurde gewandert. Dem Brocken folgten Leisten-, Bären-, Zeterklippen. Thüringens Brocken war der Große Inselsberg. Auch der Rennsteig wurde bestiegen, die Hohe Sonne, die Wilde Sau. Man begab sich bergeinwärts. Unter Tage funkelten die Wunder der Baumannshöhle und der Feengrotten. Überall waberten Sagen: Roßtrappe und Regenstein, Tannhäusers Hörselberg, Elisabeths Rosenwunder. Wie Noahs Arche schwamm die Wartburg auf wogenden Wäldern und barg den kaiserflüchtigen Luther. Der hatte 1521 inkognito, als Junker Jörg, in einer kleinen Kajüte sein Tintenfaß nach dem Teufel geschmissen und das griechische Neue Testament verlutherdeutscht, inklusive des protestantischen Imperativs: »Die Wahrheit wird euch frei machen.« (Johannes 8,32) Das christliche Leben beschrieb er paradox, als Freiheit und Verantwortung: »Ein Christenmensch ist ein freier Herr über alle Dinge und niemandem untertan. Ein Christenmensch ist ein dienstbarer Knecht aller Dinge und jedermann untertan.«

Mitunter stoppte der Vater das Wandern. Man möge innehalten, schweigen, den Klang des Waldes erlauschen. Die Waldwelt atmete und rauschte – hier fast still, dort wie verborgenes Wasser. Fand man das Wasser, ließ es sich trinken und wusch die Früchte des Walds. Mitgeführte Beutel füllten sich mit Him-, Brom- und Heidelbeeren. Zahlreiche Pilze wurden erlegt. Das Pilzbuch lehrte die Unterscheidung der köstlichen Marone vom unbekömmlichen Bovist und dem Fliegenpilz, der um so tödlicher sei, je weiter westlich er wachse. In Spanien morde er fast schon beim Anblick. Da lebte man doch sicherer im Osten, in der DDR.

Es konnte jedoch geschehen, daß man an Drahtverhaue stieß. Schilder warnten: ACHTUNG SPERRGEBIET! Derlei war bekannt aus dem Grimmschen Märchen von Jorinde und Joringel. Man kehrte besser um und wählte erlaubte Pfade zum Ausflugsziel. Gebogene Bilderschildchen am Wanderstab, sogenannte Stocknägel, bezeugten die geschauten Orte. Nach dem Besuch der Wartburg war der Stock des Jungen voll. Nun hatte er also die Welt bereist. Für weitere Taten blieb kein Raum. Allmählich erkannte er auch die wechselseitige Durchwaltung von Natur und

Geist. Er studierte Wanderkarten und fand jeden Hügel, Rain und Weiher längst benannt. Nur die kleinen Dinge blieben namenlos und also frei. Freiheit schien, worauf niemand Anspruch erhob, was kein anderer fühlte, was jeder übersah: ureigene Erfahrung individueller Welt. Man brauchte zu dieser Freiheit kein anderes Land, nur Freimut und frische Augen.

Gibt es ursprüngliches Naturgefühl? – Wo immer man Berührung sucht. – In unserer grundbucherfaßten, funktional gescannten Kulturlandschaft? – Auch im Stadtpark, sogar im Blumenkasten, gemäß Eugène Ionescos Satz: »Man läßt uns nicht leben, also leben wir im Detail.« Der Kickelhahn bei Ilmenau ist technisch Forstwald, seelisch die Höhe von »Wandrers Nachtlied«: *Über allen Gipfeln / Ist Ruh, / In allen Wipfeln / Spürest du / Kaum einen Hauch; / Die Vögelein schweigen im Walde. / Warte nur, balde / Ruhest du auch.*

Glücklicherweise bleibt Natur sich selber fremd. Weder kennt der Brocken seinen Namen noch Heinrich Heines Diktum: »Der Brocken ist ein Deutscher.« Anderseits wird der Brocken niemals Türke oder Puertoricaner, trotz internationalen Zulaufs und Thilo Sarrazin. Auch die Bepflanzung deutscher Höhen mit nationalistischem Denkmalschwulst war eine nachhaltige Okkupation von Natur, wie alle geweihten Stätten und Heiligen Ländereien. Die Urkunden, die der Vater seinen Konfirmanden überreichte, zeigten Caspar David Friedrichs berühmtes Gemälde »Das Kreuz im Gebirge«. Steil ragt der gekreuzigte Christus aus einem Felsmassiv, ein *Ecce Homo naturalis*, den die Gloriole des Sonnenuntergangs verklärt. Ist das Kitsch? Andachtsmystik? Glaubenskunst? – All das, auch Nationalvision. Friedrichs deutschtiefe Motive – die knorrigen Eichen, die rabenüberflogenen Felder, die Kirchhöfe, die gotischen Ruinen im Wald – mischen Naturempfindung und Ideologie. Man sieht drei verschneite Fichten und weiß: Das sind, verdeutscht, die Kreuze von Golgatha. »Der Chasseur im Walde« aus dem Befreiungsjahr 1813: Napoleons Soldat steht verirrt im Fichtenforst. Dieser Wald ist Deutschland und wird ihn verschlingen, unerbittlich wie Ernst Moritz Arndt: *Das ist des Deutschen Vaterland, / wo Zorn vertilgt den welschen Tand, / wo jeder Franzmann heißet Feind, / wo jeder Deutsche heißet Freund.*

Vom Völkischen und seiner Feindsucht wußte der Junge aus den mordlustigen Jugendbüchern des Vaters. Er las sie mit Erregung und blieb von ihrem Gift verschont. Warum, wird bald erzählt. Zunächst geschah im Sommer 1966 eine Urlaubsrevolution. Die Familie verließ den Wald. Der Vater jagte den Trabant nach Norden. Bereits nach zwei Tagen erreichten wir das Meer. Erstmals erlebte der Junge das Ende des Lands. Der Horizont war uferlos. Der Blick stieß an kein Ziel. Man mußte nicht schweigen, nichts erlauschen. Diese Welt rauschte laut und unverborgen. Alles lag frei. Daß man es Ostsee nannte, war dem Meer egal.

Kein Wald ist wie ein zweiter. Alle Meere sind das Meer. Die Insel fand er später.

3

Wünsche, zu rasch erfüllt, sind Naschwerk. Träume, zu lange bewahrt, verderben. Ein Traum seit Kindertagen war die schimmernde Stadt des väterlichen Buchs »Der Löwe von Flandern«. Seit 1989 lag sie innerhalb deiner erreichbaren Welt, wurde aber nicht heißhungrig verschlungen wie London und Paris. Sie blieb unbesucht, bis zum Sommer 2011. Nun mußte es sein.

Der Zug von Brüssel braucht nur eine Stunde. Du verläßt den Bahnhof und wirst sofort historisch entrückt. Das Rollköfferchen lärmt auf dem Buckelpflaster wie ein flämisches Fuhrwerk, mit dir als Pferd. Giebelfronten säumen die Gassen. Madonnen lächeln aus blumengeschmückten Erkern. Du querst die erste Gracht. Du passierst den Klosterhof der mildtätigen Beginen und die umfluteten Mauern des Sint-Jans-Hospitals. Am Rozenhoedkaai offenbart sich Brügge mit sentimentalischer Pracht: antike Brücken, efeubewucherte Wasserfronten, kragendes Fachwerk, die himmelstürmende Gotik der Onze-Lieve-Vrouwekerk. Rechts ragt der Belfried, aus dessen Filialen das Carillon die Stadt mit Glockenspiel überschüttet.

Du machst Quartier und läßt dich treiben. Am Burgplatz fehlt die Burg, aber das Rathaus zieren Skulpturen der flandrischen Heldengeschichte. Deren Supermänner besuchst du später, denn jetzt beginnt in der nahen Heiligbloedbasiliek die Verehrung des Heiligen Bluts. Im Jahre 1149 kehrte Dietrich von Elsass vom zweiten Kreuzzug zurück, in Begleitung einiger Tropfen vom Blute Christi, die er der Stadt Brügge vermachte. Bis heute wird die Reliquie alljährlich zur Heiligblutprozession durch die Stadt getragen und jeden Freitag angebetet. Es ist Freitag, 14 Uhr. Die Kapelle strömt voll. Auf einer doppeltreppigen Empore sitzt, weiß gewandet, ein geistlicher Herr. Vor ihm liegt die heilige Ampulle wie eine goldgefaßte Wasserwaage. Das Volk prozessiert die rechte Treppe empor, spendet in ein Kästchen, verneigt sich über der Ampulle und küßt das Glas. Der Zeremonienmeister überreicht ein kleines Leporello mit Bild und Gebet; zugleich wischt er wie ein virtuoser Lapsteel-Gitarrist über die Ampulle und reinigt sie zum nächsten Kuß. Du reihst dich ein, trittst herzu und spendest eine griechische Zwei-Euro-Münze: Europa, nackt und rittlings auf dem Stier. Du erblickst die rostrosa Blutkonserve, küßt nicht, aber neigst dein schlohes Haupt. Das reicht und wird mit dem Leporello belohnt.

Bist du nun sündenfrei? – Sowenig wie ein Katholik.

Zum Markt ist es nicht weit. Da protzen sie, die bronzenen Freiheitshelden des flandrischen Volks: Pieter de Coninck und Jan Breydel. Mit Schwert und Löwenfahne regieren sie pompös den weiten Platz. Ihr Monument wurde 1887 vom Nationalismus geformt. Die Epoche forderte, daß Pathos wallte. Völkische Romantiker erfanden idealische Vergangenheiten. Charakter hieß Trutz. Frauen fühlten edel, Recken stritten kühn. Es gab eine Kinderzeit, da hieltest du solch ritterlichen Schwulst für tatsächliche Geschichte.

Die tatsächliche Geschichte geschah im Jahre 1302. In den Stadten Flanderns schwelte seit langem der Bürgerstreit zwischen Klauwaerts und Leliaerts, den separatistischen »Klauen« des flandrischen Wappenlöwen und den handelsbeflissenen »Lilien«, die Frankreich zuneigten. Der französische König Philipp der Schöne nutzte den Zwist und eroberte Flandern. Sein Statthalter Jacques de Chatillon unterdrückte die Brügger derart, daß sie sich erhoben und in der Nacht vom 17. auf den 18. Mai alles ermordeten, was französisch schien.

Der historische Vorgang ist unter dem zynischen Begriff »Brügger Frühmette« überliefert. Die nationalistische Ausmalung lieferte Hendrik Conscience (1812–1883) mit seinem Roman »Der Löwe von Flandern«. 1838 veröffentlicht, gehört der bluttriefende Schinken zur Literaturgattung Freiheitsgeheul. Er befand sich in Vaters Jugendbibliothek. Sie überstand den 8. April 1945, die Bombardierung Halberstadts, inmitten völkisch-militaristischer Prosa wie Josef Magnus Wehners »Sieben vor Verdun« und Werner Jansens »Geier um Marienburg«. »Der Löwe von Flandern« war ein Ahn dieser Schwarten.

Du entsinnst dich behaglicher Lektüre im Schaukelstuhl des Dingelstedter Bücherzimmers. Der Sommerregen rauscht, der Löwe brüllt, auf deinem Schoß schnurrt der Kater Muck. Ach, was muß man oft von bösen Völkern hören oder lesen! Franzosen, die bei Conscience »Französlinge« heißen, sind Gefäße übler Eigenschaften. Sie putzen sich, sie reden weibisch, sie sind verseucht vom welschen Krämergeist. Wohl gibt es Ausnahmen edlen Geblüts, so Karl von Valois, den Bruder Philipp des Schönen. Auch der König ist zur Seelenregung fähig, aber Wachs in den Händen seiner teuflischen Gemahlin Johanna von Navarra. Deren Gauleiter Chatillon will bereits auf Seite 11 einen jungen Flamen hängen, der ihm kecke Antwort gab. Letzterer ist niemand anders als Jan Breydel, Zunftmeister der Fleischer von Brügge. »Langes, blondes Haar wallte auf seine breiten Schultern herab. Feurige blaue Augen sprühten unter dichten Brauen hervor. (...) ›Weh dem, der mich anrührt!‹ rief er ihnen mit dröhnender Stimme zu. ›Flanderns Raben fressen keinen Vlaemen! Sie fressen lieber Franzosenfleisch!‹«

Zum Hängen kommt es nicht. Breydel entspringt. Alsbald begegnen wir seinem Helden-Kollegen, dem Zunftmeister der Brügger Weber. Pieter de Coninck scheint von besonnener Art. Breydel und de Coninck sind Volkes Faust und Stirn. Der eine dürstet allzeit nach Franzosenblut, der andere plant die Freiheit strategisch. Entmannt ist der flandrische Adel. Robrecht van Bethune, der Löwe von Flandern, schmachtet im Franzosenkerker. Machteld, seine edle Tochter, leidet und betet unablässig, wie's Frauen geziemt. Seufzer entringen sich der holden Brust, derweil die Brügger Handwerkskammer mal wieder die Franzosen überfällt: »›Seht,

Brüder‹, rief Breydel, ›ich beginne das Schlachten! Mir nach!‹ Wie sich ein Pflug selbst eine Spur in die Erde gräbt, so bahnte sich Breydel einen Weg durch die Franzosen. Jeder Schlag mit seinem Beil kostete einem Feind das Leben, und das Blut seiner Schlachtopfer strömte in Bächen von seinem Wams. Wütend wie er warfen sich die anderen Vlaemen von allen Seiten auf die Söldner, und ihr Jauchzen übertönte das Todesgeschrei der Franzosen.«

Dies ist natürlich nur ein kleines Vorgeplänkel. Zur »Brügger Frühmette« rauscht das Blut dann wie der Trusetaler Wasserfall, und in der Goldenen Sporenschlacht von Kortrijk, die Flanderns Freiheit bringt, ist des Metzelns kein Ende. »Wat walsch is, valsch is! Slaed al dood!« Unter dem Schlachtruf »Vlaenderen den Leeuw!« mähen die Klingen. »So ging es den ganzen Tag, bis nicht ein einziger Franzose oder französisch Gesinnter mehr zu finden war.« Der Löwe von Flandern verkündet die frohe Botschaft: »Flandern ist frei, das Vaterland ist gerächt, der schwarze Löwe hat alle Lilien zerrissen, und alle Fremden sind erschlagen.« Endlich jubelt auch die edle Machteld: »Solches Glück konnte ich nicht erwarten, soviel wagte ich nicht von Gott in meinen Gebeten zu verlangen!«

Die Freudenträne quillt, denn dies ist Freiheit: gereinigtes Volk, rassische Homogenität, kollektives Ich. Du bist nichts, dein Volk ist alles. Abweichlern und Andersdenkenden ergeht es wie dem Webermeister Brakels, einem Kompromißler, der mit den Franzosen kungelt: »›Ich will nicht‹, sprach Breydel mit gebieterischem Blick zu seinen Leuten, ›daß das Blut dieser Schlange eure Beile befleckt. Er soll dem Volke ausgeliefert werden.‹ Der Befehl war noch nicht ausgesprochen, als schon ein Mann aus der Schar hervortrat und Brakels eine Schnur um den Hals warf; dann rissen sie den Verräter rücklings über und schleiften ihn aus dem Zelte. Seine bangen Schreie verschmolzen mit dem stürmischen Jauchzen der Menge. Nachdem sie ihn rund um das Lager geschleift hatten, kamen sie unter johlendem Geheul zu dem Feuer und zogen ihn vier-, fünfmal durch die Glut, bis er ganz unkenntlich geworden war.«

Was jauchzte die Menge? Wir sind das Volk?

Zweierlei erschüttert den Wiederleser nach viereinhalb Jahrzehnten. Da ist zunächst der wohlige Sadismus des Autors Conscience, dessen literarische Mordlust seine Helden schmückt. Breydel wirkt wie ein idealtypischer SS-Führer, ist aber weitgehend erfunden. De Conincks Rolle soll verbürgt sein. Individuelle Menschenkenntnis waltet keine; gerühmt wird die jederzeitige Bereitschaft des Volkes zum Pogrom. Consciences Vater war Franzose. Der Erstling des Sohns »In 't wonderjaer 1566« feierte den niederländischen Freiheitskampf und erzürnte den Vater derart, daß er den Filius aus dem Hause warf.

»Der Löwe von Flandern« wurde zum Kultbuch flämischen Nationalbewußtseins. Ein anonymes Nachwort von 1916 bemerkt »Züge, die uns etwas zu kraß anmuten. Aber man muß das Wesen eines Grenzstammes anders werten als das der Kernbevölkerung, die den Grenzkämpfen zumeist entrückt bleibt. Die Erbitterung immerwährenden Ringens verleiht dem Volkscharakter eine trotzige Härte (...) Um so mehr aber kann man stolz sein auf die glühende Vaterlandsliebe, auf die rückhaltslose Aufopferungsfähigkeit, die zähe Treue und die heldenhafte Kraft, die aus all diesen Kämpfen hervorleuchten und eines Deutschen würdig sind.« Denn Flamenkämpfe sind Germanenkämpfe, also deutsches Ringen, und so »wird Consciences ›Löwe von Flandern‹ eines der Werke bleiben, das immer wieder mit flammenden Worten zu Felde zieht gegen materialistische Überschätzung irdischen Wohllebens und kaufmännischer Erfolge und für die idealen Aufgaben und Ziele der Deutschen eintritt«.

»Der Löwe von Flandern« erschien auch in der DDR: 1971 im Verlag Neues Leben als Band 143 der Reihe »Spannend erzählt« und 1980 als Nummer 358 der »Romanzeitung« von Volk und Welt. Die zitierte Ausgabe druckte der Berliner Wilhelm Borngräber Verlag mitten im Ersten Weltkrieg, gewissermaßen zur Verstärkung der Westfront. Programmatisch vorgeschaltet ist Heinrich Hoffmann von Fallerslebens Gedicht »An den Stamm der Vlaemen« von 1840: *Suche nicht dein Heil im Westen! / In der Fremde wohnt kein Glück: / Suchst Du Deines Glückes Festen, / Kehre in Dich selbst zurück! (...) Treu bewahr' in Deiner Mitte / Vor dem welschen Übermut / Deine Sprach' und Deine Sitte / Deiner Väter Gut und Blut.*

Aber wie konnte ich diese massenmörderische Prosa kindlich

ungerührt verschlingen? Gleiches galt für den Kampf um Troja, für die Blutorgie der Nibelungen in Etzels brennender Burg, ja sogar für die Heilige Schrift, deren Exzesse den unbefangenen Leser verstören müssen. Am 3. Juni 2011 hielt Friedrich Dieckmann beim Evangelischen Kirchentag in der Dresdner Matthäi-Kirche eine Bibelarbeit. Gleich eingangs klagte er über den ihm zugeteilten alttestamentlichen Text aus dem 5. Buch Mose. Viel lieber hätte er Matthäus 5–7 ausgelegt, die Bergpredigt Jesu. Das war begreiflich. Die Bergpredigt ist das Zentrum der christlichen Botschaft und ihr liebster Zitatenschatz. Von der ihm gewiesenen Passage war Friedrich Dieckmann entsetzt. Und in der Schilderung der Landnahme, der gottesvölkischen Eroberung des Gelobten Landes Kanaan, habe er »mit völlig ahistorischem Schauder auf Schritt und Tritt die Sprache des Genozids« gefunden.

Dieckmann floh zu Luther und dessen Entdeckung, »daß der Christengott kein gerechter, sondern ein barmherziger Gott ist, und daß der Inhalt des Evangeliums nicht das Gesetz ist, sondern die Gnade«. Die Aufklärung habe dann die christliche Offenbarung im Namen der befreiten Vernunft rational unterminiert. Später begannen, wieder im Namen der Freiheit, zwei säkulare »Heilsgeschichten« vorgeblicher Kollektiv-Erwählung, deren elitärer Anspruch in ungeheure Verbrechen mündete: der klassenkämpferische Marxismus mit den Folgen der lenin-trotzkischen Oktoberrevolution und der nationalsozialistische Rassismus mit seiner arischen Blutsdoktrin. Die Bergpredigt Jesu aber, so beschloß Friedrich Dieckmann seinen Geschwindmarsch, sei die vollkommene Gestalt auch der guten Sätze des ihm gewiesenen Texts. »Jedes Volk halte sich für das auserwählte Volk dieser Predigt (...) und halte sie wie für sich und die Seinen geschaffen!«

Was hatte der Dresdner Bibelarbeiter beschrieben? Den Weg des Humanen: von der Nationalgottheit zum universalen Gott, vom Volk zur Menschheit und zur freien Individualität, die auch »das Volk« befreit. Das aber braucht Zeit: Entwicklungsgeschichte. Die Bibel ist eine geschichtliche Schriftensammlung und nicht vom Himmel gefallen. Überdies hat das erwählte Volk des Alten Testaments in seinem Gott selbst den strengsten Richter. Aber wie machtnah korrumpierte sich der deutsche Protestantismus – von

Luther, der seinen Fürsten als Schutzmacht brauchte, bis zum nationalen Luthertum mit der wilhelminischen Allianz von Thron und Altar. Warum gab es nicht schon im Ersten Weltkrieg eine Bekennende Kirche gegen dieses gotteslästerliche »Gott mit uns«? Friedrich Dieckmann, 1937 geboren, verbrachte Kinderjahre im unzerstörten Dresden. Dessen Untergang war dann das Finale des deutschen Nationalismus, der als Befreiungsbewegung begann und ins flammende Inferno führte.

Heute kopiert Dresden sein klassisches Stadtbild. Brügge hat es nie verloren. In Brügge fuhr ich Grachtenboot durch die Originalgeschichte, umwimmelt vom touristischen Weltbürgertum. Ich stieg auf den Belford und sah von weit oben die Zwerglein De Coninck und Breydel. Ich lief in die Museen, zu den flämischen Meistern Hans Memling, Gerard David, Jan van Eyck. Draußen standen die Türme, Plätze, Paläste der Altbrügger Bilder wie vor vielhundert Jahren.

Den Abend verbrachte ich in einer Herzkammer der Stadt. Die brummgemütliche Restauration »'t Brugs Beertje« hält 300 belgische Biersorten vorrätig. Ich probierte sie alle. Die Kneiperin Daisy Claeys servierte mir Orval Trappist, Lindemans Gueuze, Liefmans Kriek, Val-Dieu … Zum Trunk erklangen Bachs Brandenburgische Konzerte. Ich schmökerte im »Löwen von Flandern« und orderte zwecks Ehrung des Autors Hendrik Conscience das Brügger Superbräu Straffe Hendrik Tripel (9 %). Da, Zunftmeister Breydel war schon wieder bei seinem einzigen Thema: »Die Freiheit ohne Kampf ginge mir wider die Seele; jetzt (…) kann mich nur der Anblick strömenden Blutes zufriedenstellen.«

Mich stellte der Anblick strömenden Bieres zufrieden. Daisy Claeys brachte mir ein Rodebach Grand Cru, als, auf Seite 195, De Coninck Breydel endlich fragte: »Wer gab uns das Recht, zu morden und zu brennen? Wer hat solchen Taten, die auf Erden mit dem Tod, bei Gott mit Verdammnis bestraft werden, bei uns Gesetzesrechte verliehen?« Breydel murrt: »Sagt, wer gab es denn den Franzosen?« De Coninck nennt deren König. »Das vergossene Blut zeugt wider den Herrn, der gebietet, nicht wider den Diener, der gehorcht. Aber wir, die wir ohne Befehl, nur aus freiem Willen zu Werke gehen, sind auch vor Gott und der Welt verantwortlich für unsere Taten; auf unsere Häupter fällt das durch uns vergossene Blut zurück.«

Ich dachte rauschhaft klar: Es gibt nur freie Menschen, jeder an seinem Ort. Es gab keinen König in der DDR. Es gab einen Schießbefehl? Es gab arme kleine Mauerschützen, die morden mußten? Es gibt das 5. Gebot: Du sollst nicht töten. Es gibt Notwehr; die Mauer war vorgeblich Notwehr des Staats. Es gab keine Pflicht, an dessen Grenze zu dienen. Es gibt attraktiv entlohnte Auslandseinsätze der Bundeswehr. Es gibt Deutschlands Triumphe beim Waffenexport. Es gibt polit-moralische Rechtfertigungen, immer. Es gibt, zu allen Zeiten, killergeiles Kriegerglück ... Es war genug. Daisy Claeys brachte mir noch ein Pilaarbitjer, für den Weg ins Bett. Auf dem Etikett stand: »Bier met een ziel«. Der Zecher entfernte sich wie in der Apostelgeschichte der frischgetaufte Kämmerer aus Mohrenland: »Er zog aber seine Straße fröhlich.«

Zwei Wochen nach Brügge ermordete der Rassist Anders Brevik in Oslo 77 Menschen, im Namen der christlich-antiislamischen Reinheit. Er sah sich als Tempelritter. Das Christentum sei ihm abgesprochen, wie allen, die im Zeichen des Kreuzes oder sonstwie »christlich« Menschen töten. Andere müssen entscheiden, ob Mörder, die sich auf den Koran berufen, Moslems sind. Jesus wurde Opfer, weil er kein Täter war. Die Bergpredigt und die Passionsgeschichte Jesu, früh vermittelt, umhüllten den Jungen als Schutzhaut gegen jedwede Faszination von Gewalt. Kein Militär sollte ihm jemals nahe kommen, keine völkische Blutsmoral, keine Doktrin vom gerechten Krieg. Der Junge glaubte, der universale Mord, so kurz vor seiner Geburt beendet, habe die Deutschen bekehrt und gelehrt: Krieg soll nach Gottes Willen nicht sein. Jeder intelligente, fühlende Mensch, dachte der Junge, müßte so empfinden. Diese Naivität verteidige ich als Erkenntnis meines Lebens.

4

Nicht unberühmter als Brügge war die Stadt meiner ersten Auslandsreise. Im Sommer 1974 besuchten die Eltern Prag und kehrten schwärmerisch erfüllt zurück. Im März 1975 fuhr ich ihrer Freude nach. Der Zug verließ Sangerhausen, wo wir seit 1968 lebten. Schon an der Hasentorbrücke war ich enthusiastisch aufgeregt. In Riestedt beflügelte mich bereits die Souveränität des Weltenbummlers. Nach dem Blankenheimer Tunnel kannte der Weltmann kein Halten. Im Waggon befand sich eine mansfeldische Schönheit. Ich sprach sie an. Sie sprach zurück, was unverzüglich jeden Zweifel an ihrer Herkunft beseitigte: Ich bin de Moni. Störts dich, wennich rooche?

Es störte keineswegs. Moni quarzte und lachte. Sie schäkerte proletarisch. Sie sprach: Wennde von Sangerhausen bist, denn biste bestimmt oft im Faß. – Das Faß war eine beliebte Lokalität, in der ich sowenig verkehrte wie in der Totenschenke und im Eschental, wonach Moni gleichfalls fragte. Ich hatte Attraktiveres zu bieten und schwärmte von Prag. Das wirkte. Meiner, du hastes jut, stöhnte die Schöne. Du jehst ins U Fleku, und ich muß in Teutschenthal raus.

Drei Jahrzehnte später würde aus Teutschenthal der abgewickelte Kalikumpel Schultze, alias Horst Krause, nach Louisiana aufbrechen, in Michael Schorrs gottvollem Sachsen-Anhalt-Roadmovie »Schultze gets the Blues«. Daran ließ sich 1975 noch nicht denken. Das Mansfelder Revier war eine unterirdische Buddelkiste der DDR-Rohstoffindustrie. Die Kupfer- und Kalischächte förderten emsig, die Loren rollten, die Halden wuchsen, de Moni roochte. Es stellte sich heraus, daß sie von Prag lediglich die sagenhafte Schwarzbierkneipe U Fleku kannte, und auch die bloß vom Hörensagen. Sie sagte: Ürjendwann bin ich ma dran. Herzklopfend lud ich sie ein, mich auf meiner nächsten Prag-Reise zu begleiten. Sie sagte: Meiner, du bistn janz Feiner, leider binch verloubt.

Mit diesem Schicksalssatz schieden wir voneinander.

Dann war Halle erreicht. Dann der riesige Leipziger Hauptbahnhof. Dann Dresden und die Elbe. Der Zug durcheilte das Tal des behäbigen Stroms. Vom jenseitigen Ufer stiegen Rebenhänge auf, später die prahlerischen Elbsandsteine. Bei Rathen kraulte ein Raddampfer nach Norden. Droben auf ihrem Felssporn thronte die Festung Königstein. Bad Schandau: Paßkontrolle DDR! Die gefürchtete Prozedur verlief glimpflich, trotz Parka und langem Haar. Endlich Ausland! Fremdsprachige Wälder und Felder! Auch die Elbe hieß nun Labe. Die nächste Bahnhofsstimme plärrte: Usti nad Labem, Usti nad Labem! Jedes undeutsche Wort, jeder Skoda, also Nichttrabant, jeder kugelige Kirchturm verhieß Freiheit, denn der Reisende war weniger nach Prag als zu sich selbst unterwegs.

Man darf nicht erwarten, daß ich den wahren Zustand des Landes spürte, die deprimierte Mehltau-Tschechoslowakei der Husakschen »Normalisierung«, die dem Prager Frühling folgte. Wer das tragische Jahrhundert der Tschechen nachempfinden möchte, lese Pavel Kohouts Autobiographie »Mein tolles Leben mit Hitler, Stalin und Havel«. Kohout, 1928 in Prag geboren, wandelte sich vom Kommunisten zum Co-Autor der Charta 77, an der Seite seines »Beinahe-Bruders« Václav Havel. Er wurde Staatsfeind, Demokrat, Österreicher, Halb-Heimkehrer nach der Samtenen Revolution von 1989. Seinen Onkel Karel erschossen die Nazis, wie 1942 seinen ersten Mentor, den orthodoxen Priester Vladimir Petrek, der die Heydrich-Attentäter versteckt hatte. Kohout schreibt auch über Prag 1945 und bezeugt die Rache an den Deutschen: »(...) als der stechende Geruch verbrannter Überreste angeblicher Gestapoleute die Stadtmitte verpestete, begann er zu begreifen, daß die Sternstunden einer Nation auch Menschen auf den Plan rufen, die im Namen der geliebten Heimat ihre Kollaboration verdecken oder ihre Perversionen befriedigen (...) Ich war leider noch nicht reif genug, um die Worte meines Vaters zu verstehen, die selbsternannten Rächer unterschieden sich nur wenig von den Mördern von Lidice.«

Vom demokratischen Westen 1938 im Stich gelassen, per Münchner Abkommen Hitler ausgeliefert, hätten die Tschechoslowaken nach 1945 für Stalins Welt votiert. »Demokratie hat man verspottet als Metapher der Krise, ökonomisch und politisch. Die Nation wurde heilig, inklusive Sozialismus. Und so geschah es, daß die Tschechen, als das einzige Volk des zukünftigen Ostblocks, sich 1946 ihre Diktatur mit dem Stimmzettel besorgt haben. (...) Es waren deswegen viele, die den Tod des Diktators im März 1953 nicht heimlich feierten, sondern ihre Taschentücher naß weinten, weil sie befürchteten, daß der Damm gegen die germanische Revanche bricht, die vom ganzen Westen unterstützt wurde. (...) Alle wollten das Gute und beschleunigten den Gulag.«

Dann rollten 1968 die Panzer des Warschauer Pakts. Das Scheitern des freiheitlichen Sozialismus-Experiments wird meist nur in Form des militärischen Schlußakkords erinnert. In Wahrheit vollzog sich eine vielmonatige Hängepartie zwischen Moskau und Prag, aus DDR-Sicht minutiös nachzulesen in Hartmut Zwahrs Tagebuch »Die erfrorenen Flügel der Schwalbe«. Ich war damals zwölf und entsinne mich dramatischer Westradio-Kommentare, deren freiheitlicher Orgelton vermutlich dem Sound zum Ungarn-Aufstand 1956 entsprach. Und dann schlug die ČSSR die Sowjetunion sensationell im Eishockey, und das Prager Tschechenvolk zog vor die Moskowiter Besatzerbotschaft und brüllte: Rache für den August!

Politischer dachte ich erst, nachdem 1971 in der DDR der ewige Ulbricht stürzte. Sein Entmachter Honecker gab zunächst den Halbliberalen. Die Haare durften wachsen, der Empfang westlicher Sender wurde nicht länger kriminalisiert. Der neue DDR-Regent begehrte außenpolitische Anerkennung und unterzeichnete die menschenrechtliche Schlußakte von Helsinki. 1975 war Wolf Biermann noch nicht ausgebürgert, hatte sich der Pfarrer Oskar Brüsewitz noch nicht verbrannt. Prag war schön.

Ich bestaunte am Rathaus die Aposteluhr, ich flanierte um den Altstädter Ring. Sodann erkundete ich Josefov, das ehemalige jüdische Ghetto, und den alten Friedhof, dessen hebräisch bemeißelte Grabplatten sich zu Gebirgen untergegangenen Lebens türmten. Jenseits der Moldau stieg ich zum Hradschin hoch, beschaute den Veitsdom und knipste die teuflischen Wasserspeier. Nahebei lag das Goldene Gäßchen, in dessen Häuslein Nr. 22 einst Franz Kafka lebte. Gelesen hatte ich noch nichts von ihm. Ich lief zurück ins Tal. Auf der Karlsbrücke bedachte ich das Schicksal des steinernen Märtyrers Nepomuk. Im Jahre 1393 hatte Johannes von Pomuk, Beichtvater der böhmischen Königin, sich geweigert, das ihm Anvertraute dem eifersüchtigen Gatten Johann IV. zu berichten. Sein Nein machte Pomuk zum Ne-Pomuk und zur Wasserleiche, denn der König ließ ihn in der Moldau ersäufen. In Wahrheit mußte Pomuk sterben, weil er kirchliche Rechte vor staatlichem Zugriff bewahrte. So oder so: ein Blutzeuge der Opposition. Besäße ich seinen Todesmut?

Auch das U Fleku ließ sich finden. Hier soff die Blues- und Tramperszene der DDR Schwarzbier und war sich selbst genug. Ich hatte dafür kein Geld. Mir fehlten acht von 80 Kronen für ein Album des amerikanischen Jazz-Schlagzeugers Buddy Rich. Ich erbettelte die Münzen zu Nepomuks Füßen, ergatterte die Platte und schwebte die letzten beiden Tage glückshungrig und nahrungslos durch die Goldene Stadt. Ich schlief im Gästehaus der Böhmischen Brüder. Die anderen Zimmer bewohnten zwei westdeutsche Theologiestudenten und eine Holländerin. Saskia hieß sie und hatte einen Gipsfuß, der, mit einer Plastetüte überzogen, sie an der Erkundung des regnerischen Prag nicht hinderte. Saskia war patent. Ihr vertraute ich an, daß ich aus der Lehre geflogen war, daß ich Theologie studieren wollte, daß ich zweifelte, wozu ich wirklich tauge. Saskia sagte: Das kannst du wissen, wenn du probierst. Zweifeln ist besser als Schaf sein.

Ein Brief hat sich erhalten, vom 3. 6. 1975. Königin Juliana ziert das Kuvert. Drinnen steht in Mädchenschrift auf Linienpapier: »Genau wie Du denke ich auch sehr oft an Prag zurück, wenn ich hier so ganz alleine in meinem Häuschen sitze. Dann schaue ich mich die Karten, Zetteln, u.s.w. an und werde nostalgisch, in sofern möglich. Ja, es ist schon schade, daß der Belichtungsmesser kaputt war. So schlimm ist es aber auch nicht, denn träumen (= nicht mehr so genau wissen) ist manchmal schöner .... Ich habe mich gefreut, daß es mit dem Theologiestudium klappt bei Dir. Ich habe mich eine Zeit lang überlegt ob ich vielleicht auch nicht Theologie studieren möchte. An sich möchte ich es nämlich sehr gerne, nur bin ich da glaube ich noch nicht reif (oder fertigsicher) genug für. Bei uns ist am Anfang des Studiums noch nix sicher oder fest, nur wird davon ausgegangen, daß Jesus gestorben ist für uns Menschen, und nach 3 Tagen wieder aufgestanden. Ich glaube nicht daß ich so von dieser These weiterstudieren konnte, weil ich mit der ganzen Glaubensfrage noch gar nicht fertig bin. Wenn ich bete, oder danke, ist das eigentlich konkret zu ›Einem‹? Warum beten wir und danken weniger (kaum)? Wie ist das mit Nächstenliebe und Eifersucht? So gibt es noch 1000 Sachen. Christoph, das Papierchen ist fast voll. Ich hoffe es geht dir gut, und vielleicht fährst Du noch mal nach Prag? Gottes Segen. Deine Saskia«

Die DDR galt Saskia nicht als menschenunwürdiges Kuriosum, sondern schlicht als anderes Land. Das tat gut. Im Herbst 1975 begann ich das Studium am Theologischen Seminar Leipzig. Im Frühjahr 1976 reiste ich wieder nach Prag, in Begleitung meines Kommilitonen Michael Möller. Dies wurde eine andere Fahrt. Michael haßte die DDR, den Ostblock, die kommunistische Diktatur. Ich photographierte die malerische Stadt, er schmuggelte oppositionelle Texte und rügte mein versöhnlerisches Reden über das System. Ich träumte in die Moldau, er fand mich schuldhaft versponnen, da ich den Verhältnissen nicht prinzipiell, sondern immer nur ästhetisch und ironisch widerstünde. Die Naturen sind verschieden, doch im entscheidenden Punkt hatte Michael recht. Stalins Greuel, seine »Reinigungen«, seinen Massenmord am eigenen Volk, sein Gemetzel auch der Kommunisten wollte ich kaum glauben. Derlei war dem Maximalmörder Hitler vorbehalten, und den hatte Stalin abgeschafft. Pavel Kohout würde mich verstehen: »Mein Leben mit Stalin dauerte deshalb länger, weil mich gerade seine Rote Armee vor dem mörderischen Hitler rettete. Um so schwerer war es dann für mich, in ihm einen anderen Hitler zu entdecken.«

Michaels Vater zählte zu jenen sendungsbewußten Pfarrern, die aus dem Westen in die DDR übergesiedelt waren, um jenseits bürgerlicher Sicherheiten an der Glaubensfront ihren christlichen Dienst zu tun. Michaels Verwandtschaft lebte in der Bundesrepublik. Er besaß die verbotenen Bücher von Alexander Solschenizyn, Lew Kopelew, Milan Machowecz ... Solschenizyns »Der erste Kreis der Hölle« öffnete mir die Augen zum Gulag. Die Hölle ließ sich weder leugnen noch verdrängen.

Michael verlieh seine Schätze so mutig wie unvorsichtig. 1977 wurde er verhaftet, von der Staatsmacht des »Leselandes DDR«. Fünf Studenten des Theologischen Seminars Leipzig gerieten meinerzeit in Haft. Michael kam bald wieder frei, nach einer bittenden Intervention der evangelischen Kirche. Rainer Vorwergk wurde aus dem Studium zur NVA einberufen, verweigerte aber jeglichen Armeedienst aus Glaubensgründen. Das brachte ihm zwei Jahre Gefängnis, von denen er vier Monate erlitt. Am Ende seiner Kräfte erklärte er sich wenigstens bereit, Bausoldat zu werden, worauf man ihn aus der Haft entließ und *zur Fahne* zog. Bernd Albani demonstrierte 1978 für Rudolf Bahro, den Autor des linksreformistischen Buchs »Die Alternative«, vor dem Leipziger Hauptbahnhof mit einem Bauchposter, das er mit der fehlerhaften Parole FREIHEIT FÜR WOLFGANG BAHRO! geschmückt hatte – zufällig an jenem Tag, als Bahros geheimer Prozeß begann. Bahro bekam acht Jahre, Bernd immerhin sechs Wochen, ohne Verhandlung, per Strafbefehl, wegen »Beeinträchtigung der Tätigkeit staatlicher Organe« gemäß § 214,1: Sein provokatives Schild habe andere Bürger aufhetzen wollen, damit die Organe der Deutschen Demokratischen Republik nicht so frei und unbelastet Recht sprechen könnten, wie es ihrem humanen Wesen entsprach.

Ich hatte Glück. Mich ergriff man auf der Leipziger Buchmesse am Stand des S. Fischer Verlags während der Aneignung von Joachim-Ernst Berendts Buch »Ein Fenster aus Jazz«. Bereits nach drei Stunden Verhör – erst Polizei, dann Stasi – wurde ich entlassen. Der Staat wußte ja, daß Westbuchräuber nach Diebstahlsmeldung an ihre Hochschule die Exmatrikulation empfingen. Nicht so an einem kirchlichen Institut. Der Rektor ließ mich kommen und verlas lächelnd den behördlichen Schrieb. Er fügte hinzu, es freue ihn, daß ich gern läse.

Gleich am ersten Studientag erklärte Rektor Hans Seidel uns Neuankömmlingen, es sei gewiß, daß die Stasi am Seminar ihre Spitzel habe. Allein im letzten Jahr hätten sich ihm drei Studenten aus Gewissensnot offenbart. In der Seminargruppe begann ein ungesundes Rätseln um den Judas, bis wir uns gegenseitig das Vertrauen aussprachen. Anders kann man nicht frei studieren. Es gab den Spitzel; ihn hatte niemand verdächtigt. Ein Jahr lang teilte ich mit ihm das Zimmer und entsinne mich freimütiger Gespräche über Gott und die Welt. Wie fleißig er petzte, ist mir unbekannt. Ich will diesen Menschen nicht wiedersehen, und von der Gauckbirthlerjahn-Behörde lasse ich mir mein Leben nicht erklären. Es ist gut, daß die Behörde existiert. Nur meine Akte mag verrotten, denn diese Wahrheit macht mich nicht frei. Des Aktenlesers Blick auf Menschen könnte stasiförmig werden.

1988 fuhr ich letztmals in der alten Zeit nach Prag, mit meiner ersten Frau. Wir gingen längstvertraute Wege. Die pflanzenkundige

Eva kaufte einen Gummibaum mit Blättern groß wie Elephanten-ohren. Ich schleppte den Exoten ins Quartier. Dort wässerte und taufte ich ihn, auf den Namen Gustav Husak. Der Zoll hatte nichts gegen die Übersiedlung des Genossen Husak in die DDR, doch zu Evas Kummer lebte er sich schlecht ein. Gustav Husak kränkelte. Er wurde gelb, dann braun und schmiß die Blätter ab. Im Herbst 1989 erklärte ich ihn für tot.

Noch sind wir im Jahre 1977. Der fünfte Häftling war Ali.

5

Warum bist du nicht weggelaufen?

Der Film, der lebenslängliche Alp: Sie kamen zu zweit. Sie klingelten früh um sieben. Rasch, *die Sachen* unter den Teppich. Rollo hoch! Fenster auf! Warum bist du nicht gesprungen? Er sah auf seine Schuhe. Die waren gut. Warum bist du nicht weggelaufen? Sie führten ihn ab, einer rechts, einer links. Der Vernehmer legte einen dicken Hefter auf den Tisch und sagte: Herr Alisch, wir wissen alles.

Rainer Alisch war 22, also schon etwas älter, als unser Studium am Seminar begann. Vor allem war er »weltlich« und entstammte keinem Pfarrhaus oder sonstwie kirchlichen Milieu. Sehr bald schockierte er das Auditorium der Vorlesung Systematische Theologie mit einer ungewöhnlichen Frage, von der ich nur noch die ersten drei Worte weiß: Ich als Atheist … Ali zählte zu den Kommilitonen, die nicht Theologie studierten, um Pfarrer zu werden, sondern wegen höherer Bildung, von der sie staatlich ausgeschlossen wurden.

Ali, das Arbeiterkind vom Jahrgang 1952, erwies sich als Mentor in DDR-Realität. Beide Eltern waren Flüchtlinge gewesen. Der Vater glaubte, aus diesem Staat könnte was werden, deshalb zog die Familie nach Stalinstadt (seit 1961 Eisenhüttenstadt), wo das Eisenhüttenkombinat Ost (EKO) und die »erste sozialistische Stadt« entstanden. »Der Aufbau geht so schnell voran, daß keine Lüge folgen kann«, so lautete ein selbstbewußter Slogan wider den Westen, dessen bösen Blick Annemarie Doherr am 23. September

1952 in der »Frankfurter Rundschau« bewies: »In dieser ersten bolschewistischen Stadt der Sowjetzone gibt es keine selbständige Existenzmöglichkeit mehr, sondern nur noch die ›volkseigene‹ Existenz des Kollektivmenschen (...) Es ist ein unentrinnbares Netz, das um den einzelnen geschlungen ist. Auf allen Wegen, im Kino, beim Tanz, auf dem bunten Unterhaltungsabend im ›Kultursaal‹ begegnet er denselben undurchdringlichen Funktionärsgesichtern.« Auch eine 1965 vom Rat der Stadt herausgegebene Broschüre fragte: »Was sind die Eisenhüttenstädter für Menschen?« Der Autor Fritz Kracheel enthüllte: »Die Eisenhüttenstädter lieben ihre Familien, ihre Arbeit und ihren Staat. Darum überlegen sie, wie sie ständig mehr und besser produzieren können.«

»Hütte« war die sozialistische Form des Fordismus. Das Kombinat organisierte alles, doch ohne das EKO bekam man weder Dachpappe noch Koks. Der Marxismus schwebte in der Luft. Sophie Brazda, Alis Klassenlehrerin, war mit Rudolf Bahro und der späteren Che-Guevara-Partisanin Tamara Bunke zur Schule gegangen. Die enthusiastische Pädagogin förderte Ali, so daß er zur Erweiterten Oberschule kam. Weil die Lehrerin nicht in die SED eintreten wollte, ekelte man sie aus dem Beruf. Als 1968 die Truppen des Warschauer Pakts in der Tschechoslowakei einmarschierten, verbarg Ali weder Schock noch Wut. Sein neuer Klassenlehrer warnte im 69er Schulzeugnis vor »Kritikastertum«. Alis Ventile hießen Rock, Jazz und Trampen. 1971 mußte er zur Armee und vertat anderthalb Jahre bei den motorisierten Schützen. Wegen dauernder Renitenz bekam er kaum Urlaub.

Der Vater wurde 65, ging in Rente und starb sogleich. Ali jobbte im EKO und als Krankenpfleger. 1973 begann er an der Bergakademie Freiberg ein Studium im Fach Walzwerkstechnik, das er nach drei Jahren völlig desinteressiert abbrach. Sein Philosophiedozent sagte ihm ins Gesicht, er sei hier falsch. Sinnfragen drängten sich vor, woran die Freiberger evangelische Studentengemeinde kräftig mitwirkte. Schon früher hatte die Mutter ihn zur Christenlehre geschickt, nach der Devise: Schaden kann's nicht.

Das Theologiestudium begann Ali wie ein Experiment mit offenem Ausgang. Er trampte unentwegt durchs Land und traf überall Leute, die erklärten, so ginge es nicht weiter. Er fand, die organisierte Verantwortungslosigkeit der DDR-Gesellschaft müßte ein Ende haben. Erstes Gegenmittel: Informationsfluß, Verbindung guter Leute. Verhaftet wurde Ali wegen »Nachrichtenübermittlung«. Die Stasi witterte eine »Gruppe Alisch« und listete ihm, der allen Tramps und Jazzern, Jeans- und Parka-Typen vertraute, ein »Netz« von 300 Bekannten auf. Passenderweise entdeckte man bei der Haussuchung eine alte Flinte, die Ali vor Jahren beim Stöbern in einer Scheune gefunden und aus Indianerromantik aufgehoben hatte. Der Sozialismus erkannte sich in tödlicher Gefahr.

In der Nacht, bevor die Häscher kamen, träumte ihm, er hätte im Keller an die Heizungsleitung geschlagen. Darüber geriet das Haus in Schwingung und brannte ab. Er war entsetzt, daß aus so banaler Tat ein solches Desaster entstehen konnte. Dann klingelte es. Das war nicht mehr der Traum. Sie standen vor der Tür.

Er sagte zu seinem Vernehmer: Geh mir aus der Sonne. Das hielt er drei Tage durch. Es war sinnlos. Sie wußten von dem wenigen zuviel. Das Pokerspiel begann: Hier der Vorhalt, dort das Grübeln, was man zugeben könnte, und die Angebote zur Kumpanei. Wir wollen Sie nicht überzeugen, sagten sie ihm. Aber sie stempelten ihn zum Antikommunisten, was ihn wurmte. Sie waren unfähig, die Ursachen der DDR-Krise im eigenen System zu sehen. Für Ali fanden sie ein Resozialisierungskonzept: »Bewährung an der Seite der Arbeiterklasse«, also Spitzelei. Ali, bis auf seine Mutter ohne Bindung nach draußen, war nicht erpreßbar. Sie boten ihm 15 Jahre Knast und gaben ihm drei.

Das Theologische Seminar empfand Ali als eine kirchliche Rückendeckung, doch sein Vertrauensdozent Ernst Koch wurde nicht zu ihm vorgelassen. Propst Friedrich Winter, der ihn besuchte, wollte mit ihm beten; Ali hätte lieber über Zweifel diskutiert. Es kam der 6. März 1978, das berühmte Spitzengespräch Staat – Kirche: Honecker & Genossen hier, Stolpe & Brüder dort, am runden Tisch gedeihliches Miteinander bestrebend. Das Photo im »Neuen Deutschland« hielt man Ali genüßlich vor. Das zerschlug ihm den gordischen Knoten. Er und die Kirche, das wäre nichts geworden in der DDR. Und zurück nach Eisenhüttenstadt? Ein Spießrutenlauf. Er sagte, was er nie vorhatte: Ich will in den Westen.

August 1979: der Transport. Nachts um drei flog im Cottbusser Gefängnis die Zellentür auf. Sachen packen! Fahrt nach Karl-Marx-Stadt. Letzte Formalitäten. Dann ab, hinüber. Ali war frei. Der SED-Staat hatte noch zehn Jahre.

Ali war frei? Im Grunde lebte er, nun West-Berliner, weiter in der DDR. Er hielt Kontakte, besorgte Bücher, reiste in die ČSSR, um Ost-Freunde zu treffen. Der Freiheitsschock traf ihn erst 1982, als er, von Italien kommend, im Transit die DDR passierte und ihm der erste Trabant entgegenkam. Europa ist so groß, durchfuhr es ihn, und die DDR ist so was Kleines. An der West-Berliner Kirchlichen Hochschule setzte er das Theologiestudium fort. Ihm mißfiel, daß man ihn flugs als Opfer des Stalinismus liebte. Ihn verfolgte ein letzter Satz seines Stasi-Vernehmers: Na, Herr Alisch, da wollen Sie im Westen wohl der Monopolkirche dienen? Er mochte nicht Pfarrer werden. Die Westkirche war ihm zu nah am Staat.

Linke Konzepte mochte niemand mit ihm diskutieren. Achtundsechzig war vorbei. Es herrschte Praxisgläubigkeit, doch für Ali waren Bücher das Heiligste. Er sprang im Soziologie-Seminar auf und brüllte: Ihr Idioten, ihr könnt hier alles lesen, wofür man drüben in den Knast geht, und ihr erklärt das alles für bürgerlichen Scheiß! Er wechselte zur Freien Universität. Sein Gewährsmann wurde Wolfgang Fritz Haug mit seinem »Kapital«-Kurs und der »Philosophie des Faschismus«. Haug empfahl auch, Martin Heidegger zu studieren. Ali fand, der Westen biete eigentlich, was er ersehnte: die Möglichkeit zu lesen, zu forschen, zu diskutieren und immer mehr zu wissen. Das empfand er zumindest persönlich als Fortschritt.

Daß die DDR wirtschaftlich nicht überdauern konnte, war ihm klar, trotz Gorbatschows Hoffnungspolitik seit 1985. Am Abend des 9. November 1989 saß Ali auf einem Bauernhof bei Salzburg mit Freunden zusammen. Die Bäuerin entzündete eine Kerze und sagte: Die Mauer ist auf. Ali dachte: Gut, daß du nicht dort bist, bei dieser unerträglichen Menschenansammlung und dem absehbaren Katzenjammer. Den 3. Oktober 1990 erlebte er in den USA. In Deutschland läuteten die Glocken. Ali, dies bedenkend, stieg in Bowling Green vom Fahrrad, um zu pinkeln. Er wollte *das* ignorieren, aus Selbstschutzgründen. Es sei ja 1989 nicht um Freiheit gegangen. Das habe er schon im Knast gemerkt. Die Kumpels sagten: Wir sind Politische. Sie meinten: Wir wollen endlich Mercedes fahren, konsumieren und ein bißchen reisen.

Der postmuralen DDR-Oppositionsbewegung blieb Ali fern. Ohnehin würden nicht kritische Geisteswissenschaftler die neue Elite bilden. Die High-Tech-Revolution brauchte keine spinnerten Schriftsteller, die vom Sozialismus faseln. Aber einer Überzeugung, sagte Ali, bin ich treu geblieben: daß die Gesellschaft gerecht sein soll. Ich habe dem Marxismus als Analyse-Instrument vertraut.

All das erzählte Ali 1991. Mehr als 14 Jahre hatte ich ihn nicht gesehen, seit seiner Verhaftung. Dann stand er in der Tür. Er sah aus wie immer, lachte wie immer, diskutierte wie gehabt drauflos, kaum daß er saß. Er saß nicht gut. Meine Stühle wackelten. Tags darauf kam er wieder, mit Holzleim und Strippe, und flickte sie.

6

Wollten Sie fliehen?

Am 15. September 2011 saß ich in Hamm (Westfalen) vor 50 Gymnasiasten, las ihnen vor und erzählte aus meinem Leben in der DDR. Dankenswerterweise hörten sie zu, obwohl sie das handelnde Personal von Hennecke bis Honecker vermutlich für Gestalten aus dem frühen Mittelalter hielten. Wäre das im jungen Osten anders? Der Graben der Geschichte klafft nicht zwischen Ost und West. Er trennt die Generationen, die Deutschlands Teilung erlebten oder eben nicht. Jede geschichtliche Erfahrung ist letzlich Autobiographie. Ich möchte die deutschen Biographien von Ost und West einander vergleichbar machen, so daß Leben neben Leben steht, nicht immer Gulag gegen Freie Welt.

Der sächsisch-anhaltinische Vorleser endete. Der westfälische Geschichtslehrer ermunterte seine Schüler, Fragen zu stellen. Die erste lautete: Wollten Sie fliehen? Zweite Frage: Was steht in Ihrer Stasi-Akte? Die lokale Zeitung druckte ein Bildchen von der Veranstaltung, dazu ein paar Zeilen Klischee mit der Überschrift: »Ein Leben in Unfreiheit«. Mein Leben?

Nein, ich wollte nicht fliehen. Und war, in mir selbst, frei. Aber ich sah die Grenze, jeden Tag, seit ich den Studienort gewechselt hatte, von Leipzig nach Berlin. Der Vorlesungssaal des Sprachenkonvikts in der Borsigstraße stand auf hohem Grund. Wir studierten Karl Barth und die älteren Propheten, wir lasen Nietzsche und Hölderlin, wir hörten Kirchengeschichte und verspürten alle paar Minuten eine kleine zeitgenössische Unruhe, die aus dem Erdinneren kam. Ein sanftes Rappeln bezeugte, daß unter uns die Westberliner S-Bahn zwischen Anhalter Bahnhof und Gesundbrunnen nonstop durch ihre Ostberliner Katakomben eilte.

Mein Zimmer im Sprachenkonvikt maß nur sieben Quadratmeter. Dafür gewährte es, im dritten Stock gelegen, prächtige Sicht nach »drüben«. Der Blick überflog die Invalidenstraße und die Grenzanlagen und landete im Wedding. Diesseits der Mauer rukkelte die Straßenbahn Nr. 46 staatsfromm nach Pankow. Jenseits standen Westler auf Balkonen und benahmen sich nach Menschenart. Das Westvolk erwachte morgens, es rauchte, es hängte Wäsche auf, es löschte nachts das Licht. Der Mondschein einte Berlin. Auch die Vögel reisten nach Belieben hin und her.

Und ich? Wann ich?

Welcher Insasse der Deutschen Demokratischen Republik hätte sich das nicht gefragt. Unsere Studentenkneipe an der Ecke Borsig-/Tieckstraße barg ein unfaßbares Gemisch von Proleten, Pathologen, Privatgelehrten, Luden, Zockern, Zille-Weibern und sonstigen Gotteskindern. Wir lauschten ihnen amüsiert. Wir teilten nicht ihre verunfallten Lebensläufe, ihr resigniertes Unglück, ihren Dauersuff, der nur Gegenwart kannte. Wir hatten Zukunftspläne – nicht nur wir. Ein abgefüllter Anarchist krachte sich an unseren Tisch und offenbarte seinen Plan zur Beseitigung der Mauer: Er sei demnächst in der Lage, die Kugel des Fernsehturms so fachgerecht vom Rumpf zu sprengen, daß sie unbeschädigt die Liebknechtstraße und Unter den Linden entlangrollen und das Brandenburger Tor zermalmen werde. Durch diese Bresche werde das Ostvolk in die Freiheit strömen. Denkmalsschützerische Bedenken wischte er vom biernassen Tisch, mit dem unvergeßlichen Satz: Dit laß ick widder uffbaun.

Der Krieg schien lange her. Erst heute begreife ich, daß wir inmitten der Nachkriegszeit lebten. Die Häuser trugen die Narben von 1945. Einschußlöcher, Flickbauten, Stadtbrachen bezeugten, daß ganz in der Nähe die Kommandozentrale des Hitlerschen Kriegs verteidigt und erobert worden war. Viele alte Menschen, oft einsam und bitterarm, wirkten wie *misplaced persons* der vorigen Zeiten. Die mußten besser gewesen sein, wenn man den Kaiser zum Kindheitsgefährten hatte, wenn man in den Zwanzigern jung gewesen war, wenn man der Olympischen Spiele von 1936 nicht als Nazipropaganda gedachte, sondern als Lebensfest des unzerstörten Berlin. Mit der Stadt zerfielen auch die Menschen; sie wurden Torsi. Als Ganzes empfanden sie weder ihr Leben noch ihre Welt.

Der Teilung der Biographien entsprach die der Stadt. Man gewöhnte sich an die Mauer. Alles Tagtägliche wird zur Normalität. Ebenso wahr ist, daß ich die Mauer keinen Tag vergaß. Die sichtbare Existenz eines verbotenen Jenseits drang in die Seele. Man lebte doppelherzig – praktisch hier und geistig in einer Welt der Möglichkeiten. Die Alten hatten ihre Möglichkeiten hinter sich und träumten zurück. Die Jungen träumten »nach drüben«.

Ein prominenter Förderer der West-Sehnsucht war der Staatssicherheits-Minister Erich Mielke. Sein Fußball-Leibverein, der DDR-Serienmeister BFC Dynamo, spielte im Friedrich-Ludwig-Jahn-Sportpark nahe der Bernauer Straße, also im unmittelbaren Grenzgebiet. Von der Dammkrone des Stadions schaute man über die tiefgestaffelten Grenzanlagen weit in den Wedding hinein. Mielke kamen begreifliche Bedenken. Er ließ hinter den Stehplatzrängen eine Mauer, nein: einen antifaschistischen Sichtschutz errichten. Dies nahm dem Besuch von BFC-Spielen einigen Reiz. Ohnehin kickte der Verein durch Dauererfolg sein eigenes Stadion leer. Den ersten Meistertitel 1979 feierten noch 22 000 Fans, den zweiten 30 000, den zehnten 1988 offiziell gezählte 7000, trotz Mielkes Ködertricks. Am Stadionkiosk gab es Negerküsse, die heißbegehrt, da im ganzen Lande kaum erhältlich waren. Das Sonderangebot sprach sich herum und sorgte im Jahn-Sportpark für enorme Schlangen. Gar mancher sportferne Bürger erwarb ein Ticket für 1,55 Mark und eine Kiste Negerküsse, sah jedoch 90 Minuten lang keinen Ball.

Noch ehe ich 1978 nach Berlin zog, hatte ich dort fußballerisch gewirkt. Zweimal pro Semester bekämpften sich die Teams des

Theologischen Seminars und des Sprachenkonvikts, auf höchst verschiedenen Feldern. In Leipzig spielte man »auf der Nonne«, der waldumrauschten Nonnenwiese im Clara-Zetkin-Park. Den Berliner Hartplatz an der Kleinen Hamburger Straße hatten die Weltkriegsbomben erschaffen. Hart hinter dem linken Tor ragte eine fensterlose Fassade, einst Trennwand zum Nachbarhaus, von dem nur die Lücke geblieben war: der Fußballplatz. Bei starkem Regen wurde er gesperrt, weil sein Einsturz drohte. Unter ihm lagen verschüttete Keller und gewiß auch Menschen, die darin Schutz gesucht und für immer gefunden hatten. Oben wurde lustig geschossen und gefoult, die Unterwelt beschrieb ein Silly-Song vom Album »Mont Klamott«: *Unterm Asphalt ruhen die Toten / Unterm Asphalt wortlose Boten / Unterm Asphalt mit ihrer Weisheit / Unterm Asphalt liegen sie stumm / Unterm Asphalt jenseits des Lebens / Unterm Asphalt starrn sie vergebens / Unterm Asphalt Sand in den Augen / Unterm Asphalt kriechen sie blind.*

Nach unserem Berliner Spiel im Herbst 1977 fuhr ich nicht mit den Kameraden nach Leipzig zurück. Ich hatte das Siegtor geköpft und fühlte mich gewappnet für die feindliche Stadt und ein Drama, dessen glücklichen Ausgang ich kaum erwarten konnte. Ich wollte K. wiedersehen, meine verlorene Leipziger Liebste. Nach ihrem Studienschluß und unserer katastrophalen Trennung war sie nach Berlin gezogen. Noch immer gönnte sie mir Briefe, aus denen ich erfuhr, wie arrogant meine Intellektualität sei, wie weltenfern vom wirklichen Leben. »Meine Situation jetzt«, schrieb K., »ist Arbeit in der Markthalle im Obst und Gemüse. Und eine Dachkammer mit Luke, durch die manchmal ein Sonnenstrahl fällt, wie lange, ist nicht gewiß. Deprimierend – viel schlimmer als ich befürchtete, aber ich habe den festen Willen, nicht aufzugeben und mich kaputtmachen zu lassen.« Noch nie habe sie soviel Elend und Einsamkeit kennengelernt wie in Berlin, noch nie den Menschen in seiner Kompliziertheit und Vielfalt derart begriffen. Hier sei das Leben, nicht nur der abstrakte Begriff, der erhabene Inhalt, nach dem die Sinnsucher forschen. Und trotz aller Übel habe sie auch noch nie soviel Freundlichkeit und Wärme gefunden wie in Berlin.

Der nächste Brief jubelte: »Ja, gestern nacht bin ich umgezogen – ich nenne jetzt ein schönes, wunderschönes Zimmer mein eigen. Keine graue Hauswand vor der Dachluke – ein riesiges Fenster und nur Himmel, gegenüber unten eine Wohnung ähnlich wie meine, keine Gardinen, nur Töpfe und Gräser, ein Paar, ein Blick, auf den ich mich freue – irgendwo Gleichgesinnte, man kann dem Mann zugucken beim Schnitzen oder Malen. Ich sehe Leben in allen Fenstern und kann dieses kaum fassen.«

Gänzlich unfaßbar, auch nach einem Jahr, war mir ihr Verlust. Ich sehnte mich nach dieser enthusiastisch überwärmten jungen Frau. »Ich habe zum ersten Mal richtig etwas von der Freiheit begriffen«, schrieb sie aus Budapest. »Großes Erlebnis – Museum für Bildende Künste (El Greco, Cezanne, Renoir, Goya …). Fischsuppe, Wein, Nachtkonzert neben der Matthias-Kirche … Camus' ›Kleine Prosa‹, es ist ein so menschliches Buch in seinen Erzählungen und so gut in seinen Ideensammlungen. Vieles liegt auch daran, daß meine eigene Erlebnisfähigkeit viel, viel ausgeprägter geworden ist als Jahre zuvor.«

Das tat weh. Waren wir nicht auch in Budapest gewesen? Nun erfuhr ich: »Man kann viele Dinge sich aus Büchern nehmen, niemals aber die Größe und Vielfalt dieser Dinge im tagtäglichen Leben. Weißt Du, hier in Berlin kann man sich nicht zur ›Ruhe setzen‹, abkapseln, wie vielleicht in Eurem Seminar.«

Es wurde schon spät an diesem naßdunklen Novemberabend des Jahres 1977. Ich fuhr mit der Straßenbahn und fand, ganz nahe der Mauer, ihr Haus. Es stand offen, wie damals üblich in Ostberlin. Der Durchgang zum Hinterhof stank nach Urin. In der Front beuliger Briefkästen fand ich ihren Namen, die vertraute Schrift. Sie wohnte ganz oben. Angemeldet war ich nicht. Selbstverständlich hatte sie kein Telephon. Mir schlug das Herz im Halse. Ich klingelte. Drinnen blieb es still. Am Türrahmen hing ein kleiner Block, auf dem vergebliche Besucher Nachrichten hinterlassen konnten. Der Block war leer.

Das Licht verlosch. Ich drückte den Knopf erneut, und wieder, als nach einigen Minuten der ratternde Mechanismus abgelaufen war. Ich setzte mich auf die Treppe und las: Camus, »Der Mythos des Sisyphos«. Licht aus, Licht an, Licht aus, Licht an. Ich versuchte vergeblich, mir den ewigen Wälzer des Steins als glücklichen

Menschen vorzustellen. Licht aus. Ich dachte an »Die Legende von Paul und Paula«: wie Paul, um die Geliebte zurückzugewinnen, sich auf deren Wohnungsschwelle einquartiert, bis Paula den Spießer Reifen-Saft sausen läßt und also Angelica Domröse nicht Fred Delmare, sondern den geläuterten Winfried Glatzeder glücklich umarmt. Etwaige Unterschiede zwischen Glatzeder und mir hielt ich dank meiner rapiden Reifung für überwunden. Hatten K. und ich nicht als Traumpaar gegolten? Sie müßte mich nur sehen, im richtigen Licht. Ich müßte nur ein Stündchen reden, dann käme die Liebe zurück.

Licht an, Licht aus, Licht an. Weder die Liebe kam zurück, noch K. Abermals klingelte ich, heftig. Aus der Nachbarwohnung trat ein schlampiger Kerl mit einer Dogge und sagte: Wennse nich uffmacht, isse bestimmt nich da. Er führte sein Tier in die Nacht. Nach unbestimmter Zeit kehrten die beiden heim. Der Mann sah mich immer noch sitzen und sprach tröstend: Tja, man kricht nich immer, wat man will, wat Atze? Zu mir: Atze is nich ihr richtjer Name, eijentlich heißt se Frösi, aba dit finden wa beede nich schön, wat Atze? Die Gefragte stank nach Hundefell im Regen und kratzte ungeduldig an der Wohnungstür. Ich hatte kein Heim. Elegisch wankte ich hinaus in die nieselnde Berliner Novemberschwärze. Eine Nachricht hinterließ ich nicht. Ich wollte nur noch nach Leipzig.

Am Ostbahnhof fuhr bis zum frühen Morgen kein Zug. Die Mitropa hatte auf. Der Raum war schütter besetzt mit Schläfern. Der einzige Kellner, mit seiner Abrechnung befaßt, ließ sie in Frieden. Ich löffelte eine fettige Lauge. Ein Nachtmensch trat an meinen Tisch. Er trug den braunen Trainingsanzug der Nationalen Volksarmee und eine Sporttasche mit dem Aufdruck Interflug. Ihr entnahm er ein Schachbrett nebst Figuren und bot Weiß.

Wir spielten. Seltsame Partie. Unbekümmert um eigene Verluste schlug mein Gegner alles, was er konnte, bald auch meine gedeckte Dame mit dem Spruch: Peng, ein jutet Huhn wird selten fett. Die Tauschwut führte alsbald zum Remis, wie auch die sehr ähnlich verlaufende Revanche. Mein Gegenüber erklärte, diese Taktik habe er erfunden; sie heiße Sizilianischer Frieden. Ick bin der Remis-König von Ostberlin, sagte er stolz, ick spiel *ümmer*

Unentschieden. Schach is wie Leben. Wer wat riskiert, verliert. Ick hol mein Heu rin, ümmer de halbe Miete.

So war Berlin. So war die DDR. K. verließ sie um 1980. Ich wollte nicht fliehen. Warum?

7

Nun schlief sie. Du konntest nicht schlafen. Du saßt an dem kleinen Schreibtisch und schriebst nicht. Draußen wirbelte Schnee um die trübe Laterne. Alle paar Sekunden stach der Leuchtturm sein gleißendes Lanzett ins Fenster. Du dachtest: Alles vergeht.

Ihr wart den ganzen Tag über die Insel gelaufen, fast schweigend. Ihr nahmt den Nordweg, zunächst am Strand. Sie fand ein Splitterchen Bernstein im Schlick. Der Dünenhafer glänzte im kalten Licht, Salzschaum kräuselte den Sand, der nasse Winterwind blies Strahlen in die Wasserlachen. Ihr stiegt zur Hucke empor. Am Hochufer quälte der Sturm die flüchtigen Kiefern. In den Hecken klammerten bleiche Sanddornbeeren. Der Leuchtturm ragte weiß und kahl. Du wolltest weiter, Richtung Grieben. Sie schüttelte den Kopf und fror. Ist es nicht seltsam, sagtest du, daß diese Insel die Sehnsucht und das Glücksverlangen so vieler Menschen trägt und nicht untergeht? Sie sagte: Allerdings sind diese Menschen im Winter selten hier.

Vom Dornbusch bot sich die ganze Insel dar: das kleine Nordgebirge, die lange Ebene bis zum Gellen, das Schwemmland der Bessine, die Wiesen, besetzt von Trappen und Kormoranen, vier Dörfer zwischen Bodden und Meer. Du nanntest dies den Leistikow-Blick, nach einem Panorama jenes Malers, der sich 1908 erschossen hatte, weil er seine Frau vor seiner Syphilis bewahren wollte. Ihr kehrtet um. Auf den sandigen Wegen von Kloster zeigte sich kein Mensch, aber das Wieseneck hielt geöffnet und harrte der Menschen, die nun endlich kamen. Grog gab es, und Rhabarberkuchen. Sie schwieg. Draußen schwand bereits der kurze Tag. Als ihr wieder auf den Dorfweg tratet, taumelten Flocken durchs Laternenlicht. Rasch verflog die Wärme des Grogs, doch das heimische Gasthaus war nun bald erreicht.

Im Schankraum saß bei heißem Sanddornsaft ein wohlbekannter Mensch, der Dichter der Entfremdung. Dessen berühmtestes Buch spielte teils auf der Insel, die er nicht, wie üblich, zum freiheitsromantischen Eiland jenseits der SED-Macht verklärt hatte. Auch der Dichter war den ganzen Tag gewandert, aber im flachen Süden. Hier erlebe man Naturschauspiele, deren Schönheit nahezu peinlich sei. Er liebe kleine Inseln; diese sei schon fast zu groß. Du empfahlst Helgoland und zitiertest den Werbeslogan vom Leuchtturm-Plakat: »Man braucht nur eine Insel«. Der Dichter erklärte das für falsch. Er fand auch, einige Getränke später, der Satz »Ich liebe dich« sei heutzutage weder ungebrochen zu fühlen noch zu sprechen noch zu schreiben. Sie schwieg, einverständig, wie dir schien. Lachend nanntest du dich einen Kitschbold. Seine Weltskepsis hättest du gern gemindert, wenigstens für diesen Abend, der deinen Geburtstag beschloß. Du mochtest den Dichter, trotz oder wegen seines illusionslosen Menschenblicks. Wart ihr nicht beide Pastorensöhne aus dem Abseits der Provinz? Woher dieser Unterschied im Weltvertrauen?

Nun schlief sie. Leise gingst du aus dem Zimmer, die Treppe hinab. Aus der Gaststube sickerte noch Licht, und Musik. Der graumähnige Schank- und Klangmeister im Holzfällerhemd polierte seine Gläser, begleitet von Van Morrison, Eric Clapton und J. J. Cale. Aus Thüringen sei er, aber schon lange hier. Er reise wenig – wohin auch, er sei ja bereits angekommen. Er entkorkte einen weißen Chilenen und gab Gläser mit aufs Zimmer. John Fogerty sang »Deja Vu (All Over Again)«.

Dann trankst du am Fenster und bedachtest deine erste Fahrt zur Insel. Die war im Oktober 1983, mit dem Brandenburger Predigerseminar. Dessen Direktor Martin Uhle-Wettler hatte zwanzig junge Vikare mit Hiddensee-Metaphysik aufgeladen. Die großen Erwartungen wurden übertroffen. Es regnete immer. Verpackt in bunte Pellerinen stapftet ihr über die Insel. Behandschuht molkt ihr die wehrhaften Sanddornsträucher, deren saure Früchte, zerquetscht und mit Wodka geflutet, geistliche Potenzen bis zur Zungenrede entbanden. Zehn unvergeßliche Tage lebtet ihr in Kloster, diskutierend, singend, spielend, flirtend, trinkend.

Das Predigerseminar gab jungen Theologen die letzte Rüstung

zum Pfarrdienst. Das Studium war vorbei, ebenso das Vikariat, das etwa dem Praktischen Jahr eines angehenden Arztes entsprach. All deine Jahre der Pfarrausbildung erlebtest du *inside out* der DDR, der SED-Macht entzogen. Die Kirchlichen Hochschulen, frei von staatlicher Indoktrination, waren unabhängige Lehranstalten, wie sie die Bekennende Kirche im akademisch gleichgeschalteten NS-Regime geschaffen hatte. Die atheistische »Diktatur des Proletariats« der DDR operierte ungleich moderater, doch das Pathos des Blutzeugen Dietrich Bonhoeffer wirkte weiter: Christsein in der Bewährung, Kirche für andere – in religionslosen Zeiten, in einer zunehmend militarisierten Welt. Die deutsche Teilung galt als Sühne für die deutsche Schuld. Half der klare Widerspruch zum Staat nicht auch dem Bekenntnis?

Die Staatsnähe ist das Luthermal des Protestantismus. Seit der Reformation suchte er regierungsmächtigen Beistand, zunächst zum Schutz gegen die katholische Konterrevolution. Staatsfromm haben Protestanten an Thronen gedient, bis zur nationalreligiösen Blasphemie des Wilhelminismus und der braunen Perversion der Deutschen Christen. Etwelche Gewissensbisse kurierte Luthers Zwei-Reiche-Lehre durch sphärische Scheidung von weltlichem und göttlichem Regiment. Unter Kämpfen hat die Bekennende Kirche sich im »Dritten Reich« von der politischen Obrigkeit gelöst und die Ineinssetzung von Glaube und Ideologie verweigert. Diese Errungenschaft ist ständig bedroht, weil jeder Gläubige zur Welt gehört und jede Ideologie ihre Vergottung betreibt.

In dieser ideologiekritischen Tradition stand auch die »Kirche im Sozialismus«. Der mißverständliche Begriff bezeichnete kein politisches Bekenntnis, sondern den realen Wirkungsort der evangelischen Kirche in der DDR: im sozialistischen Staat, nicht daneben, nicht dagegen. Aber undenkbar, daß man Militärseelsorge betrieben hätte, von Flagge und Uniform in Gotteshäusern ganz zu schweigen. Doch vor den existenziellen Nöten der Gemeinden durfte die Kirche und ihre Pfarrerschaft so wenig fliehen wie der Arzt vor seinen Patienten. Glaubenspathos und Kraft verband der alte Vers von Gorch Fock, in Kloster ans Pfarrhaus gemalt: *Gottes sind Wogen und Wind / aber Segel und Steuer / sind Euer / daß Ihr den Hafen gewinnt.*

Martin Uhle-Wettler war ein Leuchtturm christlichen Beharrens in der DDR. Er hätte akademisch Karriere machen können, zu Karl Barth nach Basel gehen, Bischof werden ... Er wollte Pastor bleiben. Auch er wurde im Pfarrhaus geboren, in Lissa (Sachsen). In Halle studierte er Theologie. 1959 wurde er Pfarrer in Aken an der Elbe, 1969 Studentenseelsorger in Magdeburg. Nach wiederum zehn Jahren übernahm er 1979 die Leitung des Brandenburger Predigerseminars.

Predigerseminare sind Orte der Erdung. Nach Jahren studentischen Überschwangs und manch jungintellektueller Eitelei steht die Bewährung bevor. Man muß sich fragen, ob man wirklich pastorale Berufung verspürt. Du spürtest sie nicht, mangels Menschennähe. Und fandest bei Martin Uhle-Wettler väterliches Verständnis. Er verstand so ziemlich alles, was nicht flach war oder feige; das reizte seinen Zorn. Bei völligem Realismus umgab den Mann eine Mystik des Alltags. Er schaute nach innen und außen zugleich. Er stand windumbraust auf dem Hiddenseer Dornbusch. Er wies rings auf den Sanddorn, die Silberwolken, das grünschillernde Meer. Er nahm die starke Brille ab und rief: Diese Farben! Unwahrscheinlich! Du wagtest es 1983, ihn um eine Woche Sonderurlaub zu bitten: In Warschau spielte Miles Davis, der König des Jazz im Kriegsrechts-Polen. Jazz war wirklich nicht Uhle-Wettlers Welt, doch er gab der gewagten Reise und dem Pilger seinen Segen. Den Hinterbliebenen – sie murrten sehr ob deines Privilegs – sei hernach ein Vortrag zu halten, mit Musikbeispielen.

Martin Uhle-Wettler, das war seine stärkste Gabe, konnte Kräfte weitergeben, die er selbst empfangen hatte. Seine große Liebe galt der Literatur. Wann immer du von ihm ein Brieflein empfingst, begann es mit Versen von Celan, von Wiemer ... Enzyklopädisch bewandert war er in russisch-sowjetischer Dichtung. Auch sein letzter Essay galt dem Bulgakow-Trifonow-Aitmatow-Kosmos und der subversiven Wirkung von Lektüre in der DDR. Fünfmal bereiste er die Sowjetunion und unterstützte die St. Petersburger Menschenrechtsorganisation »Memorial«.

Am 30. Mai 2006 lud er zu seinem 75. Geburtstag ein. Ich hatte ihn seit Jahren nicht gesehen, fuhr nach Berlin-Wilhelmshagen und erschrak. Mich begrüßte ein um Freude bemühter hinfälliger Mann, der für diesen Tag und seine Gäste letzte Kräfte sammelte. Eine Herzoperation stand ihm bevor. Zunächst sprach sein Brandenburger Co-Pilot Matthias Schmidt und sagte: Bruder Uhle-Wettler, Sie hinterlassen eine Segensspur. – Nicht dumme hundert Jahre wolle er ihm wünschen, sondern das römische Lustrum: ein gutes Jahrfünft. Ein solches Lustrum hätte er gern, erwiderte der Jubilar, doch wenn er es nicht bekomme, sei er auch zufrieden. Er habe als Pfarrer in Hunderte Gräber geblickt. Große Lebensdankbarkeit empfinde er als Angehöriger des soldatisch verschonten Jahrgangs 1929, der ersten Generation, die nach zwei Weltkriegen in Ruhe alt werden konnte. Er schloß mit Hölderlin. Ein Abschiedshauch lag in der Luft am Zeuthener See – als ob *er* Abschied nehmen *wollte*. Ich schenkte ihm »Damit wir uns nicht verlieren«, den Briefwechsel der Verlobten Fritz Hartnagel und Sophie Scholl. Dafür schrieb er noch Dank.

Martin Uhle-Wettler starb am 6. Juli 2006, nach der Herzoperation und einem Sturz im Krankenhaus. In Bornstedt bei Potsdam wurde er begraben, an einem grellheißen Sommertag, geleitet von 150 Weggefährten. Denen, die ihn kannten, war Martin Uhle-Wettler ein christlicher Zeit-Ansager, weltkundig, doch immun gegen Ideologie. Er ließ sich von keinem Zeitlärm verführen, sagte sein Beerdigungsprediger Siegfried Menthel, er kam aus dem Pietismus, von dem er sich sehr weit entfernte, ohne das Verständnis dafür zu verlieren. Die Abschiedsgemeinde sang, nach seinem Wunsch, Paul Gerhardt: *Geh aus, mein Herz, und suche Freud / in dieser lieben Sommerzeit / an deines Gottes Gaben; / schau an der schönen Gärten Zier / und siehe, wie sie mir und dir / sich ausgeschmücket haben.*

Dieses Ungebrochenen gedachtest du, trinkend, am winternächtlichen Hiddenseer Fenster. Und an Uhle-Wettlers Mahnung, die guten Zeiten zu nutzen. Unendlich viel Glückskraft werde vergeudet, falls wir nicht arbeiten, wenn Mut und Freude am größten sind. Dieses Mannes Mut bewährte sich in einer Zeit, die nun vergangen war. Mit der DDR zerfiel das Machtmassiv, gegen das wir zusammenstanden; somit verging auch das alte Wir. *Du weißt zur stunde ihn an fernem ort*, heißt es bei Reiner Kunze. *Mit dem verstand begreifst du seine ferne / Du weißt, es liegen zwischen ihm und dir / ein himmel sonne und ein himmel sterne / Und doch trittst du ans fenster immerfort.* Du stießt das Fenster auf, um das Lichtschwert des Leuchtturms unverglast ins Zimmer zu lassen. Flocken wehten herein, auf deinen Geburtstagstisch. Draußen deckte der Schnee die Insel zu. Sie schlief. Noch wart ihr im selben Raum. Aber die Bindung bröckelte und brach, die Zukunft würde wieder Freiheit bringen – die lieblose, bittere Freiheit des *nothing left to lose.* Wieder dachtest du: Alles vergeht. Und trotzig, in halbvergessenem Latein: *Dum spiro spero.* Ich hoffe, solange ich atme.

8

Den sichersten Weg zur Verhaftung bot der Republikflucht-Versuch. Staatlicherseits war prinzipiell jeder DDR-Bürger dieses Vorhabens verdächtig, was in einem ummauerten Land nicht unrealistisch genannt werden kann. Einer der schönsten Fluchtversuche wurde Dr. Wilfried Geißler unterstellt, dem Chefredakteur der Kultur-Wochenzeitung »Sonntag«, für die ich seit 1987 schrieb. Geißler, ein schwejkscher Gemütsmensch, pflegte mit der U-Bahn in die Redaktion zu reisen. War es der heiße Sommertag? Lag es an allzukurzer Nacht? Geißler entschlummerte und verpaßte sowohl die »Sonntag«-Haltestelle Hausvogteiplatz als auch die damalige Endstation Otto-Grotewohl-Straße. Selig schlafend, wurde er ins dahinter befindliche Grenzgebiet rangiert, entdeckt und sichergestellt. Ein strenges Verhör mündete in die Erkenntnis der abgrundtiefen Harmlosigkeit des grenzverletzerischen Genossen Dr. Geißler. Der Offizier entließ ihn mit dem Brüller: Haunse ab! Geißler, erschüttert: Aber genau das will ich doch nicht!

Ich wurde nach dem Exitus der DDR nur noch dreimal verhaftet – einmal in Kanada, einmal in den USA und einmal in Taiwan. Im DDR-Abschiedsjahr 1990 reiste ich fünf Monate kreuz und quer durch die Vereinigten Staaten, inmitten einer Gruppe von zehn Journalisten, die das World Press Institute St. Paul (Minnesota) zur Entdeckung Amerikas eingeladen hatte. Mein Zimmergenosse war Festo Ebongu aus Uganda; allnächtlich erzählte er Schauergeschichten vom blutrünstigen Diktator Idi Amin. Wir vagabundierten *from sea to shining sea.* Wir hackten Sojabohnen auf einer Farm im Mittleren Westen und fuhren Polizeistreife in Miami Beach, wir besuchten Amnesty International in San Francisco und in Washington das Weiße Haus, wir inspizierten ein Streetgang-Straflager in den Malibu-Bergen und General Motors in Detroit. Über den Fluß lag Windsor; das war schon Kanada. US-Bürger benötigten kein Visum. Frank Jossi, unser Programmdirektor, steuerte den kleinen Bus gen Grenze und erklärte, er werde uns alle als Amerikaner ausgeben. Wir sollten den Schnabel halten.

Leider befand sich im Bus ein Mensch, der nicht recht zugehört hatte, oder er war sehr stolz auf seinen nagelneuen Reisepaß. Das blaue Büchlein, gülden bedruckt, zierte ein rundes Wappen mit Hammerzirkelährenkranz, dazu der Staatsvermerk Deutsche Demokratische Republik. Ich legte es mir feierlich aufs Knie. Das kanadische Grenzorgan nahte. Frank Jossi rief aus dem Fenster: *All Americans!* Das Organ äugte ins Innere des Vans. Und erspähte das besagte blaue Büchlein.

What's that?

Ich reichte es ihm.

Country?

German Democratic Republic. East Germany.

Leave the car!

Neben mir saß Festo, mein Zimmergenosse. Er stieß einen zentralafrikanischen Knacklaut aus und rief: *Dis is my white brassar! He is okeh!*

Who are you?

I'm Festo Ebongu from Uganda.

Mit dieser Auskunft hatten wir das Interesse des Kanadiers endgültig errungen. Der nächste Kontrollierte war Audronius Azubalis, ein nationalistisch durchglühter Litauer, der 1990 gesetzlich noch als Sowjetbürger gelten mußte. Sein angloamerikanischer Wortschatz enthielt wenig mehr als die Forderung *Independence Lithuania!* sowie den antisowjetischen Kampfruf *Propaganda Gorbatschow!*

Das Grenzorgan fragte: *Where you from?*

Audronius: *Lithuania.*

Das Organ: *Your passport shows you are Russian.*

Lithuania! rief der Geschmähte. *You know independence fight Lithuania I Lithuania! Free free!*

Organ: *You are a citizien of the Soviet Union.*

Audronius: *Propaganda Gorbatschow!*

Nach diesen unorganischen Äußerungen wurden wir alle einkassiert. Man verhörte uns barsch unter einem gütigen Wandbild von Queen Elizabeth II. Zum Schluß der Befragung wies Kanada uns schmählich aus und verbannte uns in die Vereinigten Staaten von Amerika. Die Reisekameradschaft war stinksauer. Man kann nicht sagen, daß die sterbende DDR an diesem Tag neue Freunde gewann.

In einer Regennacht rollten wir durch Georgia. Meine Allman-Brothers-Kassette erregte allgemeines Entsetzen. Jemand machte den Vorschlag, wir sollten Nationalhymnen singen, jeder die seine. So geschah es. Der Franzose Laurent DuBoise schmetterte die Marseillaise und der Niederländer Peter de Vries *Wilhelmus van Nassouwe ben ik, van Duitsen bloed*, den ältesten und schönsten Nationalchoral der Welt. Die Hongkong-Chinesin Pai-Yin Ngai zirpte *God save the queen*, denn noch war die Kronkolonie nicht frei respektive an Peking retourniert. Audronius verweigerte die Hymne der Sowjetunion. Nach Liedgut aus Bulgarien, Nigeria, Uganda, Südafrika und Taiwan war die Reihe an mir. Singend kamen mir die Tränen über das würdige, so lange unterbundene Lied meiner dummen Republik: *Auferstanden aus Ruinen / Und der Zukunft zugewandt, / Laß uns dir zum Guten dienen, / Deutschland einig Vaterland. / Alte Not gilt es zu zwingen, / Und wir zwingen sie vereint, / Denn es muß uns doch gelingen / Daß die Sonne schön wie nie / Über Deutschland scheint.*

So rollten wir durchs Dunkel als die Vereinten Nationen en miniature. In New York stand der Besuch der großen UNO an. In der Nacht zuvor wälzte sich Festo Ebongu schlaflos in unserem Ehebett: *I wish my wife was here. At least I could fuck.*

Festo, du mußt einfach fest an die UNO denken.

Christoph, I have to tell you anassa ahfull story of Idi Amin.

Um Gottes Willen. Wieder Erschießungen?

No. Crocodiles. Idi Amin had big big crocodiles …

Oh nein! Laß uns lieber über morgen sprechen. Meinst du, ich brauche für die UNO Schlips und Jackett?

(Keine Antwort.)

Festo!

(Schweigen.)

Festo, mein britisch erzogener Stilberater, bitte beantworte meine Frage.

I'm not talking to terrorists. Ohne Anzug in die UNO! Sind wir Tiere?

Seine Hochachtung der Vereinten Nationen ließ Festo anderntags wie aus dem Ei gepellt auftreten. Die Führung im Hochhaus am East River verlief zäh und ebenerdig. Ich machte mich selbständig und erkundete den Wolkenkratzer, vor allem das Obergeschoß, zwecks Photographie. Ich betrat ein verwaistes Büro, knipste aus dem Fenster in die Straßenschluchten, wurde vom zurückkehrenden Diplomaten einer mir unbekannten Nation ergriffen und der Sicherheit überstellt. Glücklicherweise überzeugte ich die Zerberusse, daß meine handgranatige DDR-Kamera tatsächlich zur Photographie diente. Streng verwarnte mich die große UNO und entließ mich in die kleine, die schon nach mir fahndete.

Auf solcher Reise bleibt das Herz nicht stumm. Die Taiwanesin Mei-Huey Chen wurde später in meinem Ostberlin schmerzlich vermißt. Anfang 1991, ein Vierteljahr nach meiner Wiederkehr ins nunmehr vereinigte Deutschland, reiste ich nach Taiwan. Dies, nicht *Amerika*, war mir die freie Welt: das Ganz Andere des bisherigen Lebens. Alles roch und schmeckte fremd. Alles klang und betrug sich unvertraut. Jede Selbstverständlichkeit war irritiert.

Tagsüber mußte Mei-Huey zum Dienst in ihren Radiosender. Ich stromerte durch Taipeh. Ich besuchte das Tschiang-Kai-Schek-Memorial und das Nationalmuseum mit den unermeßlichen Schätzen, die Tschiangs im Bürgerkrieg unterlegene Guomintang-Truppen 1949, vom chinesischen Festland flüchtend, auf die Insel gerettet hatten. Ich photographierte Marktgetümmel, Kinderspiele, Tempel – alles, was mir malerisch erschien, beispielsweise dort das farbprächtige Gebäude samt den martialischen Wächtern. Mit ihren Helmen und Bajonetten erinnerten sie an die stummsteifen Knobelbecherpreußen vor Schinkels Neuer Wache in Berlin.

47

Oh! Diese Wachen blieben weder stumm noch steif. Sie rannten schreiend auf mich zu. Schon war ich beiderseits am Arm gepackt und abgeführt. Man schleppte mich in ein Kabuff mit Gitterfenstern und verriegelte die Tür. Da saß ich, fassungslos und lange. Vor meinem Fenster wurden Kommandos gebrüllt. Ein Dutzend Stahlbehelmter marschierte herbei und riß auf Kommando synchron die Waffen von den Schultern. Unter Gebrüll, in rasanter Choreographie übten sie wirbelnde Griffe und Posen mit aufgepflanztem Bajonett. Ein weiteres Kommando: Der Trupp stand still und präsentierte das Gewehr.

Die Tür flog auf. Ein Offizier trat ein, zackig, mit gerecktem Kinn. In seiner weiß behandschuhten Rechten trug er ein Glas Wasser. Aha, dachte ich, jetzt wird erschossen. Diese Henkersmahlzeit schien mir kärglich. Der Offizier setzte das Glas ab. Es dampfte. Ich bat um einen Teebeutel, idiotischerweise auf deutsch.

Im »Mosaik« Nr. 120 (»In hoffnungsloser Lage«, November 1966) wünschen sich Dig und Dag vor ihrer Enthauptung Zuckerstangen. Die Zeitverzögerung rettet ihr Leben. Mein letzter Wille wurde ignoriert. Der Offizier radebrechte englisch. Dieses Haus und die Soldaten dürfe niemand photographieren, das sei doch allgemein bekannt. Ich gestand, daß ich zum ersten Mal in Taiwan sei, zudem aus Germany. – *East or west?* – *East*, sagte ich, törichterweise, denn nun würde er mich gewiß zum Gegner nach Peking verorten. Er lächelte knapp und sagte: *Now west*. Fast schien es, daß doch nicht erschossen würde. Auf ein Blatt malte der Offizier eine Straßenskizze: Hier sei ich, dorthin müsse ich, zum Schrein der Märtyrer, einem wunderbaren Photo-Objekt. Ich wurde entlassen, salutierte scherzig und rief: *Nie hau!* Das heißt allerdings nicht Auf Wiedersehen, sondern Guten Tag.

Der Schrein der Märtyrer, bewacht von identischen Soldaten, erwies sich als bildwürdig. Und Taiwan als respektables, bedauernswertes Land. Die ganze Insel schien weltpolitisch verhaftet. Beispielhaft hatte sich die Guomintang-Militärdiktatur zur Demokratie gewandelt und war wirtschaftlich zum Kleinen Tiger aufgestiegen. Der Lohn: globale Mißachtung. Nahezu die ganze Welt kuschte vor der Großmacht Peking und deren Ein-China-Doktrin, die freilich auch die Guomintang vertraten: Taiwan nannte sich

Republic of China (ROC); die sogenannte Volksrepublik China (PRC) sei eine abtrünnige, rebellenbeherrschte Provinz.

1971 entschieden die Vereinten Nationen auf Antrag der Sowjetunion in ihrer Resolution 2758, den chinesischen UNO-Sitz der Republic of China (ROC) der People's Republic of China (PRC) zu übertragen. Seither existiert Taiwan als gefährdeter Paria, unterhält allerdings diplomatische Beziehungen mit annähernd zwei Dutzend Weltmächten, die dank taiwanesischer Finanzargumente Rot-China trotzen: Haiti, Paraguay, Swaziland, Saint Kitts and Nevis, Santa Lucia, Belize, die Salomon-Inseln ... Taiwans europäische Schutzmacht ist der Vatikan, seit 2008 auch Kosovo.

Sogar ein Großer Bruder blieb, wenngleich unterhalb der offiziellen Anerkennung. Zur geostrategischen Raison der USA gehört Taiwans Beschirmung vor Rotchinas Waffenrasseln. Damals, Anfang 1991, begann George Bush senior den ersten Feldzug gegen Saddam Husseins Irak. Ich erlebte in Taipeh keinerlei Antikriegsaktionen, mit Ausnahme eines kleinen pazifistischen Altars in der Sunkiang Road. Daneben lag ein Gästebuch der Friedensstimmen. Ein US-Amerikaner hatte den taiwanesischen Peaceniks großformatig eingeschrieben, wo der realpolitische Hammer hängt: DON'T CALL US WHEN CHINA INVADES TAIWAN!!!

In jenen Tagen besuchte Maggie Thatcher die Insel. Die Zeitungen überschlugen sich ob dieser unerhörten Anerkennung. Selbst Hut und Handtasche der Eisernen Lady erfreuten sich exzessiver Berichterstattung. Allerdings war Dame Thatcher längst pensioniert und rein touristisch in Südostasien unterwegs. Mir wurde Ähnliches zuteil. An jedem letzten Donnerstag des Monats lud der Außenminister die Medien zum Lunch. Mei-Huey nahm mich mit. Der Minister referierte, ich verstand kein Wort und kritzelte Reisenotizen. Am Abend sah ich ausführlich in allen Fernsehnachrichten – mich. Der einzige Fremdling des Presse-Essens, der da so eifrig Notiz nahm, galt selbstverständlich als amerikanischer Top-Reporter und würde Taiwans rechtmäßigem Ringen weltweit eine Stimme geben. Das war so kurios wie beschämend. Taiwans Position am Katzentisch fällt mir zuverlässig ein, wenn die »freie Welt« in demokratische Bekenntnisse ausbricht.

9

Am 3. März 2004 erlebte ich die Monarchie. Sie besuchte das anhaltinische Städtchen Oranienbaum. Einst hatte es Nischwitz geheißen, bis es 1660 in den Besitz der Prinzessin Henriette Catharina von Oranien-Nassau überging. Zum Angedenken ihrer Herkunft erhielt der Ort den neuen Namen. Der Orangenbaum steht, neun Früchte tragend, im Stadtwappen und schmiedeeisern auf dem Markt. Von dort führt eine breite Straße zum Schloß. Die Straße ist leer, doch auf dem Bürgersteig staut sich das Oranienbaumer Volk hinter orangen Absperrbändern. Der Nieselregen näßt orange Wimpelketten. Es ist kalt. 2000 Menschen bibbern und warten auf die Monarchie.

Jetzt rollt sie vor, in schwarzen Limousinen. Der einen entsteigt Bundespräsident Johannes Rau nebst Gemahlin, einer anderen Wolfgang Böhmer, der hiesige Ministerpräsident. Das wichtigste Gefährt trägt einen orangen Stander. Ein Attaché öffnet den Schlag. Die Monarchie steigt aus: Beatrix, Königin der Niederlande. Das Volk steht und staunt. Es applaudiert, es schwenkt die mitgebrachten Tulpen. Holländisch vermummte Kindergruppen ziehen auf, mit Strohhüten und blauweißroten Fähnchen, geführt von flämisch behaubten Pädagoginnen, die sich à la Rama-Mädchen kostümiert haben. Holzpantinen bollern übers Pflaster. Gewiß werden gleich riesige Edamer Käse herbeigerollt und Windmühlen errichtet. Schon ergreift der vorderste Knabe die huldige Hand der Königin. Die lacht frisch und menschenfroh, wie seit Jahrzehnten auf den Photos, die sie an der Seite ihres depressiven deutschen Gatten Claus von Amsberg zeigen. Prinz Claus ist vor einem guten Jahr gestorben. Die Königin grüßt und winkt. Über die schwerblütigen Volksgesichter wischt ein freudiger Schein.

Die Monarchie schreitet dem Schlosse zu. Die Freude gilt nur ihr. Rau und Böhmer in langen schwarzen Mänteln, die schöne Christina Rau im roten Kleid, die würdige Entourage – sie alle sind bloß Staffage der Königin, die ein pelzbesetztes braunes Cape trägt, dazu einen hockerhohen Hut und einen Strauß.

Kucke, die ihre Blumen sind och orange.

Scheen sieht se aus! So 'ne Könjin macht schonn was her.

Anhaltiner auf dem Weg zur Monarchie (Oranienbaum, 3. März 2004).

Willst woll Kaiser Wilhelm widder hamm?

Na, Honecker nich.

Der Ehrenhof ist erreicht. Die Monarchie verschwindet im Schloß. Das Volk muß draußen bleiben. Etliche Oranienbaumer genieren sich wegen des patinösen Zustands der Immobilie, die zu den vier Mutterschlössern des niederländischen Königshauses zählt.

Is schon ä bissl peinlich. Mer hätts doch vorher malern könn.

Du Dummer, das läßt *die* doch machen, wenn se's jetze so sieht.

Der Reporter darf in den winterlichen Park. Das Fischbrünnlein sprudelt. Fünfgeschossig ragt die chinesische Pagode. Die Orangerie ist geschlossen. Endlich, nach langem Schloßrundgang, erscheint die Monarchie auf dem Balkon und winkt parkwärts den Photographen. Auch wir sind ihr Volk.

Was ist diese Königin? Ein Symbol. Ein Kontinuum des Ursprungs einer Nation, die sich aus dem Klammergriff des spanischen Imperiums befreite und diese Freiheit ihre Herkunft nennt. Die Königin regiert weder Gegenwart noch Zukunft, sondern verkörpert andauernde Geschichte. Es sei »nicht paradox, sondern im Gegenteil folgerichtig«, so Christian Graf von Krockow, »daß die Länder im Norden und Nordwesten Europas, denen die Funktionstrennung von Monarchie und Demokratie zeitgerecht gelungen ist, den langen Weg von vormodernen zu modernen Verhältnissen in der Regel mit weniger Erschütterungen oder gar politischen Katastrophen bewältigt haben als andere Länder«. Von Krockow schreibt dies in seinem Lebensbild »Friedrich der Große«, dessen Folgegeschichte bedenkend, vom absolutistischen Militärstaat bis zur hitlerschen Führerdiktatur, deren Besieger den Aggressor Preußen endgültig zerschlugen. Endlich waren »die Fritzen« kaputt.

Man könnte sagen: Das ist Vergangenheit. Das jetzige Deutschland organisiert sich als demokratischer Staat, sein Grundgesetz ist König. Dennoch waltet ein symbolischer Mangel, eine Sehnsucht nach Sinn und Konsens, ohne die kein Staatswesen auskommt. Einheitsdeutschland ist sehr jung. Sein heutiger Konsens gründet auf Erkenntnis der deutschen Katastrophengeschichte, die nach 1945 zur Teilung führte. Mit dem Land wurde auch die Freiheit geteilt. Der östliche Freiheitsbegriff war sozial, der westliche individuell. Der Mensch ist ein soziales Individuum. Individualität wird autistisch, wenn soziale Strukturen fehlen. Soziale Sicherheit wird autoritär, wenn individuelle Freiheit und Verantwortung überall an Grenzen stoßen. Im Wettstreit der deutschen Teilgeschichten obsiegte die des Westens, auch dank ihrer effizienten Wirtschaft, der »Sozialpartnerschaft« des »Rheinischen Kapitalismus«. Dieser »sozialen Marktwirtschaft« schloß sich 1990 die bankrotte Ostgeschichte an, zu den Bedingungen des Westens, der seither den Osten alimentiert. Der Osten brauchte den Westen, nicht umgekehrt. Unverändert dürftig ist die gesamtdeutsche Synthese. Im Westen fällt das gar nicht auf, im Osten ist es achselzuckende Normalität.

Die Ostdeutschen und ihre Geschichten sind ohne gesamtdeutsche Repräsentanz. In ganz Deutschland spürt man einen Mangel an öffentlicher Orientierung. Die Politik flickt und wurschtelt, den Krisen nachhechelnd, zitternd vor der »Nervosität der Märkte«, die sie nicht einhegen kann. Der sozialstaatliche »Rheinische Kapitalismus« wird immer mehr zum angelsächsischen der Hochfinanz-Halunken, enthemmt durch den Untergang des sozialistischen Systems. Die Ohnmacht der Politik, ihre Abhängigkeit, wurde schockhaft bewiesen durch die antisoziale Anarchie der Finanzmärkte und deren Perversion der Freiheit. Die stetig wachsenden Sozialabstände zerreißen die Gesellschaft; grotesk ungerechte Freiheit verhöhnt die Demokratie. Es fehlt, was man früher Staatsziel nannte: ein demokratisches Symbol, ein Leitbild vom gemeinsam hoffenswerten Leben, eine Stimme, die von Zukunft spricht. Wer sollte das können? Eine visionär wie rhetorisch limitierte Kanzlerin der »alternativlosen Sachzwänge«? Auch der Einheitskanzler Helmut Kohl war nie Konsens, Helmut Schmidt erst im Alter, Richard von Weizsäcker mehr als Person denn als Bundespräsident. Und auf welche gemeinsame Geschichte können wir Deutschen uns einigen?

Königin Beatrix verließ Oranienbaum und fuhr weiter nach Dessau. Sie besichtigte das Bauhaus. Rama-Mädchen und Oranje-Kinder wurden dort nicht aufgeboten, doch auch in Dessau applaudierten die Republikaner der Monarchie. Dicht bei dicht stand das lammsgeduldige Ostvolk und blickte zum Tempel der Moderne auf. Hinter der Glasfront sah man die Königin durch die Etagen schweben. Manchmal trat sie ans Glas und schaute heraus, herab. Ich sah hin und her – dort Beatrix im Riesenterrarium, hier die biederen Menschen. Ihre kleinen Photoapparate verbargen ihre Augen. Die Münder lächelten selig. Landsleute, in der DDR erzogen: Was fehlte euch? Was machte euch froh?

10

Im Juni 2010 geschah es, daß die Bundesrepublik Deutschland ein neues Staatsoberhaupt suchte. Staatsoberhaupt – rechtlich korrekt, sachlich etwas übertrieben – ist der Bundespräsident, ein symbolisch ermächtigter Repräsentant des Wahren, Guten, Wünschenswerten, der die Befindlichkeit unseres Gemeinwesens integrativ in würdige Worte fassen, also reden können soll. Horst Köhler, der vorherige Amtsinhaber, war resigniert aus dem Amt geschieden, als er seine realpolitische Ohnmacht begriff. Er beklagte

Mangel an Respekt und Gehör. Kurioserweise resignierte er, als man seinen Worten *zu* aufmerksam lauschte. Ein Köhler-Interview im Deutschlandradio klang, als wolle der BuPrä deutsche Wirtschaftsinteressen mit Waffengewalt flankieren. Das Ungetüm von Kernsatz sei zitiert: »Meine Einschätzung ist aber, daß insgesamt wir auf dem Wege sind, doch auch in der Breite der Gesellschaft zu verstehen, daß ein Land unserer Größe mit dieser Außenhandelsorientierung und damit auch Außenhandelsabhängigkeit auch wissen muß, daß im Zweifel, im Notfall auch militärischer Einsatz notwendig ist, um unsere Interessen zu wahren, zum Beispiel freie Handelswege, zum Beispiel ganze regionale Instabilitäten zu verhindern, die mit Sicherheit dann auch auf unsere Chancen zurückschlagen negativ, bei uns durch Handel Arbeitsplätze und Einkommen zu sichern.«

Das öffentliche Echo tönte klarer: Kanonenbootpolitik! Köhler erklärt den Krieg! Bundespräsident begründet deutsche Militäreinsätze mit Wirtschaftsinteressen!

Köhler, beleidigt, schmiß hin. Noch im selben Jahr wurde die allgemeine Wehrpflicht abgeschafft. Das annoncierte, wie kaum jemand begriff, einen grundsätzlichen Charakterwechsel der Bundeswehr: von der Verteidigungsarmee zur global operierenden Eingreiftruppe. Dieser verhängnisvolle Wandel erzeugte unerhörterweise kaum Geräusch. Der schneidige Kriegsminister spreizte sich als Volksliebling, ja als Popstar, bis seine Promotion als Betrug aufflog und die Medien den Hochstapler gegen Volkes Willen stürzten.

Ein Nachfolger für zu Guttenberg war rasch bestimmt, doch Köhlers Austausch geriet pikant. Jeder wußte, daß die Kanzlerin Angela Merkel mit dem niedersächsischen CDU-Ministerpräsidenten Christian Wulff einen innerparteilichen Konkurrenten ins Schloß Bellevue entsorgen wollte und daß dies, dank der Mehrheit von Union und FDP, gelingen würde. Grüne und SPD erteufelten einen Coup und gewannen zum Gegenkandidaten ausgerechnet den Merkel-Freund Joachim Gauck. Der versprach, die vier Wochen seiner Kandidatur zu genießen, und hielt Wort. Pfarrer Gauck predigte auf allen Kanälen; er füllte Theatersäle; der Spiegel titelte »Der bessere Präsident«. Dieser numerisch chancenlose Bewerber, seinem Kontrahenten rhetorisch hoch überlegen, bezirzte das interessierte Deutschland mit einem einzigen Thema: Freiheit. Gauck gab sich als personifizierter Bürgersinn. Den unmündigen Verhältnissen der DDR war er glücklich entkommen und bezeugte kämpferisch die Gefährdungen der Freiheit. Sein Pathos klang kurios in altbundesdeutschen Ohren. So ernst hatte die Demokratie schon lange keiner mehr genommen. Mehr noch als die Botschaft berauschte der pastorale Orgelton. Der Beifall stürmte und tat Gauck allzugut. An Geltungsfreude hatte es dem Kandidaten nie gemangelt, jedoch an Rampenlicht, nachdem im Jahre 2001 seine Amtszeit als Stasi-Aktenchef zu Ende gegangen war.

Ich fühlte pro Gauck – nicht absolut, sondern in Erwägung der Alternative. Erstmals erlebte ich Joachim Gauck am 29. November 1991. Er saß, nein: thronte auf einem Podium im rappelvollen Audimax der Berliner Humboldt-Universität. Das Studentenvolk buhte und johlte. Gauck, erhaben blickend, schwieg. Gern wollte er reden, über die Stasi-Verstrickung des Rektors Heinrich Fink. Sprechchöre hinderten ihn: UNSERN HEINER NIMMT UNS KEINER! GAUCK-LER IN DEN ZIRKUS! Endlich Ruhe. Gauck straffte sich und sprach sonor: Gelassen und voller Freude erwarte ich die Proteste einer PDS-gesteuerten Hochschulöffentlichkeit. Da platzte der Saal. Gauck reckte lutherisch die Faust. Venceremos, dachte ich, na prost. Und wenn die Welt voll Teufel wär – so gockelig wirbt man nicht für die Wahrheit.

Selbst- und Fremdwahrnehmung differieren meistens. Das Humboldt-Getümmel findet sich, ganz anders empfunden, auch in Joachim Gaucks spannendem Lebensbuch »Winter im Sommer, Frühling im Herbst« (erschienen 2009). Wortwörtlich erinnert sich der Autor an seinen Satz, »mit dem ich das Publikum in aufklärerischer Verve begrüßte«. Faktisch behielt Gauck recht; das Werben würde er noch lernen. Damals, 1991, balgten sich zwei Emanzipationsorgane: hier das Studenten-Konzil, dort der Trophäenverwalter der 89er Revolution.

Wer ist Joachim Gauck? Viele reduzieren ihn auf seine Zeit als Gebieter der Stasi-Akten. Für sich selbst weiß Gauck viele Titel: Ein linker liberaler Konservativer sei er, ein reisender Demokratielehrer, ein Bürger (*citoyen*, nicht Untertan) und Antikommunist. Gaucks politisches Geburtsdatum ist der 27. Juni 1951; da war er elf. An diesem Tag wurde sein Vater, Kapitän zur See, unter Spionageverdacht verhaftet. Er verschwand spurlos, nach Sibirien. »Das Schicksal unseres Vaters wurde zur Erziehungskeule«, schreibt Gauck. »Die Pflicht zur unbedingten Loyalität gegenüber der Familie schloß auch die kleinste Form der Fraternisierung mit dem System aus.« Erst später habe er den kommunistischen Anti-Hitler-Widerstand zu würdigen gelernt. 1955, nach Adenauers Besuch in Moskau, kehrte der Vater zurück.

Gauck, nicht sonderlich religiös erzogen, wollte eigentlich Germanistik und Geschichte studieren. Das blieb ihm mangels FDJ-Mitgliedschaft verwehrt. »Als ich mit dem Theologiestudium begann, dachte ich nicht daran, Pfarrer zu werden. Dazu kam ich mir viel zu weltlich vor. Theologie betrachtete ich eher als Zweig der Philosophie.« Zur DDR-Zeit war er Pastor in Lüssow (Kreis Güstrow) und im Neubaugebiet Rostock-Evershagen. Gauck zeichnet ein plastisches Bild der »Kirche im Sozialismus«, in der sehr verschiedene Kräfte wirkten. Welten lagen zwischen dem staatsfrommen Greifswalder Bischof Horst Gienke (IM »Orion«) und den Schweriner Oberhirten Heinrich Rathke und Christoph Stier, die Systemferne praktizierten, ohne gesellschaftliche Abstinenz zu predigen. In ihrem Sinne praktizierte der mecklenburgische Pfarrer und Bürger Gauck als Opponent, nicht als Totalverweigerer des Staates DDR. Drei seiner vier Kinder reisten nach Westen aus.

Das SED-Regime faulte und stürzte. Die Mauer fiel. Die freien Wahlen vom 18. März 1990 beförderten Gauck in die Volkskammer, für das Bündnis 90. Nach der Vereinigung amtierte er zehn Jahre lang als »Bundesbeauftragter für die Unterlagen des Staatssicherheitsdienstes der ehemaligen DDR«. Volkes Stimme benannte den Laden nach dem Chef und erfand ein giftiges Verb: gaukken. Je nach Parteiung und Milieu galt die Gauck-Behörde als bürgerrechtliche Kläranlage, als Hygieneinstitut der Demokratie oder als westliches Siegerwerkzeug zur Demontage der DDR. Gottlob zerstoben die Ängste, die Aktenöffnung würde zu Lynchjustiz führen.

Ausführlich erinnert sich der Parteilose Gauck an westdeutsche Widersacher seiner Aufarbeitungspolitik: Wolfgang Schäuble,

Marion Gräfin Dönhoff, Egon Bahr ... Und Helmut Kohl, der gen Osten schmeichelte, er wisse auch nicht, wie er sich im SED-Staat verhalten hätte. »Wenn es nach ihm gegangen wäre, hatte er bedeutungsvoll gesagt, hätte das ganze Zeug vernichtet werden können. (...) Der Bürger, der Regierungschef, der Historiker Kohl hielt diesen so unendlich aussagekräftigen Dokumentenbestand, dieses facettenreiche Monument der zweiten Diktatur in Deutschland für verzichtbar! (...) Nach einer solchen Wortmeldung wird man wieder zum Ossi.« Bereits 1995 resümierte Gauck, das Stasi-Unterlagengesetz habe seinen Zweck erfüllt. »Wolfgang Schnur oder Ibrahim Böhme wurden nicht Ministerpräsident, und wer heute Manfred Stolpe wählt, weiß, warum er umstritten ist. (...) zahlreiche Inoffizielle Mitarbeiter (IM) wurden gehindert, Richter, Polizeioffizier oder Professor zu werden.«

Über die Jahre sammelten sich viele Gauck-Impressionen. Warm rühmte er als Laudator im Jahr 2000 an der Universität Bonn Günter de Bruyn, der den Ernst-Robert-Curtius-Preis für Essayistik erhielt. Und tadelte die Kyffhäuserhaftigkeit des neuen Berliner Bauens, besonders die Monumentalität des Holocaust-Mahnmals. Jeder Rest KZ-Stacheldraht, jeder Judenstern auf einem Kindermantel bezeuge stärker die NS-Verbrechen. Bekömmlicher sprach Gauck im Jahr zuvor beim Festakt des Deutschen Bundestags zum 10. Jahrestag des Mauerfalls: »Wir haben vom Paradies geträumt und wachten auf in Nordrhein-Westfalen.« Erst Proteste hatten Gauck, als einzigen Ostdeutschen, auf die Rednerliste gehievt, neben den Revolutionären Kohl, Bush senior und Gorbatschow. Auch etliche Gauck-besetzte Podien sind erinnerlich, zum Beispiel in Berlin, 2008. Ein Altgenosse, ermutigt durch Gaucks versöhnlichen Ton, wollte ihn für Fidel Castro begeistern. Gauck, spitzmündig süffisant: Sie können gern Diktatoren bewundern, bitte sehr.

In den Neunzigern verbrachten wir miteinander einen langen Rotwein-Abend. Gauck trank nicht wenig; das war schön. Unentwegt zeichnete sein Zeigefinger die kleinen Quadrate der Tischdecke nach. Er sprach über seine Ermutigung: Die allermeisten DDRler hätten der Stasi widerstanden, frontal oder schwejkhaft listig. Er sei weder Bürgerrächer noch Menschenjäger, freilich auch nicht im Gnadenfieber. Er glaube an Chancen menschlicher Einsicht, Reue, Verzeihung von Schuld. Beispiele erzählte er, mit gerührten Augen. Warum, fragte er, sind Sie nicht auf unserer Seite? Bin ich doch, nur nicht so – deklamatorisch.

Dies erwägend, schrieb ich in der »Zeit«: »Wie soll jemand von derart östlicher Prägung dem ganzen Deutschland präsidieren? – So fragt westliche Skepsis. Ostdeutsche Gegenfrage: Wie normal ist eine Bundesregierung, die zu exakt 100 Prozent aus Westministern besteht, geführt von einer herkunftsscheuen Kanzlerin, die sich mutigstenfalls zum uckermärkischen Pflaumenkuchen bekennt? Die Defensiv-Strategin Angela Merkel wurde Kanzlerin *trotz* Ost-Biographie; der offensive Freigeist Joachim Gauck würde Präsident *wegen* seiner DDR-Geschichte, die er als gesamtdeutsche erzählt. Denn die deutsche Teilung begann nicht mit Ulbricht oder Adenauer, sondern mit ›der widerwärtigen braunen Diktatur‹.

Fazit: pro Gauck. (...) Die Frage wäre nur, ob er sich thematisch weitet. Freiheitspathos reicht nicht. Längst gibt es ein mißbräuchliches Reden von Freiheit, die – ähnlich dem Friedensmantra der DDR – als ideologische Stopfgans dient. Der Prediger der Freiheit, der Rechtsstaatsenthusiast Joachim Gauck müßte die nötigen Worte wagen gegen die heutigen Gefährdungen der Demokratie: Sozialnotstände, Asozialität der Hochfinanz und eine quasi naturwüchsige Militarisierung der Außenpolitik, die Horst Köhler zu seinen *famous last words* inspirierte.

Ist Gauck dieser Sprung zuzutrauen? Unbedingt. Deutschland bekäme einen Hüter der *res publica*, der Demokratie noch als kostbares Gut empfindet. Und Gauck, der mit 50 Jahren erstmals wählen konnte, entkäme endlich der DDR-Verhaftung. Das SED-Regime ist tot, aber, mit einem Wort von Wolfgang Staudte: ›Feigheit macht jede Staatsform zur Diktatur.‹«

Man hörte sehr andere Stimmen. Gerhard Rein im Westdeutschen Rundfunk: »Es gibt Menschen, bei denen die Nominierung von Joachim Gauck für das Amt des Bundespräsidenten einen größeren Schock ausgelöst hat als die Nachricht vom Rücktritt Horst Köhlers. (...) Gauck (...) ist ein Mensch, der polarisiert, nicht einer, der integrieren möchte. (...) Welche Kompetenz bringt Gauck für sein Amt mit? Sein Leben, antwortet der SPD-Vorsit-

zende, der nicht müde wird, auf den DDR-Bürgerrechtler hinzuweisen. Nun, zur politischen Opposition in der DDR hat Gauck
nicht gezählt. Im Kontext des politischen Umbruchs in der DDR ist
Joachim Gauck nicht vor Oktober 1989 in das Blickfeld geraten.
An den für den kirchlichen Widerstand wegweisenden Ökumenischen Versammlungen in der DDR hat er sich nicht beteiligt. Für
das Neue Forum, dem er sich in Rostock anschloß, ist er 1990
in die frei gewählte Volkskammer eingezogen. Zehn Jahre lang
hat er die bald nach ihm benannte Stasi-Aufklärungsbehörde geleitet und dabei eine ziemlich unvergleichliche Vergangenheits-
kompetenz erworben. Seitdem traktiert er bis heute ein einziges
Thema, sein Lebensthema, wie er selbst es beschreibt: Freiheit.
Mit seiner Freiheitsrhetorik, dem ungeheuren Pathos, mit dem
er sich als Liebhaber der Freiheit vorstellt, kann er Menschen begeistern, ja geradezu unwiderstehlich besoffen reden. Wenn man
Joachim Gauck zu oft zuhört, erscheinen seine Vorträge freilich
bald voller Leerformeln und sein moralisches Pathos leicht hohl.
(…) Das SED/SPD-Papier von 1987 bezeichnete Gauck als peinli-
chen Schulterschluß. Die ganze Entspannungspolitik der SPD kam
ihm falsch vor. Die Altachtundsechziger sieht er gern als Teil der
unaufgeklärten Linken. Er dagegen empfindet sich als Aufklärer,
der kaum verstehen kann, daß Menschen, die in der DDR kritisch
gegen das System angelebt haben, auch nach dem politischen Um-
bruch weiterhin kritische Bürger in der erweiterten Bundesrepublik geblieben sind. Den Krieg gegen den Diktator in Bagdad hat
Joachim Gauck 2003 für richtig gehalten (…).«
  Fünf Tage vor der Bundesversammlung tagte in Berlin-Pankow
der Ossietzky-Kreis. Diese Zurufgemeinschaft von Nordberliner
Intellektuellen diskutiert allmonatlich im Café Canapé den Zustand der Welt. Diesmal ging es um Gauck. Ich verteidigte ihn,
Gerhard Rein gab Contra. Dann urteilte das vorwiegend ostdeutsche Publikum. Die berühmte Pankower Pastorin Ruth Misselwitz
erklärte, der Behördenleiter Gauck habe keineswegs als Versöhner
und Friedensstifter gewirkt, sondern als Verschärfer, Ankläger,
Richter, weit über seine Funktion hinaus. Eva Reich sprach ve-
hement für Gauck; Gatte Jens Reich, 1995 als Bundespräsident-
schaftskandidat des Bündnis 90 gescheitert, nannte ihn einen in

der Wolle gefärbten Konservativen. Emphatisch rief Michael Hamburger, Gauck bündele irrationale Süchte und mache ihm angst; der zuverlässig biedere Wulff könne im Amte wachsen. Christian Semler mißfiel Gaucks Hochmut gegenüber den Ostdeutschen, die angeblich obrigkeitshörig nach dem fürsorgenden Staat verlangten. Sodann beschwerte sich ein alter SED-Genosse über Elitendiskurse, in denen die wirkliche DDR nicht vorkomme. Dieses Maß an Zuspruch war selbst Gerhard Rein zuviel. Ich stimme Ihnen zu, beschied er bissig den Genossen, wir sollten nicht dauernd über die Stasi reden, sondern über deren Auftraggeber: Ihre Partei.

Reins Meinung obsiegte. Ich trank naturtrübes Bier und fühlte gemischt. Die Oststimme Gauck gefällt mir besser als Gauck als *die* Stimme des Ostens. Es ist dem Mann nicht vorzuwerfen, daß er die gebotenen Bühnen auf seine Art bespielt. Nur verdeckt Gauck als deutungshoheitlicher Pars-pro-toto-Ossi Unmengen anderweitiger Ostgeschichte; sein freiheitlicher Dauerton überschallt differierende Klänge. Ja, die DDR war ein unwürdiger Staat, zugleich eine legale Gründung der sowjetischen Siegermacht. Sie prinzipiell zu delegitimieren ist Retro-Revisionismus: aufgewärmter Kalter Krieg.

Wulff wurde am 30. Juni 2010 gewählt, wenngleich erst im dritten Gang. Diese Verzögerung, ein Schienbeintritt für die Krämerin Merkel, honorierte den unterlegenen Kandidaten. Kurz nach Wulffs Wahl stieg im Schloß Bellevue das Sommerfest des Bundespräsidenten. Zu später Stunde erklang der alte Ost-Hit »Über sieben Brücken mußt du gehn«. Joachim Gauck, in fortgeschrittener Stimmung, enterte die Bühne und schmetterte mit. Anderntags entbot er schamvoll dem Herrn Bundespräsidenten Wulff seine Entschuldigung. Mußte das sein? Fast flächendeckend ist Einheitsdeutschland altbundesdeutsch asphaltiert. Die Ostgeschichte haust in den letzten Wäldern oder wurde westförmig zugerichtet. Auch hierbei hilft Gaucks markante Stimme. Für *den* Osten zu sprechen steht ihm nicht zu. Wie arm, wie töricht, wie unterwürfig wäre es, ostdeutsche Prägung und Kultur ausschließlich als Zwang zu erzählen. Die Geschichte eines Landes ist die seiner Bewohner. Das meint alle, nicht nur Eliten und Opfer.

11

Der 21. Juli 1969 war ein unvergeßlicher Tag. Neil Armstrong betrat als erster Mensch den Mond. Obwohl Armstrong Amerikaner war und im Bezirk Halle die Ernteschlacht tobte, meldete das SED-Organ »Freiheit« den himmlischen Vorfall auf Seite 1. Selbigen Tags erreichte mich Sehnsuchtspost: das Autogramm von Lok Leipzigs Mittelstürmer Henning Frenzel. Ich hatte ihm einen Bittbrief geschrieben. Frenzels Signatur war ein kleiner Schritt für die Menschheit, aber ein riesiger Sprung für meine Fußballsammlung.

Später, als ich in Leipzig studierte, sah ich »Stolper-Henning« häufig spielen: gute Technik, feiner Schuß, bisweilen mit dem Kopf durch die Wand. Er und sein Sturmpartner Wolfram Löwe bildeten im Bruno-Plache-Stadion am Völkerschlachtdenkmal eine gefürchtete Artillerie. Nach 420 Oberliga-Spielen, nach 152 Toren hängte Henning Frenzel 1978 die Töppen an den Nagel – nicht für immer. Der 1. FC Lokomotive Leipzig, unter diesem Adelsnamen 1987 Europapokal-Finalist, schleimte sich nach der Wende hochstaplerisch in die gesamtdeutsche Fußballgeschichte ein. Der Club okkupierte eine vakante Firmenmarke. Fortan nannte er sich VfB Leipzig, mit dem Zusatz: erster deutscher Fußballmeister 1903. Pünktlich 100 Jahre nach seiner angeblichen Geburt war der VfB endgültig insolvent. Er wurde aufgelöst und, zum Jubel der »Lokisten«, neugegründet als 1. FC Lok – in der 11. Liga.

Loks Auferstehung im tiefsten Unterkeller geriet zum Happening. Tausende strömten, zumal der Verein für seine Spiele jeweils einen alten Kämpen aus Ost-Zeiten reaktivierte. Am 19. September 2004 war es dann soweit. Gegen die Paunsdorf Devils lief der nunmehr 62jährige Henning Frenzel auf. Zehn Minuten vor Ultimo gelang dem Routinier per Kopf das spielentscheidende 16:0. Der Jubel nahm kein Ende. Die Partie endete 20:0. Wer sollte das toppen?

Lothar Matthäus. Der deutsche Rekord-Nationalspieler ließ sich nach Leipzig locken. Obgleich auch schon 44, erklärte er: Ein Lothar Matthäus läßt sich von seinem Körper nicht besiegen. Und von Loks Stadtpokal-Gegner SV Ost 1858 Leipzig? Ein übermächtiger Widerpart, ein Achtligist. 8000 Menschen strömten am

13. Mai 2005 ins marode Bruno-Plache-Stadion. Der Taxifahrer überholte Kolonnen mit blaugelben Fahnen. Ä Traum wird wahr, sprach er, mit Galle. Der Herr Westfußballrentner Matthäus gibt sich de Ähre. Na, da falln mer doch mit Halleluja uff de Knie.

Das ist aber ein bißchen ungerecht.

Hörnse uff. Ich war damals im Stadion, wie Lok gegen Bordeaux gewonnen hat, gegen Düsseldorf, gegen Werder Bremen ... Wenns nich mehr is, isses nich. Aber das hier isses ganz bestimmt nich.

Fast wäre Matthäus' Gastspiel gescheitert. Er brauchte einen Spielerpaß und hatte keinen. Mit Pappe, Schere, Zeitungsbild und Klebestift wurde ihm ein Dokument gebastelt, das man stempeln konnte. Der legalisierte Senior betrat den Rasen. Die Arena jauchzte, die Photographen schossen Dauerfeuer. Matthäus erwärmte sich, indem er dem bedauernswerten Lok-Ersatztorhüter ein Dutzend Fernschüsse ins Dreiangel jagte, immer dieselbe Stelle, nie zu halten. Anpfiff. Sankt Lothars Hochamt begann. Matthäus rannte, grätschte, kommandierte und schlug alle Ecken seines neuen Vereins. Zur Halbzeit stand es 0:0. Matthäus rief: Das packen wir! Irgendwann schoß Lok das entscheidende Tor und bezahlte es mit einem Schwerverletzten. Ersatzspieler Trommer, gleichfalls älteren Jahrgangs, sprang jubelnd von der Bank und riß sich die Achillessehne.

Nach 76 Minuten ging Matthäus ab, umschallt von Huldigungschören: LOK-LOTHAR, WIR DANKEN DIR! Schlußpfiff. Der Zaun hielt nichts mehr ab. Vor der Lok-Kabine tobte Tumult. Selbst Reporter wurden Fans, die nach Matthäus-Devotionalien gierten. Auch ich begehrte ein Autogramm, für meinen Sohn. Die sächsische Fußball-Koryphäe Uwe Karte stand dabei, schüttelte den Kopf und sprach: So will der Westen uns haben. Kabinensturm drohte, bis Matthäus weltmeisterlich brüllte: Raus hier, das ist die Kabine der Mannschaft! Die Ostmeute prallte zurück.

Fünfeinhalb Jahre später kam Lothar Matthäus abermals nach Leipzig. Am 20. November 2010 stieg das zweite und allerletzte Fußball-Länderspiel DDR gegen BRD. Das erste fand bekanntlich am 22. Juni 1974 bei der Weltmeisterschaft in Hamburg statt. Die DDR siegte 1:0 durch jenes entzückende Sparwasser-Tor, das zu

Spätes Glück mit Damen: Lothar Matthäus (hinten, Fünfter von links) krönt seine Karriere beim 1. FC Lok Leipzig (13. Mai 2005).

den raren gemeinsamen Erinnerungen der deutsch-deutschen Parallelgeschichte zählt. Die Annalen des Deutschen Fußball-Bunds verzeichnen die Partie bis heute als »Deutschland gegen DDR«. Der Gedenk-Kalender des Fußball-Magazins »Kicker« gebietet als gesamtdeutsches Erinnerungsgefühl: »Bittere Niederlage im Bruderduell«. Nie wieder kam es zum »Wettstreit der Systeme« zwischen Ost und West, bis die Qualifikation zur Europameisterschaft 1992 die beiden Deutschländer abermals zusammenloste. Sportfremde Ossis verhinderten diese Spiele durch Republikflucht und Demonstrationen, durch Mauerfall, Abschaffung der DDR und Deutschland einig Vaterland.

Die Fußball-Vereinigung geschah am 21. November 1990 in Leipzig. Geplant war nun ein Verbrüderungsspiel Ost–West im Zentralstadion. Die Karten wurden gedruckt, Zehntausende verkauft. Aber Oststadien umlagerte damals die Gewalt. Am 3. November hatte die Leipziger Polizei den BFC-Fan Mike Polley erschossen. Neonazihorden drohten mit Chaos. Das Spiel wurde abgesagt. Nur 20 Jahre später holte man es nach, unter dem Motto: »Wir gegen uns«.

Ein klassisches Drama steht bevor. *Wer zählt die Völker, nennt die Namen, die gastlich hier zusammenkamen.* Völker sind es zwei, respektive eines. Die Namen: Lothar Matthäus und Andy Thom, Andy Köpke und Perry Bräutigam, Christian Wörns und Detlef Schößler, Karl-Heinz Riedle und Burkhard Reich, Guido Buchwald und Jörg Schwanke ... *Ihr naht euch wieder, schwankende Gestalten.* Die eine Seniorentruppe heißt »Weltmeisterteam '90«, ihr Trainer Berti Vogts. Die andere nennt sich »DFV-Legenden«, nach dem Deutschen Fußballverband der DDR, und wird kommandiert von Ede Geyer. Freilich spürt man bereits am Leipziger Hauptbahnhof die sächsische Unterwerfungsfreude. Man steigt aus dem Zug und wird begrüßt von einer weithin leuchtenden Video-Botschaft: KLINSMANN KOMMT! Warum verkündet der sächsische Bahnhofs-Videot nicht: KIRSTEN KOMMT! Und Marschall, und Rösler ...: Sachsens Gloria plus Verstärkung.

Leipzig strömt ins Zentralstadion – zwar nicht in Massen, doch in frohgemuten Scharen. Die West-Stars will man begucken, die Ossis siegen sehen. Anpfiff! Der Osten kombiniert, der Westen hat die Chancen. Wahnsinnsparade von DDR-Torwart Bräutigam gegen Klinsmann! 31. Minute: Der Kopfball von Riedle sitzt. Halbzeit. Der Weltmeister führt.

Aber dann! Ede Geyers blauweiße Kämpen geben alles, und mehr. Rösler enteilt Matthäus und Schulz. Wosz, der hallesche Messi, macht die komplette BRD verrückt. 59. Minute: Kirsten stürzt im Strafraum, vom Winde gefällt. Ist je ein Stürmer entschlossener geschwalbt? Elfmeter! Marschall trifft. Die BRD ist geschockt. Mill mault, Klinsmann zickt, Matthäus geht, muskulär und menschlich von der DDR gekränkt. Zehn Minuten vor Ultimo donnert Kirsten ins Weltmeister-Tor. Das ist unser Sieg!

Hernach entzückende Szenen stiller Genugtuung Ost. Getragen kommentiert Guido Buchwald, gefaßt Thomas Helmer aus BRD-Sicht das historische Geschehen. Der »Zeit«-Reporter fragt Berti Vogts: War's Spaß oder Ernst?

Niemand verliert gern, spricht Vogts.

Wie sah Ihr Coaching aus?

Es gab kein Coaching, gesteht Vogts. Wir haben vorher zusammen eine Tasse Kaffee getrunken.

Kannten Sie im Westen den Ostfußball?

Vogts, wund lächelnd: Seit 1974 ja.

Ulf Kirsten schlurft grinsend herbei: Alles Spaß!

Es folgt, gleichfalls bester Laune, Marschall, der Elfmeterschütze. Olaf, war dein Tor so epochal wie das von Jürgen Sparwasser? Ist dieser Triumph über die BRD von ähnlich weltgeschichtlicher Bedeutung wie der von 1974?

Dieser Gedanke scheint Marschall überhaupt nicht unsympathisch: Keene Ahnung, dafür müßt ihr Schreiber sorgen.

Es gab vor dem Spiel doch kein ernsthaftes Coaching, oder?

Wer Ede Geyer kennt, erklärt Co-Trainer Matz Vogel, der weiß, daß es immer ein Coaching gibt. Wir wollten die Truppe unbedingt noch mal schlagen, wie '74 bei der WM.

Herr Geyer, wie haben Sie unsere Mannschaft eingestellt?

Ich hab ihnen 'n bissl Rüstzeug mitgegähm. Standards, Schwerpunkte, ordentlich aufwärmen. Richtig Vorbereitung, wie auf ein Punktspiel.

Könnte es sein, daß dieser Ehrgeiz auf die BRD-Auswahl überraschend wirkte?

Die Wessis betreiben ja immer 'n bissl so 'ne Verschleierungstaktik, sagt Geyer. Die spieln den guten Onkel, aber wenn se nicht erreichen, wasse wolln, quatschen se manchmal 'n bissl dummes Zeug, nä?

Wer denn?

Ich lasses jetzt mal allgemein stehen. Ich mein' jetzt die andere Seite.

Die wollten zum Schluß auch noch 'n Handelfmeter, sagt Vogel. Aber da war nichts, und unser Elfer war ja sonnenklar.

Dann entschwinden die doppeldeutschen Helden, in getrennten Bussen, die sie ins Westin-Hotel chauffieren, zur gemeinsamen »Players night«. Dort werden sie bis zum Morgengrauen um den hochberechtigten Elfmeter streiten, gemäß Goethes »Faust«-Prolog: *Es wiederholt die Klage / des Lebens labyrinthisch irren Lauf.* Zur Mitternacht verläßt auch der Reporter, faustisch angetürt, das Stadion und die Katakomben wohliger Erinnerung. *Und mich ergreift ein längst entwöhntes Sehnen / es schwebet nun in unbestimmten Tönen.* Wie kindlich, diese Freude am östlichen Sieg!

Doch was ist das für eine deutsche Fußball-Einheit, wenn von 18 Bundesliga-Mannschaften keine aus dem Osten kommt? Das Wievielfache an Profit und Ruhm akquiriert eine West-Fußballkarriere?

Statt eines Taxis naht noch eine schwankende Gestalt, ein Zecher mit Zubehör: Wie isses 'n ausjejang?

Zweieins. Wir haben gewonnen!

Wer issn jetzt wir?

Na, unsere.

Unsre von hier oder von drüben?

Mann, der Osten hat den Weltmeister geschlagen. Jetzt ist die DDR Weltmeister!

Der Mensch strafft sich und reckt die Pulle. Endlich! brüllt er. Das sag ich meiner Frau!

12

Wenige Tage vor seiner Präsidentschaftskandidatur sprach Joachim Gauck auf dem Bautzen-Forum. Das ist die jährliche Konferenz politischer Häftlinge jener DDR-Zwingburg, die im Volksmund Gelbes Elend hieß. Die Bautzener Tagungen tragen Titel wie »Demokraten im Unrechtsstaat«, »Im Visier der Geheimpolizei«, »Alltag in der SBZ/DDR: Leben in einer Diktatur«, »Freiheit und Unfreiheit als deutsche Erfahrung«. Die Themen sind so beständig wie die Besucher, denn vornehmlich geht es um moralische Rehabilitierung und die Gemeinschaft der Opfer mit ihren Schicksalsgefährten.

Ich war 2010 eingeladen. Das Thema lautete: »Unrechtsstaat DDR. Willkür. Gewalt. Macht«. Das Treffen begann mit einem Gottesdienst in der Kapelle auf dem Karnickelberg. Dort liegen wohl 3000 Opfer der stalinistischen Diktatur vergraben, verscharrt. Der junge katholische Kaplan Andreas Kutschke predigte über die alttestamentliche Geschichte von Naboths Weinberg (1. Buch der Könige, Kapitel 21). Der König Ahab begehrt den Weinberg seines Untertanen Naboth, doch der will ihm das Erbe seiner Väter nicht verkaufen. Der König grämt sich, die Königin

Isebel rät ihm zu anderen Methoden. Die Nomenklatura des Königs soll bezeugen, daß Naboth den König geschmäht und Gotteslästerung betrieben habe. Die Funktionäre liefern das Gewünschte, Naboth wird verurteilt und stirbt durch Steinigung. Der Weinberg fällt an den König.

Nun aber tritt, von Gott gesandt, der Prophet Elia auf und verheißt dem König: »Du hast gemordet, dazu auch fremdes Erbe geraubt. An der Stelle, wo Hunde das Blut Naboths geleckt haben, sollen Hunde auch dein Blut lecken.« Verblüffenderweise bereut der König und tut Buße. Gott vertagt die Strafe: »Weil er sich nun vor mir gedemütigt hat, will ich das Unheil nicht kommen lassen zu seinen Lebzeiten, aber zu seines Sohnes Lebzeiten will ich das Unheil über sein Haus bringen.«

Kaplan Kutschke resümierte: »Erstens: Der einzige Weg zur Rettung für den König besteht darin, daß er seine Schuld anerkennt. (...) Der zweite Punkt: Das Unheil geht am König vorüber. Drei Jahre lang herrscht Frieden. Und doch trifft das Unheil später ein. Wo immer Willkür, Gewalt und Machtmißbrauch auftreten, dort hat dies langfristige Folgen. Dort tragen der einzelne und die ganze Gesellschaft lange daran. Die Spuren des Unrechts wirken nach.« Ich dachte: Was kann Ahabs Sohn für die Untat seines Vaters? Und finden sich in allen Zeiten Kreaturen, die der Macht willfahren, bis zum Mord? Gewiß, wenn es die Macht begehrt und belohnt, und Macht ist immer.

Dann zog die Häftlingsgemeinde zum Gedenkstein, eine Prozession der murben Menschen. Stumm verharrten sie und legten Blumen nieder. Anderntags redete Joachim Gauck, als Vorsitzender des Vereins »Gegen Vergessen – Für Demokratie«. Er wundere sich, daß ausgerechnet »aus der unaufgeklärten Linken« so heftige Kritik am Begriff Unrechtsstaat DDR komme. »Für mich«, sagte Gauck, »würde diese Partei wirklich interessant werden, wenn sie endlich ein inneres '68 erleben würde. Wenn fortdauernd substantiell und glaubwürdig debattiert würde, daß man die Erinnerungsräume nicht nur für das öffnen muß, was andere uns angetan, sondern auch für das, was wir selber zu verantworten haben. Auch wenn es weh tut.« Natürlich werde die Debatte über die kommunistische Vergangenheit dadurch erschwert, daß die Diskurshoheit auch im Osten Deutschlands eine westdeutsche ist. »Die westdeutsche Kultur dominiert. Mit Recht. Es ist die westliche Rechtsstaatserfahrung. (...) Deshalb haben viele Ostdeutsche das Gefühl, sie müßten nun, um gegenüber den Mehrheitsdeutschen – mehr als vier Fünftel der Deutschen sind Wessis – nicht allzu schlecht abzuschneiden, noch etwas rumtrotzen: *right or wrong, my country*.« Jetzt wurde der Redner psychologisch und stieg in die Keller des Opportunismus. Anpassung sei ja durchaus bekömmlich, auch privat, in der Ehe, dem Chef gegenüber, bei Bewahrung einer Teilfreiheit, die man für sein eigentliches Leben hält. »Die Diktatur lebt, weil wir uns eine Haltung angewöhnen, die ich gerne als eine unüberzeugte Minimalloyalität bezeichne. Ich gehe dann immer friedlich mit mir nach Hause: ›Also ich denke ja gar nicht so wie die, ich bin innerlich völlig anders.‹«

Nicht hier, doch bei anderer Gelegenheit erzählte Gauck, daß er auch sich selbst meinte. Als sein Sohn 1987 gen Westen ausreiste, vielleicht auf Nimmerwiedersehen, da schnauzte er seine Frau, die in Tränen aufgelöste Mutter, an, sie solle sich zusammenreißen, Kinder würden nun mal flügge. Jetzt schloß er: »Wir wollen zu dem stehen, was wir gelebt haben. Jeder soll seine Verluste benennen dürfen. Wir wollen auch sagen: Schaut uns an. Wir sind nicht das, was die Geschichtswissenschaft von uns denkt. (...) Aber Sie dürfen sich nicht als Feind der Wahrheit verstehen. Sondern Sie müssen sich als Freund oder Freundin Ihres eigenen Lebens verstehen. Und Ihr eigenes Leben hat eine Würde, die ans Licht gebracht sein will.«

Trunken lauschte der Saal. Gaucks Predigt intonierte den Sound der folgenden zwei Tage: Katharsis. Ausführlichst berichteten Zeitzeugen, wie gewiß in jedem Jahr, was die Russen, die Kommunisten ihnen angetan hatten. Man hörte von den Folterungen, den Verschleppten, den Krepierten, dem sadistisch niedergeschlagenen Häftlingsaufstand vor 60 Jahren ... Nichts davon war zu bezweifeln. Erika Riemann schenkte mir ihr Buch: »Die Schleife an Stalins Bart«. Weil die 14jährige Mühlhäuser Schülerin im Spätherbst 1946 ein Bild des Großen Völkervaters verschönert hatte, verbrachte sie acht Jahre hinter Zuchthausmauern. Der Lebensbericht ist erschütternd, egozentrisch, bar jeder Empathie für

Deutschlands Befreier. Frau Riemann sagte: Ich habe eine Haft-
mauke, und die nehme ich mit ins Grab.

Wie anders? Diese damals jungen Leute wuchsen im nationalsozialistischen Stickstoff auf. Hitlerdeutschland verlor den Krieg;
sie gerieten unter die Herrschaft der sowjetischen Siegermacht. Individuell traf sie keine Schuld, trotzdem wurden sie kriminalisiert
und drakonisch gestraft, gleichsam als Ersatz für die schuldigen
Deutschen, derer das NKWD nicht habhaft wurde.

Dies war der terroristische Stalinismus, nicht der gemilderte
Sozialismus, den spätere Jahrgänge erfuhren. Gnade der späten
Geburt – wie wahr ist diese vielgeschmähte Formel von Günter
Gaus, die Helmut Kohl adaptierte. Wäre mir ähnliches widerfah-
ren wie den alten Bautzenern, ich spräche vielleicht ebenso bitter,
weil sich die Lebenswunde nicht schließt und die Öffentlichkeit
kaum Anteil nimmt. Dem »Zeit«-Reporter wurde vorgeworfen:
Ihr schreibt immer nur über die schlimme Nazizeit. – Aber hätten
die Russen hierzulande gehaust wie zuvor die Deutschen in der
Sowjetunion, dann gäbe es heute kein deutsches Volk. Und: Auf
ihrem Weg nach Berlin sah die Rote Armee über Tausende von
Kilometern, wie die Wehrmacht gesengt und gemordet hatte.

Zum Schluß saß ich auf dem Podium, mit Ulrike Poppe, Ines
Geipel und Ulrich Kasparick. Der Reporter ist ein Parlamentär. Er
verkehrt zwischen den Fronten. Er redet nicht zum Munde, sondern was verschwiegen wird. Ich sagte: »Es gibt eine große Sorge,
daß die SED-Aufarbeitung die viel schlimmere NS-Geschichte
übermalt. Ich habe mir fest vorgenommen, hier einen Satz zu sagen – und ich weiß nicht, ob Sie sich das gut anhören können:
Auch die Geschichte von Bautzen II hat bereits am 30. Januar 1933
begonnen, mit der Machtbestallung Hitlers.«

Niemand schrie auf. Keiner brüllte Protest. Ulrike Poppe resümierte, die nächste Generation – sie war abwesend – möge sich mit
der Geschichte der Diktatur auseinandersetzen, um zu erkennen,
daß Recht und Freiheit keine Selbstverständlichkeiten seien, denn
viele begriffen den Wert der Freiheit nicht. Nach diesem unwider-
legbaren Schlußwort trennte man sich, für ein Jahr. Harald Möller,
der Vorsitzende des Bautzen-Komitees, erklärte, er sei nicht meiner
Meinung, gebe mir aber die Hand.

Ich lief durch das Zuchthaus, die heutige Gedenkstätte Bautzen II. Ich inspizierte Zellen, Trakte, Schicksal-Expositionen. Nichts war einprägsamer als eine Tonaufzeichnung vom 12. Juni 1955: DDR-Generalstaatsanwalt Ernst Melsheimer, mit hechelndem Geifer die Delinquenten beschimpfend, Urteile verkündend – drastische Zuchthausstrafen, schließlich, im Triumph hervorgestoßen: Todesstrafe! Wie Freisler, dachte ich und wußte noch nicht, daß Melsheimer, bevor er sich 1945 pünktlich zum Kommunismus bekehrte, tatsächlich in der NS-Justiz tätig war und die »Treuemedaille des Führers« trug.

Abends im Fernsehen erschien, nach langem Siechtum, Helmut Kohl. Er wurde 80 und feierte in Ludwigshafen. Altbundespräsident Roman Herzog sprach ihm Lob. Es fehlten viele seiner CDU-Partei-»Freunde« – von Weizsäcker, Geißler, Schäuble ... Kohl redete im Sitzen. Die Zunge schleppte, die Sätze rutschten, die Rechte zitterte, die Botschaft war klar: Krieg löse kein Problem. Er habe bei Kriegsende als 15Jähriger einen 17jährigen Erhängten abschneiden müssen. Helmut Kohls Bruder Walter starb beim Fliegerangriff. Das geeinte Europa verhindere Krieg und werde das auch weiter tun.

Alljährlich zu Silvester besuche ich das sowjetische Ehrenmal in der Schönholzer Heide. 13200 Rotarmisten, verreckt bei der Schlacht um Berlin, liegen hier begraben. Der Marmor stammt aus Hitlers Reichskanzlei. Baustoff desselben Ursprungs findet sich auch im U-Bahnhof Mohrenstraße und im Foyer der Humboldt-Universität, als Schriftträger der 11. Feuerbach-These: »Die Philosophen haben die Welt nur verschieden interpretiert; es kömmt aber drauf an, sie zu verändern.« Mein Philosophielehrer Richard Schroder fand, bei ständiger Veränderung der Welt komme es darauf an, sie wieder zu interpretieren. Grenzenlose Flexibilität sei eine subtile Form des Weltuntergangs.

Jeder Mensch hat das Recht auf Selbstdefinition – nicht das zur historischen Lüge. Jeder lebt die ständige Fortsetzung der eigenen Autobiographie. Von seiner Geschichte befreit, verlöre der Mensch den Wurzelboden und fiele im Sturm wie die flachwurzelnde Fichte, gemäß der alten Harzer Forstweisheit: *Willst du deinen Wald vernichten / pflanze Fichten, nichts als Fichten.*

13

Jetzt gibt's Skandal. Die sächsische Antifa-Jugend entrollt ihre Transparente. Auf einem steht: »Das Problem heißt NS-Relativierung. Gegen die Gleichsetzung von NS und DDR«. Das zweite Tuch zeigt das Porträt von Marlene Dietrich, dazu ihren Fluch: »Deutschland? Nie wieder!« Ein klarer Fall für die Polizei. Zwei Gesetzeshüter schreiten ein: Nähmse das runter!

Nein. Meinungsfreiheit.

Sindse überhaupt eingeladen?

Wir sind Teilnehmer.

Könnse das nachweisen?

Wir nehmen teil.

Weisense sich bitte aus!

Wir nehmen an dieser öffentlichen Veranstaltung teil.

Die Staatsmacht seufzt. Marlene Dietrich und die Antifa dürfen bleiben, falls sie Ruhe halten. Doch der Skandal kommt, unvermeidlich.

Wir sind in Torgau. Hier, an der Elbe, begegneten sich am 25. April 1945 US-amerikanische Truppen und die Rote Armee. Die Brücke, auf der sich GI Bill Robertson und Sergeant Nikolai Andrejew photogen die Hände reichten, existiert nicht mehr. Torgau gedenkt trotzdem gern des *Elbe Day*, denn jede Provinz hütet ihren Zipfel Weltgeschichte. Stolz heißt die Renaissancestadt »Amme der Reformation« und schmückt sich mit Luther und dessen Gemahlin Katharina von Bora. Die floh als Nonne 1523 mit Hilfe des torgauischen Ratsherrn Leonhard Koppe, versteckt hinter Heringsfässern, aus dem Kloster Nimbschen. In Torgau starb sie 1552. Ihr Epitaph hängt in der Marienkirche.

Am Markthotel Zum goldenen Anker erinnert eine Plakette an zwei fatale Gäste. Friedrich der sogenannte Große fabrizierte 1760 bei der Schlacht von Torgau 32 000 Opfer und das soldatenväterliche Epochenwort: »Kerls, wollt ihr denn ewig leben?« Napoleon ließ 1811 in Torgau elbwärts ein mächtiges Fort errichten. Fort Zinna ist ein Schreckensort. Das NS-Regime betrieb hier ein KZ-artiges Wehrmachtgefängnis. Seit dem 18. August 1943 wütete in Torgau das aus Berlin evakuierte Reichskriegsgericht. Dieses nationalsozialistische Terror-Organ fällte massenhaft Todesurteile, allein 30 000 gegen Deserteure. Über 20 000 wurden vollstreckt, etwa 1000 in Fort Zinna.

Vor dem Hotel sitzt in der Sonne ein zierlicher Greis mit violettem Seidenschal und trinkt Apfelsaft. Er heißt Ludwig Baumann. Wir lernten ihn vor Jahren kennen, in Torgau. Der alte Herr aus Bremen führte uns in den Wallgraben des Forts, wo er »aus erzieherischen Gründen« Erschießungen ansehen mußte. Soldat Baumann war 1941 in Frankreich desertiert, weil er nicht töten wollte und konnte – auch nicht die Wehrmachtpatrouille, die ihn stellte. Kurzer Prozeß, Todesurteil. Der Vater, ein Hamburger Tabakgroßhändler, ließ Beziehungen spielen und erwirkte eine Strafminderung auf zwölf Jahre Zuchthaus, was man dem Begnadigten monatelang verschwieg. Aus dem KZ Esterwege verlegte man ihn in die Torgauer Todeszelle, dann durfte er an die Ostfront, ins Strafbataillon 500. Fast niemand überlebte. Dank etlicher Wunder kehrte Baumann heim.

Der Vater umarmte nicht seinen fast verlorenen Sohn, diesen Waschlappen und pflichtvergessenen Schandbuben. In der jungen Bundesrepublik genoß Baumann, für DDR-Geborene kaum vorstellbar, den Sozialstatus Verräter, Volksschädling, Kameradenschwein. Baumann soff. Dann starb die Frau, bei der Geburt des sechsten Kinds. Baumann fing sich, suchte Schicksalsgenossen und wurde Sprecher der Bundesvereinigung Opfer der NS-Militärjustiz. Am 15. Mai 1997 erkannte endlich der Deutsche Bundestag: »Der Zweite Weltkrieg war ein Angriffs- und Vernichtungskrieg, ein vom nationalsozialistischen Deutschland verschuldetes Verbrechen.« Völlig rehabilitiert wurden Wehrmachtdeserteure erst 2009. Es leben nur noch sehr wenige, für die Baumann sprechen kann, heute in Torgau, am 9. Mai 2010.

Am Fort Zinna wird ein Mahnmal eingeweiht. Baumann, nun 88 Jahre alt, hat lange dafür gekämpft und wirkt doch nicht froh. Der Gedenkort ist geteilt, wie Fort Zinnas Geschichte. Nach Kriegsende führte hier der sowjetische NKWD ein »Speziallager« für Nazis, Kriminelle, angebliche Werwölfe und zahlreiche Unschuldige. Viele starben, kamen nach Sibirien, wurden exekutiert. Die Opfer des Stalinismus schufen sich bereits 1992 eine Erinne-

*Ludwig Baumann
(Torgau, 9. Mai 2010).*

rungsstätte, mit Kreuz, Stein und entsprechender Beschriftung. Baumanns Wehrmachtopfer sahen sich ausgesperrt und monierten, unter den nachmaligen Stalinismus-Opfern seien auch etliche ihrer Peiniger und Henker gewesen.

Es bräuchte ein mehrbändiges Werk, um den schier endlosen Nachwende-Kampf um Torgau zu dokumentieren. Konvolute von Papier wechselten zwischen den Opferverbanden, der Stiftung sächsische Gedenkstätten, dem Zentralrat der Juden, der Evangelisch-lutherischen Kirche ... Nun ist der große Tag gekommen. Eine maiengrüne Buchenhecke trennt die Gedenk-Areale. Getragene Musik klingt auf, die litauische Sängerin Aukse Marija Petroni schmettert die »Schmerzen« aus Wagners Wesendonck-Liedern: *Sonne, weinest jeden Abend / Dir die schönen Augen rot, / Wenn im Meeresspiegel badend / Dich erreicht der frühe Tod.* Ludwig Baumann und Sabine von Schorlemer, Sachsens Staatsministerin für Wissenschaft und Kunst, ziehen am weißen Tuch. Es erscheint, in lebensgroßer Bronze, ein liegender Leib, beklagt von einer Frau. Still und klar ist diese Skulptur des individuellen Todes, von Thomas Jastram geformt. Auf dem Granitsockel steht: NIE WIEDER KRIEG.

Dann spricht Ludwig Baumann, aufgeregt: gegen den Afghanistan-Krieg, die Interessenpolitik der reichen Länder, die Rehabilitierung der Nazirichter in der Bundesrepublik. Schandmal! ruft Baumann. Man lese die Schrifttafel nebenan. Sie verharmlose und sei fehlerhaft, und der Arzt Friedrich Timm, dessen die Stalinismus-Opfer als »Engel von Torgau« gedenken, sei ein NS-Täter gewesen.

Aufruhr. Ein alter Herr brüllt: Erzähl nich so'n Mist! Rudolf Hinrichs heißt er, Jahrgang 1929, siebeneinhalb Jahre Häftling – für nichts, wie er sagt. Der gebrechliche Hinrichs hütet einen Karton, aus dem er das Flugblatt »Die Unwahrheiten des Herrn Baumann« verteilt. Die weiteren Redner ringen um Balance. Ministerin von Schorlemer zitiert Rudolf Bahros Forderung nach »Solidarität mit allem, was Menschenantlitz trägt«. Der Historiker Joachim Scholtyseck beharrt auf Fakten und warnt vor mythisch überhöhtem Erinnern, wie es Regierungen lieben, zwecks Fundamentierung der jeweiligen Staatsideologie. Ja, warum genießt das Stalinismus-Gedenken im christdemokratischen Sachsen spürbaren Vorrang?

Fort Zinna: ein Ort und zwei Geschichten. Zerstören sie einander? Schließen sie sich aus? Jeder scheint hier Partei. 200 Menschen trennen sich zur Blumenniederlegung. Auf der Baumannschen Seite findet sich das schönere Mahnmal, die größere Botschaft, die ursprünglichere Geschichte. Ohne Hitler keine DDR. Immer wieder hört man, Nazi- und SED-Diktatur ließen sich nicht vergleichen. Das ist falsch. Erst der Vergleich offenbart die enormen Unterschiede. Aber man wehre dem ideologischen Leichenzählen, dem gnadenlos generalistischen Blick, der nachordnenden Minderwertung des Einzelgeschicks. Läßt sich Geschichte schreiben ohne Opfer-Hierarchie?

Jetzt liegt der Platz verwaist. Rechts und links der Hecke konkurrieren die Blumengebinde. Die Nachkriegsseite blüht etwas bunter. Auf der Kriegsseite leuchtet ein großer Rosenstrauß. Die erstaunliche Schleife nennt als Spender den Verband der Stalinismus-Opfer.

14

Stuttgart erwacht unversehrt am Morgen nach dem Beben. Werktägliche Autokolonnen jagen durch die Heilbronner Straße. Menschenmassen strömen mit Montagsgesichtern in den Bahnhof, an Orte schwäbischer Vollbeschäftigung. Wir fahren nach Bad Cannstatt, um Volkes Stimme zu hören, nahe einem kaum bekannten Monument. Auf dem Cannstätter Markt steht seit 1929 der Erbsenbrunnen. Über den Wassertüllen posiert ein nackter Knabe: Richard von Weizsäcker, modelliert von seinem Onkel, dem Brunnenschöpfer Fritz von Graevenitz. Schon naht ein proletarischer Mensch. Was sagen Sie zum Wahlergebnis?

Der Mann reckt den Daumen: Der Moschtkopf isch weg!

Das war zu hoffen, aber keineswegs gewiß, als wir am gestrigen Sonntag, dem 27. März 2011, nach Stuttgart kamen – natürlich per Bahn. Wir stiegen aus und befanden uns unverzüglich im Zentrum der Schwäbischen Revolution. Rechts des Ausgangs, wo der Bagger bereits ein Stück Bahnhof fraß, erstreckte sich ein Bauzaun, vielhundertfach dekoriert mit Hohn und Klage über den Landesvater. Steckbrieflich wurden die Delikte des Atomlügners, des Baum- und Bahnhofsmörders Stefan Mappus angeprangert. Das Wahlvolk flanierte vorüber, photographierte, kommentierte. Wir fragten eine Bürgerin: Was erwarten Sie von der heutigen Landtagswahl?

Ich erwarte nichts. Fragen Sie lieber meinen Mann.

Ich erwarte, sprach der Gatte, daß die CDU gewinnt und der Bahnhof weiter gebaut wird.

Es ist mein größter Wunsch, daß die Grünen gewinnen, sagte der Chemiker aus Ecuador. Wie diese Regierung mit dem Volk umgeht – ein Skandal!

Erstaunt Sie der friedliche Protest gegen Stuttgart 21?

Ja. In Lateinamerika heißt Revolution Gewalt.

Ich komme gerade vom Schloßgarten, erzählte der Mann aus Köln. Unglaublich, lauter ältere seriöse Leute, alle mit Buttons gegen Stuttgart 21. Aber der Widerstand kam zu spät, da waren alle Verträge in trockenen Tüchern. Jetzt aussteigen kostet auch viel Geld, und das ist dann für nix.

Was wählen Sie?

Ungültig, sprach der Punk. Parteien? Nein.

Grün, sagte die schicke junge Frau. Ich habe den Wasserwerfereinsatz der Polizei erlebt. Hinterher wußte ich, daß ich gegen Stuttgart 21 bin.

Der Klagezaun hatte einen Hüter: Karl-Heinz Wilhelm, optisch halb Hippie, halb Clown. Zu seinen Füßen kauerte ein mächtiger Plüschtiger. Dessen Freßwünsche verriet ein Schild: Mappus, Oettinger & Co. Ich bin der Tigermann, sagte Wilhelm. Ich mach hier Zaunpflege und unterhalt mich mit de Leut, international, also weltweit. Ich bin auch weltweit schon bekannt.

Wie reagieren die Besucher?

Gröschdeteils betroffe, traurig, mit Wut. Europaweit!

Und was sagen die pro Stuttgart 21?

Daß mer in de Zukunft gehe solle.

Was erwidern Sie denen?

Unsere Zukunft sieht andersch aus. Mer kann die Leischdungsfähigkeit von dem Bahnhof, wie er jetzt isch, um 80 Prozent steigere.

Waren Sie wählen?

Zum erschde Mal seit zehn Jahr. Japan mit dem Fukushima hat den Anschub gäbbe, daß mer den Herrn Mappus loskriege.

Einen Volksentscheid über Stuttgart 21 forderte der Tigermann nicht, weil der vermutlich verloren gehe. Vom Klagezaun liefen wir zum Gegenort. Die industriezeitalterliche Kathedrale Hauptbahnhof hat einen Turm, in dessen siebter Etage das Forum Stuttgart 21 wirbt. Am Eingang wachte der BWL-Student Stefan Beichter. Er argumentierte pro Mappus/CDU und gegen Atomkraft. Die Laufzeit-Verlängerung? Habe bloß verhindern sollen, daß neue AKWs gebaut werden. Der Widerstand gegen Stuttgart 21 sei schlicht Wahlkampf, geschickt emotionalisiert, von den Grünen bis attac. Der neue Bahnhof biete nur Vorteile.

Wir genossen den Informationsfilm. House Music waberte. Die Stimme der Zukunft raunte: Mobilität ist Lebensqualität. Schnelle und günstige Verbindungen, damit Europa zusammenwachsen kann. Einer der modernsten Bahnhöfe unseres Jahrhunderts. Die Planung: umfassend. Die Details: optimiert. Die Alternativen:

eingehend geprüft. Für die 100 Hektar freiwerdende Gleisfläche: einzigartige städtebauliche Möglichkeiten. Parkflächen werden erweitert ...

Wahrhaftig, wir sahen es! Zukunftsmaiden löffelten Eis, Paare küßten, Väter spielten mit blonden Buben Ball. Aber noch war arge Gegenwart. Wir schnauften die Wendeltreppe empor, zur Aussichtsplattform. Wie schön lag Stuttgart zwischen seinen Rebenhängen. Das breite Gleisfeld teilte allerdings die Stadt, wie auch unser Nachbar monierte. Des isch doch wurscht! rief seine Frau. Da will doch eh keiner rübber, 's Läbe findet schloßseitig statt, net im Bankenviertel.

Wir befragten die Ausschauenden nach den wahren Gründen des Schwabenaufstands. Warum erwog dieses Gemütsvolk bereits nach 57 Jahren segensreicher CDU-Herrschaft einen politischen Wechsel? Die Antwort: Der Mappus. Ein Mobber. Rambo, brutalschder Wille zur Macht. So geht's net. Atompolitik, Pirouetten wie die Katarina Witt. Die Aktiengeschäfte des Herrn Ministerpräsidenten, die Milliardenverluste darf der Steuerzahler tragen, weil ja der Herr Mappus siebengescheit ist, wir sind die Idioten, die mußte er nicht fragen. So einer führt das Land? Das kann's net sein.

Bis dato hatte der Reporter den Stuttgarter Hauptbahnhof für ein bedrohtes Schmuckstück postgründerzeitlicher Architektur gehalten. Nun wurde der Bau zur Schale des Zorns, zum Medium der Empörung über Vetternwirtschaft und Klientel-Politik; und was sich heute Lobbyismus nenne, habe in ehrlicheren Zeiten Bestechung geheißen. Genug sei genug, heute, am Wahltag, aber ob's reichen werde? Wir stiegen vom Bahnhofsturm und wanderten zum Schloßgarten. Wir sahen die uralten Bäume, von Fällung bedroht. Um die Stämme trugen sie Plüschtier-Gürtel. Kerzen brannten auf naturreligiösen Altären. Spirituelle Zettel zitierten Laotse: »Das Erdreich untersteht einer geistigen Kraft; es ordnen zu wollen, bringt es in Unordnung.« Baumplakate baten: »Lieber Gott, hülle alle Lobbyisten und Banker in Liebe und Licht, damit sie sich besinnen und erkennen, daß du der Allmächtige bist.« Ein atheistischer Filzstift rügte: »Schicksalsergebener bürgerlich-autoritärer Gottesbegriff.«

Im Schloßpark erstreckte sich ein Zeltlager. Die Zelter hüteten die Bäume, von den Medien gemobbt, von polizeilicher Räumung bedroht. Wir fragten Tomasz und Erik, zwei der verwegenen Gesellen: Was habt ihr heute gewählt?

Edlen Sud, griente Tomasz. Erik: Man kann nicht immer Paderborner Pilsner trinken. Die sanitären Bedingungen des Zeltlagers schienen unideal, doch Tomasz' antikapitalistische Predigt hatte sich gewaschen. Stuttgart 21 sei nur ein Prestigeobjekt, an dem sich viele Leute 'n dicken Wanst scheffeln wollen. Sollen sie, solange sie den Park in Ruhe lassen, andernfalls Widerstand, volles Programm! Parkbesitzer sei das Volk. Nicht mal 1945 hätten die frierenden Stuttgarter die Bäume angetastet. Wie es denn übrigens mit 'ner Spende wäre?

So kam der Abend. Den Schicksalsgong um 18 Uhr erlebten wir im Landespavillon, bei den Linken. Dort prognostizierte man sich 5,4 Prozent der Stimmen und hatte dann nur die Hälfte. Die Erschütterten trösteten sich mit Anti-Mappus-Chören. Mappus ist weg! rief eine Rednerin und, rätselhafterweise: Daran haben wir einen entscheidenden Anteil!

Die Stadt blieb ruhig. Kein öffentlicher Jubel, weder Autocorsi noch Feuerwerk. Am Schloßgartenteich spielte ein Saxophonist »I'm getting sentimental over you«. Auf seinem Haupte saß und pfiff ein grüner Papagei. Er habe grün gewählt, sagte der Musikant. Wie der Mappus die Stuttgart-21-Gegner kriminalisiert habe, das sei der ledschde Tropfe gwä. Wir eilten zum Landtag. Dort trat eben Stefan Mappus auf, und ab. In seiner schwersten Stunde traf er den richtigen Ton, gratulierte seinen Besiegern und überreichte ihnen Baden-Württemberg mit dem Geständnis: Das Land steht hervorragend da.

Gegenüber feierten die Grünen den ersten Ministerpräsidenten ihrer Parteigeschichte. Vor dem Württembergischen Kunstverein stauten sich ihre Sympathisanten. Ein älterer Herr in der Schlange trug am Mantel zwei Plaketten. Eine zeigte den Tigermann, die andere drei schwarze Punkte auf gelbem Grund. Endlich, sagte der Blinde, ist diese geistige Korruption von Schwarz-Gelb gebrochen. Aber ich befürchte, daß die Stuttgart-21-Befürworter, die ja eher in den Kreisen von Großbanken und Großunternehmen zu suchen sind, der neuen Regierung sämtliche Knüppel in den Weg schmeißen, die sie finden, um die neue Regierung innerhalb eines Jahres als unfähig hinzustellen. Nach Machiavelli kann's nur so weitergehen.

Darf ich Ihren Namen erfahren?

Wagner. Dietrich Wagner.

Aber dann sind Sie …

Ja, ich bin derjenige, dem der Polizeiwasserwerfer die Augen fast rausgeschossen hat.

Gibt es Hoffnung auf Heilung?

Die gibt es nicht.

Sehen Sie gar nichts mehr?

Auf einen Meter Entfernung könnte ich Sie ungefähr erkennen.

So endete dieser historische Tag. Auf dem Schloßplatz wurde doch noch heftig getrommelt und getanzt. Die Sieger feierten, und nachts schmiß die Revolution am Bahnhof den Bauzaun um.

Am Montagmorgen im arbeiterlichen Bad Cannstatt dominieren die skeptischen Stimmen. Eine Mercedes-Chauffeuse prophezeit, die Grünen würden schlimmer als alles andere. Eine grüne Wählerin beklagt den Ausländeranteil von 70 Prozent. Ihre Kaffeeschwester war noch niemals wählen. Die Reichen kassierten sowieso, und sie müsse von 300 Euro leben: Sechs Kinder hab ich erzogen, ich kann Ihnen erzählen …

Das dauert. Zum Schluß treffen wir einen Dresdner, der seit 20 Jahren als Krankenpfleger im Ländle lebt. Der nennt die schwäbische Erhebung eine Wohlstandsrevolution. Er habe die Grünen gewählt, doch auch die, längst bürgerlich, müßten Realpolitik machen. Stuttgart 21 werde gebaut, vielleicht 'n bissl abgespeckt. Ein Bahnhof, sagt er, mein Gott. Im Iran werden Frauen gesteinigt. Da geht hier kein Mensch auf die Straße.

15

Wir gingen nicht auf die Straße, 1989, nach dem 4. Juni, dem Massaker auf dem Pekinger Tiananmen-Platz. Wir liefen in die Ostberliner Samariterkirche. Ich war damals Öffentlichkeits-Referent des Ökumenisch-Missionarischen Zentrums, zu dessen Partnerkirchen auch die in China gehörten. Was wußten wir vom Tiananmen? Es gab ja noch kein Internet, weder Blogger noch Twitter noch Handy-Kameras zur Übertragung von Revolutionen. Per Ormig-Matrizendruck fabrizierte ich rasch eine sogenannte Fürbitt-Information, ein geklammertes Heft mit China-Kunde und dem gesetzlich erforderten Aufdruck: »Nur zum innerkirchlichen Dienstgebrauch«. Der Begriff »innerkirchlich« weitete sich zum Ende der DDR enorm.

Den Gottesdienst plante ich mit dem Samariter-Pfarrer Rainer Eppelmann, einem prominenten Lieblingsgegner der SED. Die Samariterkirche im Stadtbezirk Friedrichshain wurde von Polizei umstellt. Mannschaftstransporter rollten an, auf denen MPi-Schützen saßen. Die Kirche strömte übervoll. Den Gottesdienst störten Stasi-Provokateure, die GOTT! GOTT! GOTT! in die Stille brüllten, GOTT UND IMMER WIEDER GOTT! Niemand reagierte auf sie. Wir sangen und beteten für die Studenten in Peking und gegen die eigene Angst. Als wir die Kirche verließen, belferte eine Lautsprecherstimme: GEHEN SIE UNVERZÜGLICH AUSEINANDER! Man merkt sich, was man empfand vor den Mündungen von Maschinenpistolen.

Daß in der DDR kein Blut floß, ist das Wunder der 89er Revolution. Es geschah nicht unvermittelt. »Die tiefste Begründung für den friedlichen Untergang des deutschen und europäischen Staatskommunismus«, schrieb Martin Sabrow, »lag im fundamentalen Legitimationsverlust von Gewalt, die das politische Denken im letzten Viertel des 20. Jahrhunderts so sehr von der Gewaltkultur der ersten Jahrhunderthälfte unterscheidet.« Europas politisches Denken, sei hinzugefügt. In der Erzählung der 89er Revolution hat der chinesische 4. Juni einen festen Platz, wie die gefälschte Kommunalwahl, die ungarische Grenzöffnung, der Fluchtsommer und Honeckers Abgang. Jener Egon Krenz, der Honecker folgte und im Oktober 1989 den »vertrauensvollen Dialog mit allen Bürgerinnen und Bürgern unseres Landes« zu führen wünschte, war nach dem Tiananmen-Massaker gen Peking gereist und hatte, brüderlich grinsend, der dortigen Führung die Solidarität der Deutschen Demokratischen Republik übermittelt. Die »freie Welt« strafte

China mit moralischer Ignoranz, freilich nicht für immer. Bald war alles wieder gut, besonders die Handelsbeziehungen. 1995 reiste Helmut Kohl nach Peking und erwies jener Kompanie die Ehre, deren Tötungseifer 1989 »Ordnung und Sicherheit« gerettet hatte. Bereits 1994 kam Premierminister Li Peng nach Berlin. Oberbürgermeister Diepgen schritt mit ihm durchs Brandenburger Tor, polizeilich geschützt vor Humanitäts-Chaoten. Diepgen hatte Li Peng mehr abgerungen als sämtliche Menschenrechtsorganisationen: Bao-Bao, der Pandabär aus dem Berliner Zoo, erhielt eine schnuffige Gattin aus dem Reich der Mitte. Die Zeit der Keuschheit war vorbei.

Was tun? Nicht zynisch werden. Nicht extremistisch, nicht fundamental selbstgerecht. Globalmoral überfordert, doch ein national oder europäisch umzäuntes Ethos wäre so naiv wie damals unsere Unschuld vom Lande DDR. Freiheit verstrickt in Schuld. Unser Lebensstil tötet, unsere Festung Europa weist Abertausende Flüchtlinge ab, von denen viele sterben. Unsere Wirtschaftskopulation mit China ist so profitabel wie unsere Bewaffnung des demokratischen Musterlands Saudi-Arabien und jener arabischen Diktatoren, deren Sturz wir nun begrüßen. Wandelbaren Zielen, die aber alle Freiheit heißen, dient unser Krieg in Afghanistan.

Unser Krieg? Er ist nicht der meine. Ich distanziere mich auch von der Belobigung der Bundeskanzlerin durch den Kriegstreiber George W. Bush: *I like Angela because she loves freedom*. Ich schäme mich keineswegs der Skrupel des Außenministers Westerwelle, der Libyen nicht bombardieren wollte. Den eklektischen bundesdeutschen Utopie-Import – »Arabien erwacht!« – betrachte ich mit der hoffenden Skepsis von 2004, als die Orangene Revolution zu Kiew als endgültiger Triumph westlicher Freiheit bejauchzt wurde. Längst herrscht dort wieder der Unhold von zuvor. Längst ist unsere flüchtige Anteilnahme weitergewandert. Revolutionen belohnen selten die Revolutionäre; sie sind nicht Die Neue Zeit, nur das Ende einer alten. Die Menschen bleiben dieselben. Und doch atmet man freier, wenn jemand so visionär redet wie am 16. Oktober 2011 in der Frankfurter Paulskirche der algerische Schriftsteller Boualem Sansal, als er den Friedenspreis des deutschen Buchhandels erhielt. Von einer kopernikanischen Revolution sprach er, von universaler Demokratie aus neuem Bewußtsein der Nationen. In Arabien will die Jugend den orientalischen Despotismus nicht mehr dulden, in Europa und den USA die Diktatur der Finanzmärkte, im Nahen Osten den Mißbrauch historischer Mythen zur Apartheid-Politik. – Wie fern ist dieser Befund von der forschen neodeutschen Waffenlust. Deren Akzeptanz des Krieges als Instrument freiheitlich vermummter Wirtschaftsinteressen empfinde ich als geschichtsvergessene Wiederkehr des Immergleichen. Und als Kapitalverbrechen.

Die Verächter dieses neuen Zeitgeists schweigen oder klagen. Als publizistisches Asyl bleibt ihnen die Leserbriefspalte. »Schleichende Militarisierung« meldete die »Süddeutsche Zeitung« am 9. November 2011 und druckte statt freiheitlichen Glockengeläuts zum Mauerfall-Gedenken den Brief von Dr. Ulrich Lochmann aus Rheinstetten: In den Medien, in Schulen und Universitäten werbe die Bundeswehr aufdringlicher denn je. »Die (...) kritischen Friedensforscher gibt es kaum noch, ihre Institute haben sich zu Unterstützern der neuen Linie ›Sicherung der Rohstoffwege‹ entwickelt und werten Erfahrungen aus der psychologischen Kampfführung des Kalten Krieges und aus der Kolonialgeschichte aus. Die neuen sogenannten asymmetrischen Gefahren sind wie der ganze ›Krieg gegen den Terrorismus‹ nur ein Anlaß, ein Teil des Bestrebens, Deutschland an den Geist westlicher Interventionsführung anzugleichen, demokratisches Soldatenethos hin oder her.« Sodann platzte Karsten Neumann aus Nürnberg der Kragen: »Es ist zum Himmelschreien: Die halbe Republik diskutiert über die jüngst publik gemachten Standortschließungen der Bundeswehr, als ginge es dabei um nichts anderes als Arbeitsplätze. Diese Republik ist ja so verkommen, wenn das Totschlagsargument ›Arbeitsplätze‹ wirklich für alles herhalten muß. Vergessen sind offenbar die Demonstrationen um den Nato-Doppelbeschluß oder die Kämpfe um das Tucholsky-Zitat ›Soldaten sind Mörder‹. Nein, ums Geld geht es. Ihr solltet euch schämen.«

Im Januar 2010 sprach Deutschlands leitende Bischöfin Margot Käßmann ihren berühmten Satz: »Nichts ist gut in Afghanistan.« Der schneidige Minister für kriegsähnliche Zustände lud Frau Käßmann ein, ihn zwecks Widerruf des Satzes bei seiner nächsten Afghanistan-Inspektion zu begleiten. Die Bischöfin überlegte noch, als sie im Februar angetrunken Auto fuhr. Mit ihrem Rücktritt schien auch ihr Satz erledigt, entsorgt in den Quasselsack des weltfremden Pazifismus. »In Wirklichkeit hätten weder die Amerikaner den Krieg einfach vermeiden noch die Europäer sich heraushalten können«, schrieb Jan Roß in der »Zeit« zum zehnten Jahrestag des afghanischen Kriegsbeginns. »Die Taliban hatten dem Terror einen Staat zur Verfügung gestellt; den mußte man ihnen wegnehmen, und das ging nur militärisch. (...) Der Afghanistankrieg ist vielleicht (durch die Art, wie er geführt wurde), falsch *geworden*. Aber von Anfang an falsch *gewesen* ist er nicht.«

Der gute Anfang, Mythos jeder gescheiterten Geschichte ... Doch ich gestehe Mischgefühle. Die Notwehr muß bewaffnet sein. Wann beginnt, wo endet sie? Unvergeßlicher Spätsommerabend 2011, als Claus Kleber im ZDF-»heute-Journal« aufgeregt erklärte, in Amerika gingen Menschen tagtäglich zum Töten wie unsereins zur Arbeit. Er sprach über die Drohnen der USA, die, aus Nevada gesteuert, weltweit Terrorverdächtige morden wie beim Computerspiel: »gezielte Tötungen«, exekutiert nach Abschußlisten der CIA, also im Namen der Freiheit. Das Töten war und bleibt zu allen Zeiten deren Perversion. Gesteigert wird sie im Pathos religiöser Gewaltergreifung, das die Kriegsideologie mit höheren Werten bemäntelt: Man rufe Freiheit! und wasche die Hände in Unschuld.

Freiheit, die ich meine / Die mein Herz erfüllt / Komm mit deinem Scheine / Süßes Engelsbild! So dichtete, gern zitiert, 1813 Max von Schenkendorf. Im selben Jahre schrieb er: *Du reicher Gott in Gnaden, / Schau her vom blauen Zelt! / Du selbst hast uns geladen / In dieses Waffenfeld. / Laß uns vor dir bestehen / Und gib uns heute Sieg; / Die Christenbanner wehen, / Dein ist, o Herr, der Krieg!* Jener Krieg besiegte den Massenmörder Napoleon, hatte jedoch mit Gott sowenig zu tun wie die Leipziger Völkerschlacht mit Jesus von Nazareth. Die Ineinssetzung menschlich-politischer Absichten mit göttlicher Autorität vernichtet die Distanz zwischen Gott und Mensch; sie vergottet den Menschenwillen, je nach Bedarf. »Gott mit uns!«, so beginnt der »gerechte Krieg« – im allgemeinen. Wie er für Einzelmenschen endet, liest man auf den

Namenstafeln zum Weltkriegsgedenken in Kirchen, in denen jetzt wieder Särge »gefallener Verteidiger unserer Werte« gesegnet werden.

Mehr sei hier nicht gesagt. Ich will nur als einzelner erzählen: was ich erlebe und fühle. Aus meiner sicheren Distanz fühle ich Afghanistan sowenig wie ich den 4. Juni 1989 in Peking erlebte. Ich kann bloß berichten, daß am 17. August 2011 in Berlin Liao Yiwu auftrat, der soeben exilierte chinesische Dichter, der am Tag des Pekinger Gemetzels das Poem »Massaker« schrieb. Dafür verschwand er vier Jahre im Gefängnis. Die grauenhaften Haftumstände schildert sein Buch »Für ein Lied und hundert Lieder«. An diesem Abend im Haus der Berliner Festspiele hatte es seine Weltpremiere. Der Dichter sprach »Massaker«. Nein, er schrie es, er krampfte und würgte den gallenen Wörterstrom aus seinem schmächtigen Leib, er tanzte und zappelzuckte die Blutorgie zum Gerassel einer Kugelrechenmaschine. Der Schauspieler Frank Arnold verdeutschte die Mordlust der Menschentiere und den Schießbefehl: KNALLT SIE AB! KNALLT SIE AB! SCHIESST IN DEN KOPF! STILLT EURE SUCHT!

Auch Herta Müller sprach, die Freiheitsmadonna: »Ein Staat, der seine Gefängnisse und Lager nach dem Vorbild des Gulags verwaltet, ist kein moderner Staat, sondern ein maoistisches Relikt im Tarnanzug eines Wirtschaftswunders. Den Preis dafür bezahlt das Volk mit Entmündigung und Repression. Diese Tatsachen sind das eine. Aber das andere ist die große literarische Kraft dieses Buches. Durch seine Sprachmacht wird es schnauzkalt und hautwarm, zornig und charismatisch. In der Zelle lebt man im Sekundentakt. Sadismus und Mitleid wechseln sich unvorhersehbar ab. Ein und derselbe ist mal ein Monstrum, mal ein Häuflein Elend. Jedes Verhalten ist verrückt normal so wie das Gefängnis selbst.«

Mord, so Liao Yiwu, sei im Untersuchungsgefängnis so alltäglich gewesen wie Reis zum Essen. Der Grund für die Entmenschlichung der Gefangenen sei der chinesische Staat selbst, seine uralte Tradition, auf Verbrechen mit Verbrechen zu reagieren. Für viele Todeskandidaten verfaßte Liao das Gnadengesuch, oder den letzten Brief, oder das Testament. In der Nacht vor der Hinrichtung wurde den Todeskandidaten vom Gefängnisarzt das Blut ab-

Gruppenbild mit deutschem Staatsoberhaupt: Bundespräsident
Christian Wulff und »Entwicklungshelfer« in Kabul (2011).

gezapft. Der Staat nahm sich auch das. Über sich selbst schreibt
Liao: Ich hörte meine Seele davonlaufen. Und: Mein Herz war wie
tote Asche. »Qual und Gnade bleiben in diesem Buch immer bei-
sammen, sie wissen übereinander Bescheid«, sagte Herta Müller.
»Diese Angstphantasien nennt Liao: ›die jenseitigen Zärtlichkeiten‹. Man wird sie sein Lebtag nicht los, weder daheim noch in der
Fremde. Sie gehen nie weg, kommen aber wieder.«

Dann sang Liao Yiwu, voller Frieden. Aus einer Messingscha-
le rieb er schwebende Klänge. Dann spielte er Flöte. Aber was,
dachte ich, will er in Deutschland beginnen, oder in den USA? Er
spricht doch nur Chinesisch. Herta Müller nannte sein Exil ein
bitteres Glück. »So ein bitteres Glück ist an und für sich mehr wert
als glattes Glück – es hat immer zu viel gekostet, aber einem noch
mehr erspart. Vom bitteren Glück wird man nicht getragen, man
hat es zu schleppen. Es herrscht über einen mit allen seinen ›jenseitigen Zärtlichkeiten‹. Heimat, das ist der Ort, wo man geboren

ist und lebt. Oder geboren ist, lange gelebt hat, dann gegangen und immer mal wieder zurückgekehrt und wieder gegangen ist. Für gerettete Verfolgte ist Heimat der Ort, wo man geboren ist, lange gelebt hat, geflohen ist und nicht mehr hin darf. (…) Diese Heimat bleibt der intimste Feind, den man hat. Aber das bittere Glück (…) sagt einem klipp und klar: Du hättest doch nie so sein wollen, wie du hättest werden müssen, wenn du hättest daheim bleiben dürfen.«

Die Alternative? Sie wird derzeit gelebt von Liu Xiaobo, dem Friedensnobelpreisträger 2010, den der chinesische Staat zu elf Jahren Haft verurteilt hat. Auch für ihn redete Herta Müller, am 20. März 2011 im Berliner Martin-Gropius-Bau: Liu Xiaobo vereine in sich die beiden Grundtypen des Freiheitskämpfers, den Selbstüberschätzer und den Selbstzweifler. Der eine Xiaobo, Volksheld vom Tiananmen, handelte der Partei zwei Stunden Frist bis zum Massaker ab, so daß Tausende entkamen. Der andere stürzte nach dem Fiasko in tiefe Zweifel. »Ich versuche es mir vorzustellen: Xiaobo so einsam und beklommen, als gehe er barfuß durch die eigene Stirn von einer Schläfe zur anderen. (…) Liu Xiaobo lebte immer im Zickzack von kollektivem Freiheitsdrang und akutem Alleinsein. (…) Ein langer Mut und eine lange Angst sitzen in seinem Kopf zusammen.« Er kam ins Umerziehungslager und wieder frei für ein Geständnis, das eine halbe Lüge war: Es habe auf dem Tiananmen kein Massaker gegeben. Korrekt – gemordet wurde in den Nebenstraßen. »Aber politische Erpressung missbraucht jede Äußerung. Das ist von Anfang an ihr Ziel. Die Korrektur der halben Lüge fraß die ganze Wahrheit.« Freigesetzt, begann Liu Xiaobo mit der Arbeit an der oppositionellen Charta 08 und wurde wieder verhaftet. »11 Jahre – das Regime behandelt Xiaobo schäbiger als andere. Warum? Nach Gefängnis, Umerziehung, Geständnis sieht es in der ›Charta 08‹ eine Rache Xiaobos. Es weiß, daß seine humane Substanz noch immer nicht zerstört ist. Die Macht sieht sich gedemütigt. (…) Sie behandelt Xiaobo so schäbig, wie sie vor sich selber dasteht.«

Der Realpolitik klingt solche Predigt wie pathetisches Orgelspiel; es zerdröhnt die wohltemperierte Diplomatie. Ja, Diplomatie ist gut, solange die Mittel nicht den Zweck ersetzen und die

Handelsverträge das unveräußerliche Wort. Die freie Sprache ist das Medium der freien Welt. Es scheint, daß Herta Müller unermüdlich Freiheitsprosa schmiedet, weil der Glutkern ihrer Erfahrung, Ceauşescus Rumänien, nie erkaltet. »Herztier«, »Der Fuchs war damals schon der Jäger«, »Heute wäre ich mir lieber nicht begegnet« – das sind Überlebensbücher einer Mater Dolorosa der Diktatur, in bitterlich schönem Deutsch. Warum hat die DDR-Diktatur kaum poetische Gegenwehr von so willentlicher Schönheit erzeugt? Vielleicht lag das am Härtegrad der Regimes: Ceauşescu-Rumänien und Honecker-DDR beschädigten ihre Menschen in unterschiedlichem Maße. Aber auch hierzulande gab es Herta Müllers Erfahrung des Verrats durch Freunde, die bei unveränderter Neigung zugleich Spitzel waren. Diese Freunde hätten eine gespaltene Existenz geführt, als gäbe es in ihrem Kopf zwei Klaviaturen, mit schwarzen Tasten für den Verrat, mit weißen für die Liebe. Auf beiden vermochten sie mit gleicher Kunst zu spielen.

Je mehr Unwetter die Lebenswelt bedrohen, desto festere Schutzhütten zimmert die Sprache. Herta Müllers elementares Deutsch ist Notwehr; es beschwört eine Heimat der kleinen Dinge als verbliebene Gewißheit der Existenz: »Das Dorf steht wie eine Kiste in der Gegend.« »Ich ging zwischen den Hälsen der Gänse nach Hause.« »Die Dünnholzpappel wiegte sich und wiegte sich im Januar.« Heimat, das sind auch die ungewollten Bindungen, von denen wir nicht lassen können, bei Strafe des Selbstverlustes. Zeit und Generation stiften nicht weniger Heimat als der Ort, dem wir entstammen. Im Vertrauten suchen wir Zukunft, und Halt. Die Welt wechselt den Aggregatzustand, die Fundamente verflüssigen sich, doch an unsere Geschichte bleiben wir gebunden wie an unsere Körper. Diese Bindung, offen gelebt, ist die Freiheit, die ich meine.

Ich kann so leben. Bin ich damit frei? Allein, als Ego ohne Wir? *Wann sag ich wieder mein und meine alle?*, so klagte ein wendegequälter Pankower Dichter – ausgerechnet im großen ostdeutschen Freiheitsaufbruch der Währungsunion und des Go Trabi Go. *Da bin ich noch: mein Land geht in den Westen / KRIEG DEN HÜTTEN FRIEDE DEN PALÄSTEN / Ich selber habe ihm den Tritt versetzt / Es wirft sich weg und seine magre Zierde / Dem Win-*

ter folgt der Sommer der Begierde ... Volker Brauns Gedicht »Eigentum« hieß ursprünglich »Nachruf«. Aber das Ostland ist ja noch da. Es hat, vielstimmig, sein Gedächtnis zurückgewonnen; es beharrt darauf, daß seine heutige Geschichte nicht erst 1989 begann. Daß es größer wurde, ist ein Segen. Man vergesse nicht zu schätzen, was man nun wie selbstverständlich hat: den Rechtsstaat anstelle der Diktatur. Trotz aller Mängel leben wir Deutschen in einem der freiesten Länder der Welt. Und gerade deshalb tut Widerstand not, wenn eine antidemokratische Hochfinanz die Politik zur Tanzbärin ihrer Begierde abrichtet.

Das ist die totalitäre Gefahr unserer Tage. Man begegnet ihr keineswegs durch ritualisierte Dauertötung der verwesten DDR. Derlei dient längst zur Vergoldung der Gegenwart, als führten die Montagsdemonstrationen von 1989 schnurstracks gen Hindukusch. Und gibt es kein dringenderes Bürgerrechts-Begehren als die Entfernung jener 47 Angestellten der Gauckbirthlerjahn-Behörde, die seit zwei Jahrzehnten dem Rechtsstaat, doch zuvor dem Mielke-Ministerium dienten? Vermutlich nicht – für Roland Jahn.

Der Prediger kommt zum Schluß. Mein pastorales Pathos fürchtend, zitiere ich einen schlichten Satz des Arabisten Thomas Bauer: »Die Gesellschaft muß so beschaffen sein, daß möglichst viele Menschen mit sich selbst im Reinen sind.« In einer Klassengesellschaft sind sie das schwerlich, noch weniger in der Diktatur. Sehr gut entsinne ich mich meiner allzeit innerlichen Freiheit zur Zeit der Diktatur des Proletariats, als mir die Sprache der Literatur die freie Welt ersetzte. Freiheit braucht Öffentlichkeit, rechtliche Strukturen und menschliche Empathie. Sonst bleibt sie privat oder anarchisch, schöngeistiger Individualismus oder mafiöse Clansmoral.

Dennoch beginnt auch allgemeine Freiheit beim einzelnen. Die Qualität der Freiheit erweist sich im Gebrauch, den ich von ihr mache. Dasselbe gilt für den Staat. Ein Staat, der Marktradikalismus liberal nennt, proklamiert das ökonomistische Faustrecht. Gleichzeitig lebt dieser Staat von »höheren Werten«, die aber der Materialismus nicht erzeugt, sondern beschädigt. Woher stammt die humane Potenz? Nicht aus der Handelsbilanz. Mitmenschlichkeit ist keine Ware; allerdings besteht eine Gesellschaft, die Fortschritt mit materiellem Wachstum gleichsetzt, aus Menschen, die individuell ebenso handeln. Uns von *dem* Elend zu erlösen, das müssen wir schon selber tun. Aufklärung, schrieb 1784 Immanuel Kant, sei der Ausgang aus der *selbstverschuldeten* Unmündigkeit. »Zu dieser Aufklärung aber wird nichts erfordert als Freiheit; und zwar die unschädlichste unter allem, was nur Freiheit heißen mag, nämlich die: von seiner Vernunft in allen Stücken öffentlichen Gebrauch zu machen.«

16

Berlin wird nicht meine Heimat. Das wußte ich rasch nach meinem Herzug im September 1978. In den ersten fünf Wochen regnete es jeden Tag. Die kriegsversehrte Stadt stieß ebenso ab wie die köterhafte Rohheit des Straßenvolks, das kläffende Kasernendeutsch, die bissige Lust, übereinander herzufallen mit Demütigungen und Vernichtungswörtern. Es schien, hier fügte jeder jedem zu, was er tagtäglich selbst empfing. Nein, hier würde ich nicht alt.

Alt bin ich in Berlin noch immer nicht geworden, doch nun schon 33 Jahre älter. Es gab praktische Gründe, hier zu bleiben. Noch immer hat die Stadt ein enges Herz und keinen warmen Humor, aber Energie und einige bekömmliche Bewohner. Außerdem wuchs mein Berlin infolge der vom Genossen Günter Schabowski am 9. November 1989 verursachten Baumaßnahmen. Seltsam, mit der Mauer verschwanden auch die elenden alten Menschen. Bewahrt sind sie und ihre Welt in der »Müllkasten-Photographie« von Arno Fischer und Sibylle Bergemann, von Harald Hauswald und Gundula Schulze. Aus Adolf Endlers Prenzlauer Berg wurde ein grünkonservatives Bionade-Biotop. Meine suffpreußische Absturz-Kneipe promovierte zum »Garden Hotel Honigmond«. Unendlich viel Jugend zog zu, unbekümmert um die Vorgeschichte, die nun auch mein Gestern ist. In den Wochenend-Nächten wimmelt die Innenstadt als gigantische Partymeile. Heerscharen von Flaschenkindern pirschen durchs Großstadtrevier. Die fröhlichen Zecher machen die Nacht zum Tage und die Straßenbahn zum Schweinekoben. Jung umvölkert rolle ich heim, lausche meinem

Bootleg eines fabelhaften Clubkonzerts, entschärfe einen Schlummertrunk und freue mich des Lebens im neuzeitlichen Berlin.

Der Begriff »alte Zeiten« ist relativ; er bemißt sich an der ältesten Generation. Hitlers Berlin und sein Untergang wird bald nicht mehr von Lebenden erzählt werden können. Mauerbau-Memoiren sind noch nicht vom Aussterben bedroht, aber irgendwann wird man die letzten Berliner suchen, die den Fall der Mauer bezeugen. Mich suche man nicht. Ich war nicht da. Ich fehlte auch beim Geldumtausch am 1. Juli 1990, am Vereinigungstag, bei jedwedem Volksfest am Brandenburger Tor. Berlins Synchrongedächtnis teile ich nicht. Ich meide die Formatierung von Geschichte, die erstarrten Gedenk-Kategorien: Die Zweite Deutsche Diktatur mündete in Die Friedliche Revolution, der als notorisches Happy-End Die Deutsche Einheit folgte, als hätten Wir Deutschen seither das Freiheitsglück im Kasten. Dieses Wir ist arisch, alt und totgesendet. Und es weiß nichts vom inneren Menschen.

Papa, wo war die Mauer?

Mein Sohn Cornelius, 1995 geboren, ist Berliner. Mit sechzehn, drei Lebensjahre vor meiner ersten Fahrt nach Prag 1975, hat er schon ein Dutzend Länder gesehen. Ich muß ihm nicht nur den Grenzverlauf erklären, sondern auch, was die Mauer war: privates Weltende und Trennwand der Atomkriegspotentaten. Wir laufen die Bernauer Straße entlang. Die linke Hälfte gehörte zu Ostberlin, die rechte war Westen. Im Dokumentationszentrum zeigt ein Film die tödlichen Dramen der Teilung. Wir besteigen den Aussichtsturm und schauen hinunter in ein konserviertes Grenzsegment. Ich habe nun den Gegenblick zu damals. Ostwärts sehe ich, zum Sprachenkonvikt, und winke meinem Gestern.

Papa, mir reicht's.

Wir gehen noch zur Kapelle der Versöhnung. Im sogenannten Niemandsland stand bis zu ihrer Sprengung am 28. Januar 1985 die Versöhnungskirche. Nun wogt vor der neuen Kapelle ein meditatives Roggenfeld. Der Todesstreifen planierte den Sophienfriedhof. Auch dessen wird auf dem Mahn-Areal gedacht. Ein wuchtiges Regal aus Roststahl rahmt die Porträts der 136 Mauertoten und gibt den Erschossenen Name und Gesicht zurück, von Günter Litfin bis Chris Gueffroy. Gedenkkundige belehren Schulklassen über das schurkische kommunistische Regime. Weniger reden sie über die Frontstadt des Kalten Kriegs und den Beginn der Teilung: die westliche Währungsreform vom Juni 1948. Einerseits war die Mauer ein Menschenrechtsverbrechen, andererseits sicherte sie der Sowjetunion ihr deutsches Siegespfand, bis Gorbatschow es in die Freiheit entließ.

Auch den 13. August 2011, den 50. Jahrestag des Mauerbaus, verbrachte ich fern von Berlin. Liebe Pankower Freunde, Ruth und Hans Misselwitz, luden sich Sommergäste nach Mecklenburg ein, zu einem Wochenende im Warmen und Grünen, das an Christa Wolfs Freundschaftsnovelle »Sommerstück« erinnerte: »Wir wußten, wir wollten zusammensein.« Auch Christa und Gerhard Wolf saßen in der Festgemeinschaft, denn wir feierten auf ihrem Haus und Hof. Hans sprach vom Glück, das unsere Generation vor Krieg und Gewalt verschonte, anders als die schweigenden deutschen Väter. Ruth, die Pastorin, las Dietrich Bonhoeffers Credo von 1932 vor: »Ich glaube, daß Gott aus allem, auch aus dem Bösesten, Gutes entstehen lassen kann und will. Dafür braucht er Menschen, die sich alle Dinge zum Besten dienen lassen. Ich glaube, daß Gott uns in jeder Notlage soviel Widerstandskraft geben will, wie wir brauchen. Aber er gibt sie nicht im voraus, damit wir uns nicht auf uns selbst, sondern auf ihn verlassen. In solchem Glauben müßte alle Angst vor der Zukunft überwunden sein.«

Die Linden rauschten wie der Wein, die Paare tanzten, die Beatles sangen »Yeah, Yeah, Yeah«, als ob der Mauerbauer Walter Ulbricht ihnen das nicht 1965 ausdrücklich verboten hätte. Ich unterhielt mich mit Paul Oestreicher, dem großen Theologen und Ökumeniker der anglikanischen Kirche. 1932 in Meiningen geboren, war er den Nazis 1939 mit seinen Eltern nach Neuseeland entkommen. Oestreicher erzählte, er habe 1963 Ulbricht besucht, im Auftrag der britischen Sektion von Amnesty International, um über die Freilassung des »Renegaten« Heinz Brandt zu verhandeln. Was wollen Sie denn mit dem, habe Ulbricht gesagt, das ist doch ein Lump. Dann rechtfertigte Ulbricht die Grenze. Ja, das sei eine Schandmauer, jeder Schuß dort treffe ihn selbst, doch er habe keine Wahl. Das Volk sei noch nicht reif für den Sozialismus, es laufe sonst davon. Oestreicher fragte, ob es nicht besser gewesen wäre, das Volk durch liberale Reformen im Lande zu halten, wie das Kreml-Chef Nikita Chruschtschow wollte. Darauf Ulbricht: Der da hinten – Chruschtschow – kann sich allerhand leisten, ich aber sitze im Schützengraben, da zündet man sich keine Zigarette an.

Ich dachte an das alte Schulbuch-Photo: Walter Ulbricht an der winterlichen Ostfront im Schützengraben der Roten Armee. Mit einem Megaphon rief er Wehrmachtsoldaten zum Überlaufen auf. Stimmt es, daß Ulbricht gänzlich unfähig war zur Empathie?

Den Eindruck, sagte Oestreicher, hatte ich nicht.

Die Kellerwand meines Hauses trägt einen rußigen Schriftzug: Luftschutzraum. Der Bombenkrieg hat das Haus verschont, wie die alte Kiefer, deren Krone vor meinem Schreibfenster grünt. In ihrem Dickicht tollen Eichhörnchen und Ringeltaube. Dieser Baum ist mein Berliner Wald. Vor einem Jahr kam ich von einer Reise heim. Bedrückt empfing mich das freundliche Ehepaar F. Herr F. wurde in diesem Haus geboren und kennt die Kiefer sein und fast ihr Leben lang. Wir wissen jar nich, sprach er, wie wir Ihnen det beibringen solln.

Ick hab schon jesacht, Herr Dieckmann wird janz traurich sein, sagte Frau F.

Weenen wird er, sagte Herr F.

Folgendes sei passiert. Die Kiefer solle fallen. Der Stamm sei geschädigt: Hohlraum, Käferfraß. Die Fällgenehmigung liege bereits vor. Ich rief den Hausbesitzer an. Er bestätigte den nahenden Todesfall. Ich bat mit Engelszungen für die Kiefer. Er zeigte Mitgefühl, aber keine Neigung, für einen gestürzten Baum zu haften. Frau Doktor Böse vom Grünamt dürfe man gleichfalls keinen bösen Willen unterstellen. Die sei eine Baumfreundin und erteile Fällgenehmigungen nur für marodes Gehölz.

Ich rief sie an: Läßt sich denn gar nichts machen?

Nichts. Der Fall ist klar.

Aber es muß doch eine Rettungsmöglichkeit geben. Der Baum ist mein Freund, mein Inspirator, meine Rettung vor Berlin.

Oh, sprach Frau Doktor Böse schnippisch, prinzipiell ist heutzutage natürlich manches möglich. Binden Sie den Baum ans Haus.

Das ist ja wohl unrealistisch.

Oder bauen Sie ihm ein Stahlkorsett, von der Wurzel bis zur Krone.

Frau Doktor Böse, warum sprechen Sie so – ungut mit mir?

Wissen Sie, ich liebe es nicht, wenn man mir mangelnde Sorgfalt unterstellt.

Nachdem dieses Mißverständnis ausgeräumt war, entsann sich Frau Doktor Böse einer neuen Technologie. Letzte Gewißheit gebe ein, freilich kostspieliges, resistographisches Gutachten. Hierzu werde der Stamm verschiedentlich hauchzart angebohrt und tiefenphysiologisch analysiert. Es handele sich gewissermaßen um ein Baum-EKG. Ich rief den Internisten an. Lux hieß er – ein Hoffnungsschimmer.

Herr Lux kam und beklopfte den Stamm. Er brach ein Blättchen Rinde. Er stocherte in der kleinen Höhlung am Fuße des Stamms und sprach: Fifty-fifty. Er entkofferte sein Instrumentarium. Er bohrte, achtfach, mit einer feinziselierten stählernen Seele. Ein Seismograph zitterte eine Pulskurve auf gerastertes Papier. Lux las und deutete sie. Er richtete sich auf und äußerte Worte wie Biegewinkel und Megapascal. Er konstatiere einen beginnenden Vitalitätsverlust, doch auch Materialzuwachs im Außenstammbereich.

Bang fragte ich: Was heißt das?

Guter Bohrwiderstand. Neues Zugholz gegen die Neigung. Fünf oder zehn Jahre kann er noch stehen, da passiert nichts. Ich empfehle 15 Prozent Kronenschnitt, zur Entlastung.

Mit Freuden zahlte ich meinem Liebling den Haarschnitt und das EKG. Der Hausbesitzer blies die Fällung ab und machte mich zum Baumpaten. Eichhörnchen und Ringeltaube danken mir täglich am Fenster. Mein Baum sagt mir: Ich habe Wurzeln in Berlin.

Berlin-Pankow, Herbst 2011

Die Verse am Ende des 1. Kapitels sind von Christoph Meckel (»Kind«). Moni und Saskia aus Kapitel 4 hießen in Wirklichkeit anders.

Gewinn und Verlust

20 Jahre Einigkeit und Recht und Freiheit

Die deutsche Vereinigung war ein Anschluß. Das sei deutlich gesagt – später. Jetzt redet ein anderer. Der Festprediger spricht: Hans-Dietrich Genscher.

Wir sind in Halle, am 11. September 2010. Die Franckeschen Stiftungen haben geladen. Gefeiert wird der 20. Jahrestag einer sehr konkreten deutschen Einheit. 1990 begann die Rettung der weltberühmten Schulstadt des Theologen und pietistischen Volksaufklärers August Hermann Francke (1663–1727). Die DDR-Behörden ließen sie verrotten und droschen, wie mit einem Schwert, eine Auto-Hochbahn durch Alt-Halle. Franckes Werk schien todgeweiht. Wie Hohn las sich im maroden Eingangsgiebel die Verheißung des Propheten Jesaja: »Die auf den Herrn harren kriegen neue Kraft daß sie auffahren mit Flügeln wie Adler.«

Der Adler von Halle hieß Paul Raabe. Der universalgelehrte Direktor der Herzog-August-Bibliothek Wolffenbüttel kam, sah und entwickelte übermenschliches Engagement. Die VW-Stiftung gab Geld, Hans-Dietrich Genscher übernahm die Schirmherrschaft und so fort. Heute blühen die Franckeschen Stiftungen als Bildungsrepublik und kandidieren zum Unesco-Weltkulturerbe. Die Fassaden strahlen. Die historischen Säle, die Sammlungen und Bibliotheken sind bewahrt. Froh tafelt die Feiergemeinschaft im Lindenhof.

Hier gelingt's. Ähnlich empfindet, wer durch Freiberg oder Greifswald läuft, durch Erfurt, Wittenberg, Schwerin und weiß, was nach 40 Jahren DDR schon fast verloren war. Und doch bekommt der Festredner Genscher dankbaren Applaus für seine Erwähnung westlicher Glücksritter, die im Osten nur den Reibach suchten.

Die deutsche Vereinigung war ein Beitritt. Via Artikel 23 des Grundgesetzes trat die DDR am 3. Oktober 1990 der Bundesrepublik Deutschland bei. Dies geschah namens einer demokratisch legitimierten Regierung, durch Volkskammerbeschluß vom 23. August 1990. 62 von 432 Abgeordneten votierten mit Nein. Zumeist waren das Stimmen der PDS und vom Bündnis 90, das die Vereinigung über Artikel 146 wünschte, unter Gleichen, mit einer neuen gesamtdeutschen Verfassung. Mit Nein stimmten etwa die Bündnis-Abgeordneten Marianne Birthler und Matthias Platzeck, die dann, so darf man sagen, ihren Platz im geeinten Deutschland gefunden haben.

Platzeck, Ministerpräsident von Brandenburg, äußerte sich jüngst im »Spiegel« wägend zum Stand der deutschen Einheit. Er lobte Rechtsstaat und Aufbauhilfe, er forderte den vollständigen Regierungsumzug nach Berlin und beklagte »die gnadenlose Deindustrialisierung Ostdeutschlands. Arbeitslosigkeit zog in nahezu jede Familie ein. Mit diesem Tag des Beitritts verbinden deshalb viele bei uns nicht nur dankbare Gefühle.« Die westliche »Anschlußhaltung« sei »verantwortlich für viele gesellschaftliche Verwerfungen bei uns seit 1990«.

Beitritt oder Anschluß? Hierzu gibt es zwei Schlüsselbücher, eines von 1991 und eines von 2010. Das neue Buch hat Lothar de Maizière geschrieben, der letzte Ministerpräsident der DDR. Es heißt »Ich will, dass meine Kinder nicht mehr lügen müssen. Meine Geschichte der deutschen Einheit«. Das Buch erzählt das Finale der DDR als Rechtsakt. De Maizière rang um die Würde des Ostens, nicht so sein Emissär, der technokratische Staatssekretär Krause, mit dem der bundesdeutsche Innenminister Wolfgang Schäuble den Einigungsvertrag abmachte. Von Schäuble stammt das andere Buch: »Der Vertrag. Wie ich über die deutsche Einheit verhandelte«. Den gesamten Text durchzieht ein Siegerlächeln. »Im Gegensatz zu dem Ministerpräsidenten ließ Krause nie den Drang verspüren, irgend etwas aus der alten DDR in das neue Deutschland retten zu wollen. (…) Meine stehende Rede war: Liebe Leute, es handelt sich um einen Beitritt der DDR zur Bundesrepublik, nicht um die umgekehrte Veranstaltung.«

Hatte Schäuble nicht recht? Nur als Schrotthändler. Der Beitritt wurde de facto zum Anschluß, weil die DDR nicht länger regierbar war. 1990 fand keine Vereinigung von Gleichen statt, sondern die gnädige Adoption der bankrotten DDR durch die prosperierende BRD. Ein kaputter Staat hängte sich an einen intakten. Das Wir-sind-ein-Volk wurde Fünftelvolk, zu den Bedingungen der westdeutschen Mehrheitsgesellschaft, die gar keinen Osten brauchte. Der Westen war in sich komplett – wirtschaftlich, ideologisch, kulturell, mit wohlgefüllten Aufsichtsräten, Redaktionen, Fußball-Ligen und Parteizentralen.

Letzteres führte zu den Triumphen der PDS. Sie maßte sich eine Ostrepräsentanz an, die ihr historisch zuallerletzt zugestanden hätte. Sehr viele Wähler akzeptierten ihren Radikalschwenk zur Wahrerin ostdeutscher Prägungen und Interessen. Die anderen Parteien waren ja altbundesdeutsch, mit kleinen Ostfilialen.

Der Westen kam über den Osten wie das Gesetz über die Sünde. Hier war alles falsch, weil dort alles richtig wäre. Kalt könnte man sagen: Der Osten hat das so gewollt, in freien Wahlen, inklusive der Regelung »Rückgabe vor Entschädigung«, die zu einem gigantischen Vermögensabfluß nach Westen führte. Und in wahrhaft historischer Naivität glaubten viele Ossis, Helmut Kohl sei Wirtschaftskommandant und garantiere Arbeitsplätze. Diese Dämlichkeit darf als Diktaturschaden gelten.

Weder ökonomisch noch mental steht der Osten auf eigenen Füßen, medial schon gar nicht. Als alimentiertes Mündel bleibt er labil, als Appendix dem Westen entbehrlich. Verbreitet ist das östliche Selbstgefühl, man sei Deutscher zweiter Klasse. Der Westen blieb sich selbst genug. Den Osten hat er meist als Last, kaum je als Bereicherung begriffen. Ein Drittel der Westdeutschen war noch nie im Osten. Östliches ist willkommen, wenn es altdeutsch beheimelt und westlich anschlußfähig scheint: Bach- und Lutherstätten, Weimarer Klassik, Preußen-Potsdam, Dresdner Barock, Uwe Tellkamps bildungsbürgerlicher Wälzer »Der Turm«, die Mummenschanz-Malerei von Neo Rauch, die Predigten des Freiheitspathetikers Joachim Gauck.

Gauck wäre ein wortmächtiger Bundespräsident geworden, allerdings kein Einiger der Nation. Er liefert eine westlich paßgerechte, historisch wie moralisch delegitimierte DDR, die er ausschließlich als Diktaturgeschichte erzählt. So wird erinnerungspolitisch aus dem hochambivalenten 17. Juni 1953 ein pures

Freiheitsfest und aus dem Herbst 1989 dessen fortgesetzte Feier, mit der Einheit als Abschlußfeuerwerk.

Den Opfern und den Opponenten des SED-Regimes gebührt hoher Respekt. Man darf jedoch daran erinnern, daß die Siegermächte des Zweiten Weltkriegs in Teheran, Jalta, Potsdam einander auf deutschem Boden Staatsgründungen nach ihrem System zugestanden hatten. Man denke an Kennedys Satz aus dem Jahr 1961: »Eine Mauer ist verdammt noch mal besser als Krieg.« 1945 haben die Alliierten den deutschen Einheitsstaat kassiert, 1990 rückten sie ihn wieder heraus. Auf Ostdeutschlands Straßen wurde Deutschlands Einheit begehrt, im Kreml und im Weißen Haus wurde sie gewährt. Daß kein Blut floß, war Gnade. Auch denen, die nicht schossen, sei ein Knopf vom Mantel der Geschichte zugestanden.

Die deutsche Vereinigung bezeugte das Ende des Kalten Kriegs. Ansonsten war sie, was der einzelne erlebte. *Gewinn und Verlust*, heißt es bei Hölderlin, *wäget ein sinniges Haupt / Wohlzufrieden zu Haus*. Brecht zufolge leben ungereiste Völkerschaften nahe der Barbarei. Die Reisefreiheit empfinden viele Ostler als größtes Glück der neuen Zeit. Uns geschah, was Wolf Biermann für die graue Meeresstadt Lassan erträumte: Einst führe sie zur See. Es war, als wüchsen der DDR im Tode Schwingen. Wir wurden doch noch Welt.

Nie vergesse ich meinen 3. Oktober 1990. Seit Juni reiste ich durch die USA, *from sea to shining sea* – zehn junge Journalisten aus zehn Ländern, eingeladen vom World Press Institute St. Paul, Minnesota. Anfang Oktober war Washington erreicht, zufällig am 3. Oktober das Weiße Haus. Ich stahl mich aus dem Pressegespräch, streunte ungehindert durch die Gänge und endete im Rosengarten. Den Rasen umspannte eine Kordel, hinter der geputzte Menschen des Präsidenten harrten. Ich überstieg die Kordel und setzte mich in die erste Reihe. George Bush erschien und sprach von den Glocken der Freiheit und Freude, die heute in Deutschland läuten würden. Eine Kapelle der US-Marines spielte das Deutschlandlied, ein Bundeswehr-Blasorchester »Star Spangled Banner«. Der Kinderchor der deutschen Schule sang »Auf der schwäbschen Eisenbahne«. Mein Nachbar bemerkte: Man staunt ja, wieviel Menschenmaterial zu so einer Feier gehört.

Gewiß. Und alles Deutsche war westdeutsch. Wie noch oft.

Was blieb von der DDR? Land und Leute. Geschichte. Und was die Dichter stiften? Immer wieder stille Züge über den Dorotheen-städtischen Friedhof, Heiner Müller folgend, Stephan Hermlin, Wolfgang Hilbig, Thomas Brasch, Hans Mayer, dem Ost-Versteher Günter Gaus … Stefan Heym ist tot, Karl Mickel, Heinz Czechowski, Adolf Endler, Klaus Schlesinger, Gerulf Pannach, Peter Hacks … Der alte Osten verstummt. Und Anna Loos singt flacher als Tamara Danz.

Die Anerkennung des Ostens steht weiterhin aus. Dazu braucht es weder einen Staatsakt noch die Revision des Einigungsvertrags. Vorerst reicht westliche Einsicht in das Fragmentarische der eigenen teildeutschen Geschichte. Noch besser wäre ein bißchen transelbische Bewanderung, und zwar nicht via Ostalgie-TV-Müll oder Stasidopingstacheldraht-Geflimmer. Ost und West sind reich an ideologisch unverrechenbarem Lebenswissen, doch den Osten durchzieht der Zeitenbruch von 1989. Die Deutschländer wurden vereint, die deutsch-deutsche Unterschiedsgeschichte läßt sich nicht vereinen. Beides ist ein Glück.

Man kann am 3. Oktober feiern. Aber was? Immer wieder 1990? Die Geschichte kennt keine endgültigen Zustände. Zur Wendezeit brannten im Osten Kerzen, danach Asylantenheime, in Ost und West. Und wer der friedlichen Revolution gedenkt, soll nicht verschweigen, daß die Hälfte der deutschen Afghanistan-Soldaten aus den sogenannten neuen Bundesländern kommt. Die Bundeswehr, mithin der Krieg, ist im Osten ein begehrter Arbeitgeber. Das Gelungene freut uns sehr. *Aber*, mit Hölderlin, *die größere Lust sparen dem Enkel wir auf.*

September 2010

Die kleine Einheit

Was verbindet die Partnerstädte Greifswald und Osnabrück?

Jetzt wächst zusammen, was zusammengehört. Kein Satz wurde nach dem Fall der Mauer häufiger zitiert als Willy Brandts Epochenwort, und keiner verdeckte soviel deutsch-deutsche Verschiedenheit. Würde man die neuen und die alten Bundesländer auf Stadtgröße verkleinern, dann erhielte man in etwa Greifswald und Osnabrück. Beide verbindet eine Städtepartnerschaft. Was noch? Was nicht? 20 Jahre nach dem Mauerfall besuchen wir die deutsche Einheit in Miniatur.

Die deutsche Teilung begann mit Hitlers Machtantritt 1933. Zwölf Jahre später wurde sie exekutiert. Im April 1945 stand von den beiden Städten nur noch eine. Osnabrück war dahin, untergegangen im Bombenkrieg. Der erste Angriff geschah am 23. Juni 1940. Ein britisches Flugzeug warf Sprengbomben ab. Sirenen heulten, Flak schoß, Schaulustige empfanden dies als sommersonntägliche Unterhaltung. Das Vorkommnis zerstörte 36 Dachrinnen, 422 Fensterscheiben und kostete das Leben des Klöckner-Werkschutzmannes Heinrich Gieseke.

Im 33. Angriff am 13. Mai 1944 starben 241 Menschen.

Der 36. Angriff am 13. September 1944 vernichtete Alt-Osnabrück.

Der finale 69. Angriff erfolgte am Palmsonntag 1945. Die »Neuen Volksblätter« schrieben: »Nach den Schlägen des Bombenhammers, die am 25. März den klaren Frühlingsmorgen über Osnabrück verdunkelten, haben wir alle Abschied nehmen müssen von dem, was einst das vielgestaltige Bild unserer Stadt ausmachte. Dieser Angriff (...) wirkte sich um so schwerer aus, als er ein behelfsmäßig wieder eingerichtetes Ruinenfeld erneut umpflügte.« Doch dank »der Standfestigkeit und Sturheit des niederdeutschen Menschenschlages« bleibe »die frontnahe Stadt gerade in der Not unbeugsam und hart«. Gauredner Stoßmeister verhieß am Gründonnerstag bei der Trauerfeier vor dem Krematorium: »Solange wir kämpfen, wird das Reich bestehen.« Er sprach zu 164 Särgen. Es erklang das Lied vom guten Kameraden, dazu grollte die nahe Front.

Dies war die letzte NS-Veranstaltung in Osnabrück. In den Morgenstunden des 4. April rückten die Briten ein. 85 Prozent der Stadt lagen in Trümmern. Osnabrück, 1648 Verkündungsort des Westfälischen Friedens, war 1945 eine der schwerstzerstörten deutschen Kommunen.

Greifswald stand noch. Es nahte die Rote Armee. Ihr voran ergossen sich Flüchtlingsströme gen Westen. Die alte Hansestadt am Ryck überfüllten 70 000 Menschen, weit über das Doppelte der Einwohnerzahl. 10 000 Verwundete waren zu versorgen. Dennoch durfte sich Greifswald nicht zur Lazarettstadt deklarieren, sondern sollte verteidigt werden bis zum heldischen Untergang à la Prenzlau, Swinemünde, Demmin, wo mehr als tausend Deutsche Selbstmord verübten, als die Russen kamen. »Greifswald, dessen liebliche Silhouette sein großer Sohn Caspar David Friedrich mit meisterlicher Kunst weltberühmt gemacht hatte, sollte nun das gleiche grausame Geschick erleiden.«

Dies schrieb nach dem Kriege der Stadtkommandant, Rudolf Petershagen. Wohl jeder DDR-Geborene kennt die Petershagen-Saga. Man wußte, daß dieser Wehrmachtoberst nicht den versprochenen Generals-Epauletten, sondern seinem Gewissen gefolgt war und Greifswald kampflos der Roten Armee übergeben hatte. »Gewissen in Aufruhr« hießen seine Memoiren, vielgelesen und 1961 mit Erwin Geschonneck mehrteilig verfilmt. Der DDR-Führung diente Petershagen, wie der Stalingrad-Kapitulant Friedrich Paulus, als Beispiel des antifaschistisch bekehrten Konservativen. Was verschwiegen wurde: Petershagen handelte keineswegs allein. Nichts wäre ohne ihn gelungen, doch der Wagen, der in der Nacht zum 30. April 1945 ins brennende Anklam fuhr und dort eine Stunde vor dem geplanten Sturmangriff mit dem Generalmajor Borstschow Greifswalds Übergabe aushandelte, transportierte andere Parlamentäre: Petershagens Stellvertreter Oberst Max Otto Wurmbach, Carl Engel, den Rektor der Greifswalder Universität, den Medizinprofessor Gerhardt Katsch, dazu einen Baltendeutschen und einen russischen Kriegsgefangenen, die dolmetschen sollten.

Engel wurde kurz nach Kriegsende im NKWD-Lager Fünfeichen bei Neubrandenburg interniert und kam dort 1947 um. Wurmbach starb in sowjetischer Kriegsgefangenschaft. Petershagen wurde Greifswalder Stadtrat, danach Kreisrat auf der Insel Usedom. 1951 verhaftete man ihn auf einer Reise nach München. Ein amerikanisches Gericht verurteilte ihn wegen Spionage für die Sowjetunion zu zweimal sechs Jahren Zuchthaus. 1955 tauschte ihn die DDR frei, gegen einen Häftling aus Bautzen. Petershagen starb 1969 in Greifswald. Seine Frau lebte dort bis 1995.

Am 27. November 1985 schrieb Angelika Petershagen (geb. von Lindequist) einen Brief. Der Adressat hieß Erich Honecker. Frau Petershagen begehrte zu wissen, wofür ihr Mann unter Lebensgefahr Greifswald gerettet habe, wenn es die DDR verfallen lasse. Denn dies geschah, nach dem Prinzip: Ruinen schaffen ohne Waffen. Da Greifswald unzerstört geblieben war, bekam die Stadt kaum Baumittel zugewiesen. Die SED-Ideologen hatten wenig Interesse, bürgerliche Wohnquartiere zu erhalten. Ganze Viertel versackten, mit Billigung oder Nachhilfe der Behörden. Großflächig riß man ab und setzte Neubauten ins Quartier. Vergleichsweise komfortabel, waren sie durchaus begehrt.

In jenem Jahr 1985 kam Westbesuch nach Greifswald: Wolfgang Koeppen, der verlorene Dichtersohn, erstmals seit 52 Jahren. Sein Roman »Jugend« beschreibt in elegischer Prosa die gehaßte Kindheitsstadt. Die ackerbürgerlichen Honoratioren treten auf, die Leutnants, die »Tingeltangelteusen«. Preußens Klassengesetz herrscht, der wilhelminische Mief, doch hoch über alles Irdische ragen die backsteinroten Gottestürme: die Dicke Marie, der spitzhütige Kleine Jakob, der zwiebelig behaubte Lange Nikolaus, von Caspar David Friedrich himmelanrührend in die pommerschen Wiesen gemalt. Noch höher, unerreichbar, ist der Vater, ein Fremdling, »der die venia legendi der Augenheilkunde besitzt« und 1905 die fehlgetretene Weißnäherin Marie Koeppen geschwängert hat. »Bei lindem Wetter kreist er in einem Ballon um die Türme der Stadt. Wie schön ist diese hohe Stunde des Tages auf der Langen Straße, im von der Seeluft verklärten Licht des Sommers oder dem weihnachtlichen Gasglühlichtschein der Schaufenster und Laternen.«

»Jugend« erschien 1976. In einem Gespräch der Reihe »Zeugen des Jahrhunderts« erzählte Koeppen Marcel Reich-Ranicki seinen 1985er Besuch als Alptraum: »Diese Stadt ist aufgegeben worden, und unwillkürlich hat man das Gefühl, wenn man die wenigen Leute auf den Straßen sieht, sind das Leute, die irgendwie überlebt haben und sich da nur noch aufhalten.«

Der Reporter kam 1988 erstmals dorthin. Und schrieb, für die DDR-Kulturzeitung »Sonntag«: »Greifswald empfängt müde. Ist es nur die Hitze, oder liegt die Stadt in einer Lethargie? Die Straßen gähnen. Der Markt blättert vor sich hin. Die alten Fachwerkhäuser sacken allmählich zusammen oder haben Neubauten weichen müssen. (…) Ein Bier tut not, aber Gastronomie findet nicht statt. Bis auf den Ratskeller, der von einer 32köpfigen Schlange belagert wird.« Der wachsame »Sonntag«-Chef vom Dienst strich alles zwischen Hitze und Bier. So sanierte der SED-Staat: die veröffentlichte Sprache, nicht die Städte.

Dann aber erschien in Greifswald der Allmächtige. Am 11. Juni 1989 besuchte Parteichef Honecker erstmals eine Kirche: den Gottesdienst im just restaurierten Dom. Am Markt hatten Potemkins Brigaden eilends Farbe aufgespritzt. An Ruinen hingen Schilder: »Dieses Haus wird demnächst rekonstruiert.« Das stimmte mitunter sogar, doch nicht, weil Honecker kam. Sondern weil er ging.

In Greifswald war er schon 1955 gewesen, als Hunderte Studenten der Universität vergeblich dagegen protestierten, daß der SED-Staat die medizinische Fakultät zur Militärmedizin erniedrigte. 265 Studenten wurden inhaftiert. FDJ-Chef Honecker erklärte, bei den Nazis wären die Aufrührer erschossen worden. Kurioserweise ist eine Honecker-Entscheidung Greifswald zum Segen geworden. Wir kommen noch darauf.

Am 18. Oktober 1989, dem Tag von Honeckers Sturz, begannen auch in Greifswald die Demonstrationen. Das Szenario glich dem im ganzen Lande DDR: Friedensgebete im Dom, der erwachende Mut, die Forderung, das Neue Forum anzuerkennen. Hilflos hektische Versuche der lokalen Staatsgewalt, per »Dialog«

die Zahnpasta wieder in die Tube zu locken. Vergeblich – die Bevölkerung hatte sich als Volk erkannt und die Straße erobert. Die Mauer fiel. Fortan Einig-Vaterland-Parolen. Am 18. März 1990 freie Wahlen: Volksentscheid für den Wohlstandswesten.

»... und nicht lange, da gab es in der Woge des nationalen Hochgefühls die ersten Ausbrüche von Chauvinismus und Rechtsextremismus. In Greifswald machte sich alsbald eine Schar von glatzköpfigen Kindern und Jugendlichen auf den Straßen bemerkbar und nannte sich ›Greifswalder Nationalsozialisten‹. Die Ideale des ›Neuen Forum‹ verblaßten angesichts dieser freigesetzten Instinkte. Die Demokratie des Volkes entpuppte sich als Herrschaft der Bevölkerung und ihrer Interessengegensätze.« So erinnerte sich 1993 Reinhard Glöckner, ehemed Pfarrer an St. Marien, den Greifswald nach der Wende zum Oberbürgermeister wählte.

Glöckner ist ein graubehelmter Recke von 76 Jahren mit überschießender Natur und vielen Talenten – außer Verwaltung und Teamarbeit. Das kostete ihn 1992 sein Amt. Fürs Gemeindepfarramt fühlte er sich danach ungeeignet. Mit dieser Hand, spricht Glöckner und erhebt dramatisch die Rechte, habe ich 700 Kindergärtnerinnen entlassen.

Glöckner verkörpert exemplarisch den größten Ost-West-Unterschied: den biographischen Wende-Bruch. Ost-Leben, auch das der Städte, wird geteilt vom 89er Zeitengraben, jenseits dessen lange Vorgeschichten liegen und weiterwirken. Im Erzgebirge geboren, zog Glöckner westwärts, arbeitete in Fabriken, reiste durch Europa – und ging 1961 in die DDR zurück. Er haßte den Staat – und trat der Blockpartei CDU bei. Ein Fenster zu den Interna der Gesellschaft habe er sich öffnen wollen. Er saß im Stadtrat und tat unbotmäßig den Mund auf, auch als Prediger wider die Militarisierung. 1989 leitete er Greifswalds Runden Tisch.

»Die Hoffnung der Wende war: Schluß mit der Anpassung«, schrieb er, »ihr Ergebnis: Anpassung ins Quadrat. Anpassung an die Marktwirtschaft, Anpassung an die bundesdeutschen Verwaltungsprinzipien.« Den Dritten Weg gibt es nicht, resümiert Glöckner zum Abschied dem Reporter. Freiheit und Gerechtigkeit lassen sich nicht versöhnen. Aber man kann in die Freiheitsgesellschaft Gerechtigkeit hineinbalancieren und umgekehrt.

Auf der Treppe sagt er: Gott ist das Ich der Welt.

Im Mai 1990 reiste der frischgewählte Oberbürgermeister Reinhard Glöckner nach Osnabrück und sprach zu seinem Amtskollegen: Ich brauche einen Stadtbaurat.

Seit 1988 war Osnabrück Greifswalds Partnerstadt – mit Erich Honeckers Segen, denn selbstverständlich durften Greifswalds Stadtobere diesbezüglich gar nichts entscheiden. 1986 hatte Honecker einer ersten Partnerschaft zwischen Saarlouis und Eisenhüttenstadt zugestimmt. Damals setzte Osnabrücks Werben ein. Ein historischer Bezug war glücklich gefunden: Der Westfälische Friedensschluß von 1648, Artikel X, § 13, hatte den schwedischen König zum Deutschen Reichsfürsten gemacht und ihm Vorpommern beschert, somit auch Greifswald, dessen Alma mater nun bis zum Wiener Kongreß 1815 geistliche Landesuniversität für die schwedischen Territorien in Norddeutschland wurde.

Fürwahr, eine zwingende Verbindung. Nur Ostberlin bockte. Osnabrücks artiger Schriftwechsel mit den DDR-Machtinstanzen umwarb eine spröde Braut, bis Anfang September 1987 Honecker seinen langersehnten BRD-Besuch absolvierte. Am 17. September 1987 schrieb er der Osnabrücker Oberbürgermeisterin Ursula Flick: »Wie ich erfuhr, sind Sie bereits darüber unterrichtet, daß die Städtepartnerschaft Greifswald – Osnabrück realisiert wird.« Konsensthema: Frieden.

Die ersten Umarmungen kann man sich nicht keusch genug ausmalen. Ebene traf Ebene. Zunächst reiste, im Barkas-Kleinbus, ein Halbdutzend DDR-Parteikader nach Osnabrück, 1988 eine Volleyballmannschaft sowie eine handverlesene Jugendgruppe. Beim Gegenbesuch sahen die Osnabrücker Delegationäre natürlich, wie es um die »aufbluhende sozialistische Stadt« und ihre Produktionsverhältnisse bestellt war. Zögerlich fragten sie nach und erfuhren von ihren Gastgebern: Wir können nichts machen, keine Devisen, Berlin entscheidet und teilt zu.

Die Wende änderte alles. Nun reiste, wer wollte. Osnabrück lud ganz normale Bürger ein. Osnabrück schenkte Greifswald seine alte Stadtbusflotte, neue Müllcontainer und lehrte es Verwaltungsaufbau West. Im Frühjahr 1990 nahm ein Greifswald-Botschafter in Osnabrück Quartier: Uwe Rieger. Kulturschock, sagt

Rieger, Crashkurs BRD. Ich wurde durch alle Ämter geschleift. Was wußte ich über Wirtschaftsförderung?

Man lief ihm die Bude ein. Er mußte endlos erzählen: seine Biographie, vom Leben in der DDR und wie man helfen könnte. Krankenhäuser wollten Einwegspritzen stiften, Philatelisten suchten Ostkontakt, ebenso die Industrie- und Handelskammer ... Die Leute hatten die unterschiedlichsten Motive, sagt Rieger, von deutsche Einheit bis richtig Kohle machen. Einer, den ich damals kennenlernte, machte dann in Greifswald wahnsinnige Geschäfte, den hab ich kürzlich im Knast besucht.

Der Ratsmitarbeiter Rieger ist ein grübelnder Mecklenburger, Rock-Fan und Science-fiction-Autor. Zur DDR-Zeit studierte er Rechtswissenschaft, verweigerte sich der Partei, wies auch die Stasi ab und landete am behördlichen Katzentisch. Dort sitze er mangels Parteibuch noch heute. Nein, bitter sei er nicht, nur desillusioniert.

Jetzt besuchen wir Osnabrücks Personalgeschenk, den von Reinhard Glöckner erbetenen Stadtplanungsdirektor Volker Bouché. Osnabrück bezahlte ihn ein Jahr. Er blieb für immer, ein Altachtundsechziger mit sozialem Credo. Wenn's in der Stadt nicht läuft, funktioniert die Gesellschaft nicht, sagt Bouché und erzählt, welchen Flohzirkus er hier zu bändigen hatte: Altstadtsanierung, Gewerbegebiete schaffen, Neubaugebiete umbauen, mit etwas Abriß und viel Variation. Im Ostseeviertel, sagt Bouché, könne man heute jede Wohnung viermal vermieten, doch in Schönwalde I und II gebe es auch unsanierte Problemblocks mit Hartz IV- und Migrationsbelegung. Wir brauchen Wohnungen, sagt Bouché. Die Haushalte verkleinern sich wie im Westen, die zivilisatorische Unfruchtbarkeit hat den Osten erreicht.

Wird der Osten Westen?

Greifswalds Level ist hoch, sagt Bouché. Aber im Westen fehlt Geld, das hier reingeflossen ist. Fahren Sie mal durchs Ruhrgebiet. Fördermittel auf Null, keine Sanierungsgebiete, Industriebrachen, verbretterte Bahnhöfe. Da kommt Ihnen das kalte Elend entgegen.

Greifswalds Arbeitslosenquote liegt bei 15 Prozent, doppelt so hoch wie die von Osnabrück. Die Neubaugebiete sind das Erbe der DDR, gebaut für ein Proletariat, dessen Arbeit verschwand. Von 2500 Beschäftigten des Werks für Nachrichtenelektronik brauchte Siemens 600. Und 8500 DDRler, von überall zugezogen, werkten im Kernkraftwerk Nord. Ein ehemaliger Greifswalder Physikstudent half es gleich nach der Wende abzuschalten: Sebastian Pflugbeil, Minister im Kabinett Modrow, Bürgerrechtler und Tschernobyl-Experte. Noch immer beschäftigt der Abriß tausend Menschen.

Nicht überlebt hat auch die Fischkutter-Reparaturwerft. Dort residiert jetzt die HanseYachts AG des gebürtigen Kielers und Ex-Hamburgers Michael Schmidt. Von 130 Leuten konnte ich nur 30 übernehmen, sagt Schmidt. War ich natürlich in der Stadt der Held.

Schmidt baute preiswert Segelboote. Bald brummte der Laden. Vor der Finanzkrise hatte er 650 Angestellte, derzeit sind es 400. Hamburgs Pißwetter und Anspruchsdenken habe er hinter sich gelassen. Wozu, sinnt Schmidt, brauche ich Steaks vom biergefütterten japanischen Kobe-Rind? Ne Gartentomate, 'ne polnische Essiggurke, das ist doch der Rausch.

Sichtlich hat Schmidt, ein hanseatisch liberaler Buddha, diesen Rausch nicht immer genossen, doch nun ist er Greifswalder geworden. Geil, sagt er. Wasser, Kneipen, Jugend, und auch das antipolnische Gequatsche lasse endlich nach. Der Osten sei unheimlich im Fluß, der Westen total stehengeblieben, eine satte Gesellschaft in der Endphase. Hier kommuniziere man menschlicher, wobei er manche Zungenschläge habe lernen müssen. Für das Hamburger Kosewort Arschloch werde man hier erschossen.

Eine Woche Greifswald. Unendliche Geschichten. Wir hören von Siemens-Schmiergeldern pro CDU, vom altbundesdeutschen »Eliten«-Import und einem Milieu namens Osnabrück-Filz, von zweifelhaften Grundverkäufen, von Protesten gegen das geplante Kohlekraftwerk bei Lubmin, von den dunklen 90er Jahren, als Asylbewerberheime und ausländische Studenten angegriffen wurden. Stetig wuchs die rechte Szene. Im Jahr 2000 wurde ein Obdachloser totgeschlagen, worauf Oberbürgermeister von der Wense – Wessi, CDU – verfügte, es sei genug. Am 14. Januar 2001 vereinte die Demo gegen rechts 7000 Greifswalder. Heute, sagt Christine Dembski vom Präventionsrat, sei hier die Rechtsdrift als jugendkultureller Trend vorbei. Langsam schwinde auch der ostdeutsche Mangel an bürgerlicher Selbstorganisation, das Warten auf den Staat. Doch viele Gekränkte verachteten die Demokratie als Wirtschaftsmagd und Kungelei.

Frau Dembski, könnte ich als Farbiger nachts angstfrei durch die Straßen laufen?

Ich würde sagen ja. Aber ich würde nicht meine Hand dafür ins Feuer legen.

Die Universitäts- und Hansestadt Greifswald scheint weniger eine Stadt mit Universität als eine Universität mit Stadt. Die Uni ist der größte Arbeitgeber. Die intime Gelehrtenrepublik, 1456 gegründet, trägt trotz periodisch wiederkehrender studentischer Proteste den Namen des Franzosenfressers Ernst Moritz Arndt, den ihr 1933 Hermann Göring verpaßte. Zur DDR-Zeit hatte sie 3500 Studenten, heute 11 500. Studiengebühren: keine. Die Kustodin Birgit Dahlenburg und Rita Sauer führen durch professorale Gemäldegalerien und Historiensäle, glänzend restauriert dank der Krupp-von-Bohlen-und-Halbach-Stiftung, deren Vorsitzender Berthold Beitz, in Zemmin bei Greifswald geboren, schon Honecker zur Städtepartnerschaft gestupst hatte. Doch nichts ergötzt wie der *al fresco* illustrierte Karzer. Der Büßerkönig hieß Buby Bliedung, stud. iur., zwischen 1908 und 1911 sechsmal sündenstolz inhaftiert, stets wegen Weiberei. Mit zärtlicher Kunst malte BB seine Holden, dazu den Haftgrund: »Ich schluf nicht allein.«

Wir kamen herum. Wir erklommen den Domturm, umklungen von Glocken und Wind, und blickten bis Rügen. Wir beschauten im wunderbaren neuen Pommerschen Landesmuseum Caspar David Friedrichs metaphysische Malerei, den Croy-Teppich von 1560, die antiken Amtsinsignien der Universität. Wir radelten mit dem hansestädtischen Dienstfahrrad nach Eldena, zu Friedrichs Klosterruine. Alle radeln in dieser Stadt der zehnminütigen Wege. Greifswald strahlt, ein Leuchtturm Ost. Aber die Jugend wandert westwärts, der Arbeit nach, besonders die fitten jungen Frauen. Dennoch wirkt Greifswald ungeheuer jung, dank der Studenten. Sie kaschieren einheimische Kargheit und Spröde. Sie strudeln überall – am grünen Stadtwall, am idyllischen Museumshafen, in untrendigen Cafés, beim *Open mike* in Wolfgang Koeppens gerettetem Geburtshaus Bahnhofstraße 4.

Das Koeppen-Literaturzentrum eröffnete 2003, nachdem der Literat, Kultur-Hansdampf und Greifswald-Enzyklopädist Sascha Fricke bei Günter Grass vorgesprochen hatte, dieser bei Gerhard Schröder und so fort. Doch noch immer sterben alte Häuser, oder sie werden entkernt, bis auf die Fassade. Noch immer, wie vor der Wende, ringt die Architektin Ines Yitnagashaw von der Planwerkstatt Tangram mit der Stadt um ein Ideal: Häuser mit Geschichte, die über Jahrhunderte leben, sich verändern, ihre Zeiten überliefern und zugleich der Individualität ihrer heutigen Bewohner dienen.

Noch ein Gespräch, noch eins, und wir müssen doch endlich nach Osnabrück. Zum Schluß der Oberbürgermeister. Arthur König – ein bedächtiger Physiker, CDU wie alle Greifswalder OBs seit der Wende – summierte uns seine Stadt, sprach vom Max-Planck-Institut, vom Biotechnicum, vom Mangel an gewerblichen Arbeitsplätzen, von seiner Dankbarkeit gen Osnabrück. Daß Greifswald leicht wachse, mit heute 54 000 hauptwohnsitzlichen Einwohnern, von denen knapp zwei Prozent ausländischer Herkunft seien, die Studenten eingerechnet. Daß die Stadt klage, gegen die Kreisgebietsreform, die das bis dato kreisfreie Greifswald ans arme Nordostvorpommern koppeln will. Wir hörten König und schauten aus dem Rathausfenster über den leuchtenden Markt. Wir verglichen ihn mit 1988 und hofften: Hier gelingt's.

Man kommt in die Friedensstadt Osnabrück und hat sofort den Frieden in der Hand. Dafür gibt es zwei Gründe. Die Tür zum Rathaus, von dessen Treppe das Ende des Dreißigjährigen Kriegs verkündet wurde, öffnet eine Klinke, auf der FRIEDE 1648 steht. Zweitens mussen wir gleich zum Oberburgermeister Boris Pistorius. Vorher kann kein Stadtverwaltungsmensch uns beauskunften.

Herr Pistorius, ich weiß noch nicht viel über Osnabrück. Aber warum Friedensstadt? Marketing oder Bekenntnis?

Wir schmücken uns nicht damit, sagt Pistorius. Wir leben das. Osnabrück ist definitiv toleranter als andere Städte. Der soziale Friede wirkt sich aufs städtische Klima aus. Geringere Jugendkriminalität, Chancengleichheit, Schulabbrecherquote fünf Prozent, bundesweit sind es 16 …

Kann ich als Farbiger nachts angstfrei durch Ihre Straßen gehen?

Wie jeder andere auch.

Wo bleibt das Wort der Friedensstadt Osnabrück gegen die Militarisierung der deutschen Außenpolitik?

Außenpolitik können wir nicht beeinflussen, sagt der Sozialdemokrat Pistorius. Wir fördern den Frieden im Inneren, durch Dialog, Vertrauensbildung und Abbau von Vorurteilen, zum Beispiel am Runden Tisch der Religionen. Ich wohne im Stadtteil Schinkel, Volksmund Klein-Neukölln. Da haben manche Grundschulklassen 80 Prozent Migrationshintergrund und lernen, miteinander umzugehen. Deutschland wird künftig nur noch durch Einwanderung klarkommen.

Nun reden wir über den Osten. Die Partnerschaft zu Greifswald sei heute auf eine gewisse Routine reduziert. Über das letzte Jahrzehnt habe Osnabrück 300 Millionen Euro in den Fond der deutschen Einheit gezahlt. Das belaste den Haushalt. Doch stimme es einfach nicht, daß hier Investitionen und Bauvorhaben unterblieben, weil die Fördermittel nach Osten abgeflossen seien. Außerdem, spricht Pistorius entschlossen, ist das langfristig gut angelegtes Geld.

Jetzt suchen wir den Frieden. Osnabrücks Koeppen ist Erich Maria Remarque, der »militante Pazifist«, dessen Antikriegsbuch »Im Westen nichts Neues« seit 1929 zum meistverkauften Roman der Menschheitsgeschichte wurde. Im Remarque-Friedenszentrum wird sein Leben ausgestellt. Im Stadtbild verteilen sich 25 rostige Vierkantstelen, aus denen kleine Apfelbäume wachsen. Die Inschriften konfrontieren Friedenszitate mit Parolen manneszüchtiger Tötungskultur: *Süß und ehrenvoll ist es, für das Vaterland zu sterben. (Horaz) – Wann wird zum Mord, was man sonst Heldentum nennt? (Remarque)* Geschaffen hat die Säulen Volker-Johannes Trieb, ein flammender Jungvierziger, der am Sutthauser Bahnhof in seiner Künstlerscheune wohnt.

Wer hat die Säulen bezahlt? Die Stadt?

Firmen, sagt Trieb, Privatsponsoren. Die Stadt – na ja, sie bemüht sich redlich. Aber Frieden ist kein Thema mit Knautschzone. Wer sich zu Afghanistan und zur Verleihung des Eisernen Kreuzes durch die Kanzlerin nicht äußert, der kann sich auch Stadt im Grünen nennen.

Wer was zu sagen habe, rede in Berlin, klagt Henning Buck, der sechsmal im Jahr für Universität und Stadt die renommierten Osnabrücker Friedensgespräche organisiert. Leider sei man häufig nur Station auf einem Tourneetheater von Prominenten, die hier Textbausteine ablieferten. Beispiel Genscher, öde.

Wir finden den Frieden überall, als Nachhall des Krieges, auferstanden aus Ruinen. Wer die Photos der ausgeglühten Waben kennt, der Domtrümmer, der hauslos ragenden Stufengiebel am Markt, den verblüfft, daß hinterm Rathaus und in der Krahnstraße noch etwas Fachwerk steht. Das Kinderwagen-Relief an der Kunsthalle Dominikanerkirche nennt den 21. November 1944, als am Schölerberg durch eine Sprengbombe 96 Menschen starben, unter ihnen 51 Kinder. Das war der 46. Angriff.

Drinnen dokumentiert die Ausstellung »Bilderschlachten« 2000 Jahre Kriegspropaganda, begleitet von Kunst-Installationen. Drei Stunden vergehen im Fluge. Man hört die Lügenrede, die US-Außenminister Colin Powell am 5. Februar 2003 vor dem UN-Sicherheitsrat hielt. Man sieht, nachgebaut von Inigo Manglano-Ovalle, den »Phantom-Truck« mit Saddam Husseins angeblichen Massenvernichtungsmitteln. Weniges ekelt mehr als die zackig sentimentalische Heiligabend-Sendung des Großdeutschen Rundfunks. Von Narvik bis Afrika, von Straßburg bis Warschau: Front und Heimat vereint in Deutscher Kriegsweihnacht 1940.

»Bilderschlachten« ist ein Projekt zum Jubiläum der Varusschlacht, jenes germanischen Gemetzels an drei römischen Legionen im Jahre 9, das eventuell, vermutlich oder ganz bestimmt im nahen Kalkriese stattgefunden hat. Rechte Hirne feiern »2000 Jahre deutscher Kampf gegen Überfremdung«, finden jedoch weniger Anklang als das vollkörnige Varus-Brot und die Salami Harter Hermann. Rechts scheint kein Thema in Osnabrück, schon gar nicht NPD-Parolen à la »Bomben-Holocaust«. Im städtischen Friedensbüro, das bürgerschaftliche Initiativen bündelt, fragen wir Christine Grewe: Warum zeigt die Friedensstadt nicht ihre Zerstörung und sagt, wir wissen, was Krieg bedeutet?

Wir bemühen uns um die Perspektive der Naziopfer. In und

um Osnabrück gab es über 70 Lager mit 20 000 Zwangsarbeitern. Die Gedenkstätte Augusta-Schacht, den Gestapo-Folterkeller in der Universität, das zeigen wir. 161 Osnabrücker Juden wurden umgebracht. Wir hatten eine wunderbare Synagoge ...

Stattdessen – stattdessen? – gibt es seit 1998 das Felix-Nussbaum-Haus. Es birgt das Werk des Osnabrücker Malers, der 1944 mit seiner Frau, der Malerin Felka Platek, in Auschwitz ermordet wurde. Dieser Erstlingsbau von Daniel Libeskind wirkt fast wie ein Junior des Berliner Jüdischen Museums. Anne Sybille Schwetter lehrt uns das »Museum ohne Ausgang« zu lesen, seine Linien, Materialien und fensterlosen Kavernen, und erklärt den magischen Realisten Nussbaum, der gegen Ende, Bild für Bild, den eigenen Untergang prognostizierte.

Und die Gegenwart?

Im Jahre 2004 ermittelte der »Stern« Osnabrück als Stadt der glücklichsten Deutschen. Aufkleber kündeten: »Ich komm zum Glück aus Osnabrück.«Einer pappt noch an der Traditionskneipe Olle Use, in der zwei Herforder plus Boulette 4,30 Euro kosten. Kultivierte Senioren schwärmen am Tresen von Barcelonas Architektur, bis die Gattin den Gatten fühlsam fragt: Wolln wir denn mal gehen? Und er folgt ihr, ohne Murren. Und draußen auf dem Markt ist Weinfest, mit Gesumm und Gebrumm aberhunderter wohlsituierter Vorpensionäre, die leben und leben lassen – behaglich, unmondän, die bildgewordene Besitzstandswahrung. Gestern erlebten wir, wie ein Junggeselle an seinem 30. Geburtstag die Rathaustreppe fegen mußte. Die begleitende Jugend belustigte sich maßvoll, und ein Ghettoblaster plärrte wahrhaftig: *Ein bißchen Frieden ...*

Wo sind die Sorgen von Osnabrück?

Wir schaffen es nicht, den Haushalt auszugleichen, hatte OB Pistorius gesagt. Der VfL packt die 2. Bundesliga nicht. Wir müssen die Kasernengelände von 10 000 kürzlich abgezogenen britischen Soldaten umwidmen. Vor allem: Karmann ist insolvent.

Das Sterben des Industriezeitalters hat auch Osnabrück nicht verschont. Die Klöckner-Stahlwerke schwanden, wie die Textilbranche, deren radförmiger Leggestempel das Osnabrücker Wappen ziert. Mehr noch scheint Karmanns Aus ein Hieb fürs städtische Selbstwertgefühl. Christian Eick, der lange Karmanns Marketing betrieb, führt uns durch die gloriose Autosammlung des Unternehmens. Sie verkörpert ein deutsches Jahrhundert Industrie, beginnend 1901, als Wilhelm Karmann die Wagenfabrik Klages kaufte, die Deichsel durchs Lenkrad ersetzte, die Pferde durch einen Motor, und siehe, es ward Auto. Karmann wurde Karossier und schneiderte Autos nach individuellen Wünschen. In den 20er Jahren reiste er in die USA, erlebte bei Ford die Serienfertigung und spezialisierte sich fortan als Coupé-Fertiger für andere Produzenten. Auch dem Autoverächter geht das Herz auf, wenn er die Oldtimer wie Skulpturen glänzen sieht: den Adler Primus Cabriolet von 1932, den Ford Eifel Roadster von 1939, ab 1949 das VW Käfer Cabrio als Geburtswagen der Bundesrepublik und seit 1955 die automobile Kronprinzessin namens VW Karmann Ghia, aufgetreten in diversen Hollywood-Filmen. 2008 baute Karmann 108 000 Fahrzeuge. Von damals 7500 Arbeitsplätzen war 2009 ein Sechstel geblieben. Mittlerweile konnten die Großen ihre Kleinserien selbst herstellen, technologisch und wirtschaftlich, oder sie mußten es, wegen der »Beschäftigungssicherungsinstrumente«, vulgo Tarifverträge ihrer Belegschaft. So saniert sich etwa die Wolfsburger Automobil-Arbeiterklasse auf Kosten der Osnabrücker.

Eine Karmann-Perspektive sieht Christian Eick im Bau von Elektromobilen. Osnabrücks Zukunft, das hören wir immer wieder, liege in Dienstleistung und Kreativwirtschaft. Die Stadt hat 18 000 Studenten an der 1974 gegründeten Universität und der aufstrebenden Fachhochschule. 500 Euro Gebühr kostet das Semester an der Uni. Dort lehrt, beglaubigt durch den Ars legendi-Preis, Deutschlands bester Professor, der Informatiker Oliver Vornberger. Der – Arbeiterkind, 1951 in Essen geboren – erzählt von Osnabrücks Familienfreundlichkeit und springt unversehens ins Soziale: wie sie ihn fuchse, die wissenschaftspuristische Arroganz mancher Kollegen. Er wolle jungen Menschen, die dieses Land einmal weiterführen sollen, etwas beibringen. Mancher belächle ihn, weil er mit seinen Studenten wandere und grille. Überhaupt, das Elitengetue. Und die Krankenschwester? fragt Vornberger. Der Friseur, der Lehrer, die ihren Job tun, ohne zu meckern?

Und die ganz unten ... Wenn ich immer reicher werde und andere in der Gosse liegen, das ist doch keine Lebensqualität.

Die freiheitliche Gesellschaft ...

Diese Ansprüche und Privilegien, sagt Vornberger, dieses Paralleluniversum der Manager und Banker. Die die Macht haben, wollen sie behalten, destabilisieren sie aber, indem sie den Konsens der Gesellschaft gefährden. Manchmal denk ich: Noch einen Schritt weiter, und ihr werdet wieder anne Wand gestellt.

Dies war das schärfste Wort der ganzen Woche Osnabrück. Ansonsten edler Frieden, auch in Eversburg, wo wir die selbstgebaute Moschee der Ahmadiyya Muslim Gemeinde besuchten. Osnabrücks 160 000 Bewohner dritteln sich in Protestanten, Katholiken, Sonstige. 20 Prozent sind Ausländer. Es gibt neun Moscheen. Die Uni bildet demnächst Imame aus. Die Ahmadiyyas, erzählte ihr junger Sprecher Yahanzeb Shaker, hätten zu Baubeginn die skeptischen Nachbarn eingeladen und versichert, daß sie keine Terroristen oder Fundamentalisten seien, sondern deutsche Gesetze respektierten und das Land, in dem sie leben.

Und dann?

Dann waren die Leute beruhigt.

Etwa 150 Mitglieder habe die Gemeinde, hauptsächlich aus Pakistan. Zum dritten Mal organisiere sie demnächst einen Friedenslauf, für Spenden, die an das Kinderhilfswerk Terre des Hommes gingen, für AIDS-Waisen in Afrika. Deutschland habe ihm viel gegeben, sagte Shaker, ein BWL-Student. Alles im Leben beruhe auf Gegenseitigkeit. Die Menschen würden erst friedlich, wenn jeder seine Religion versteht und nicht nur daran glaubt.

Wir zogen weiter, ins »problemverdichtete« Haste. Im Stadtteiltreff berichteten Martin Schevel und Hannes Kroeger von ihrer Arbeit mit der No-future-Jugend, die durch jedes Raster fällt. Doch auch hier vertrügen sich die Nationalitäten, und gegen Stunk zwischen Jugend und bürgerlicher Nachbarschaft bemühe sich ein Runder Tisch. Haste ist grün. Ein Käuzchen schrie im Tann, Hiphop bekämpfte Glockengeläut. Die Problemhäuser, bunte Viergeschosser, wirkten auf den Berliner Reporter fast wie Villen im Tessin.

Das Maß des Friedens war voll, als wir uns nach Klein-Ankara begaben, zum räudigen Rosenplatz, wo sich bestätigte, was OB Pistorius sagte: Wir sind keine reiche Stadt. Im Kebab-Haus würfelten alte Türken. Am Tresen diskutierte der Bauarbeiter Hodscha mit der georgischen Zapferin Chatija über Islam und Christentum, Bildung, Sünde und Moral. Via Goldene Regel wurden die Weltreligionen einig.

Am letzten Abend spazierten wir am lauschigen Ufer der Hase und photographierten eine Scheherazade und ihren Galan. Sie flehte: Nicht in die Zeitung, bitte, sonst bin ich tot! Der Schützer, auf uns weisend: Nein, der ist dann tot.

Den Osten fanden wir zweifach in Osnabrück. Die Sängerin Kathrin Brauer zog vom Theater Stralsund / Greifswald ans hiesige, der Liebe wegen, und will nicht zurück. Ost / West? Sie schaue auf einzelne. Menschen ihrer Art gebe es hüben und drüben, doch werde im Westen besser gelebt, und mit mehr Initiative. Die Literaturstudentin und Saxophonistin Julia Behrendt fand, die Mauer im Kopf stünde hier noch bei manchen, und nachts am Berliner Bahnhof Zoo habe sie sich sicherer gefühlt als am Rosenplatz. Gemeinschaftsgefühl, Solidarität, das sei im Osten stärker als unter ihren sehr braven Kommilitonen. Und die Dörfer im Osnabrücker Land: geleckt, Nagelscheren-Rasen. Dann trank sie vom libanesischen Wein und sagte, die Uni sei top, und daheim in Potsdam verteidige sie Osnabrück.

Der Prognos-Zukunftsatlas 2007 plazierte Osnabrück bundesweit auf Rang 115 mit der Bemerkung: »ausgeglichener Chancen-Risiko-Mix«. Das Osnabrücker Land lag auf Platz 148. Greifswald belegte Platz 101: »Zukunftschancen«. Das ist im Osten der viertbeste Wert, nach Dresden (13), Potsdam (15) und Jena (20). Der Landkreis Nordvorpommern errang Platz 421.

So steht's um die deutsche Einheit. Diagnosen bitte nur mit Ortsangabe!

Juli 2009

Wer nichts wagt,
der darf nichts hoffen

Rudolstädter Freigeist in Schillers Provinz

Am 6. April 2011 war in der »Süddeutschen Zeitung« Thüringen-Tag. Das Münchner Blatt berichtete aus den dichterfürstlichen Residenzen Weimar und Rudolstadt. In Goethes Ilm-Athen tollte Streit zwischen Klassik-Stiftung und Thüringer Landesregierung. München entschied: »Weimar ist eine nationale Einrichtung und sollte als solche behandelt werden.« In Schillers Rudolstadt hatte ein Autofahrer mit 4,5 Promille verkehrt, bei kaum getrübten Sinnen, wie die »SZ« würdigte. Bereits 3 Promille könnten tödlich sein.

Was weiß die Welt von Rudolstadt? Zu wenig. So auch der Reporter, vor 17 Jahren. Unbekannt war uns Schillers dortiger Glückssommer 1788, seine Arbeit am »Geisterseher«, sein voreheliches Schwanken zwischen den Schwestern Caroline von Beulwitz und Charlotte von Lengefeld. Wir suchten 1994 die Provinz für ein Thüringer Sittenbild. Der Berliner Dichter, Romancier und Komödiant Steffen Mensching (»Jacobs Leiter«, »Allerletztes aus der DaDa-Er«) empfahl uns das Hauptstädtchen der Fürsten von Schwarzburg-Rudolstadt als Exempel der kleinteiligen Thüringer Welt.

Wir reisten ins Saaletal. Wir fanden ein reizend betagtes Ackerbürger-Metropölchen, überthront vom Barockschloß Heidecksburg. Unter dessen Mauern breitete sich jene Idylle, die am 24. April 1788 Charlottes Brief an Schiller beschrieben hatte. Hinter Stadt und Fluß »erheben sich Berge, an deren Fuß liebliche Fruchtfelder sich ziehen, und die Gipfel mit dunklen holze bekränzt, gegen über an der andern seite der Saale schöne Wiesen, und die Aussicht in ein weites langes thal«. Wir erspürten winkelfrohen Stolz. Fürst Günther, der letzte Regent, war 1918 abgetreten, stilvollerweise kinderlos. Sein Stadtvolk konservierte fürstbürgerliche Überlegenheitsgefühle, besonders gegenüber der proletarischen Nachbarstadt Saalfeld. Schillers Genius loci adelt.

Freilich nicht alle »Rolschter«. Im Mai 1994 erlebten wir auch ein mißtönendes Vertriebenentreffen und im Deutschen Krug ein Nazi-Rockkonzert, getarnt als Geburtstagsfete. Rudolstadts Kulturchefin Petra Rottschalk erbat unsere Wiederkunft zum ersten Juliwochenende. Da finde das Tanz- und Folkfest statt, Europas größtes Weltmusik-Festival. Wir kamen wieder, und dann jedes Jahr, wie Zigtausende TFF-Enthusiasten. Für drei Tage und zwei Nächte wird Rudolstadt alljährlich zum Mekka der Globalkultur. Hunderte Spitzenmusiker jeglicher Herkunft konzertieren auf der Heidecksburg, in der Stadtkirche, im Theater, im Heinepark, bis in die Morgenstunden umlagert und belauscht von Heerscharen engelsfreundlicher Pilger. Am Montag brechen sie die Zelte ab und lassen »Rolscht« für zwölf Monate mit sich allein.

Alleingelassen. Frisch bemalt und alt bewohnt. So erscheint die Stadt im Frühjahr 2011. Vom Rathausturm schlägt die Stunde. Höchst gemächlich bummelt reifes Volk, erkennt und begrüßt sich freudig, kommt vollends zum Stillstand und tauscht Kaskaden von Sprache. Der Rudolstädter spricht sich aus. Er erwirbt sein Marktgemüse, beehrt den Bratwurstmann und genießt ein Käffchen in Brömels Konditorei. Nebenan im Hotel Adler hat 1817 selbstverständlich Goethe genächtigt. Altdeutsche Stufen knarren, Dielen seufzen, in labyrinthischen Gängen dämmert die Zeit – bis Petra Rottschalk klingelt und uns zum Wildgulasch mit Klößen führt.

Frau Rottschalk ist das Herz der hiesigen Kultur: eine Unentwegte, brennend. Rudolstadt drücken viele typische Sorgen des Ostens – Exitus der Industrie, Exodus der Jugend, schrumpfende Etats –, doch die Stadt hat ein Theater. Das mit 260 Plätzen kleinste Stadttheater Thüringens, 1792 erbaut, ist geistiges Zentrum und Anker der Identität, Geschichtsschatulle und Spiegel der Gegenwart. Und in Gefahr, besonders das 1635 als Hofkapelle gegründete Orchester. Thüringens Duodez-Vergangenheit etablierte von Meiningen bis Altenburg Regierungssitze, mit Schlössern und Theatern zum residenzlichen Plaisir. Die DDR pflegte diesen Schatz. Der marktwirtschaftliche Staat ächzt unter den Kosten und baut ab. Rudolstadt verlor bereits Ballett und Oper. Seit 1995 belieferte man dafür im Tausch das 120 Kilometer entfernte Eisenach mit Schauspiel, bis sich Eisenach mit Meiningen verband.

Rudolstadts heutiger Partner heißt Nordhausen. Das Land Thüringen hat mit allen Standorten Finanzierungsverträge bis 2012 abgeschlossen und evaluiert derzeit die Bühnenlandschaft. Das Zittern geht um, wenngleich Kultusminister Christoph Matschie nicht als Abwickler gilt.

Letztlich entscheiden die örtlichen Träger, sagt Petra Rottschalk. Das Land ist Zuschußgeber. Matschie interessiert, was die Theater soziokulturell leisten. Da kommt Rudolstadt gut weg. Steffen Mensching hat daran großen Anteil.

Denn Mensching lebt hier. Der Berliner Dichter, der uns 1994 Rudolstadt empfahl, zog 2008 selbst her: als Intendant. In dramatischer Abstimmung berief der Theater-Aufsichtsrat einen großstädtischen Flammkopf, der noch nie eine Bühne geleitet hatte. Statt ängstlich Bestände zu sichern, ging Rudolstadt in die Offensive, gemäß Schiller in »Wallensteins Lager«: »Wer nichts wagt, der darf nichts hoffen.« Die Bedenken und ihre Überwindung verkörperte niemand wie die Landrätin Marion Philipp (SPD). Ihre Stimme entschied. Gott sei Dank, sagt sie heute. Unsere Region hat in den letzten zwei Jahrzehnten so viel Intelligenz verloren. Zur DDR-Zeit waren wir 30 000 Einwohner, heute 24 000, das schrumpft weiter. Gute Leute halten, sie gar herholen, das ist so schwer. Theater muß sein in dieser ausblutenden Region, und Mensching macht sehr gutes Theater. Die Auslastung ist prima, es wird nicht unnütz Geld ausgegeben, und »Die Schicksalssinfonie« war die Krönung.

Wir sahen es – in Berlin, wo die Rudolstädter gastierten und das Maxim-Gorki-Theater zum Jubeln brachten. »Die Schicksalssinfonie«, verfaßt von Mensching und seinem Dramaturgen Michael Kliefert, behandelt das Drama des Theaters selbst. Ein Orchester spielt um sein Überleben. Eine Evaluierungskommission steht ins Haus. Welche Musik könnte die Scharfrichter gnädig stimmen? Welches Instrument wäre eilfertig zur Abwicklung vorzuschlagen? Die Pauke? Ein paar Streicher? Die zarte Harfenistin hinter ihrem Eierschneider? Der Dirigent säuft. Dann wird's erschütternd …

Mensching lud den Thüringer Landtag nach Rudolstadt ein, auf daß die Botschaft an die Adressaten käme. Die Parlamentarier machten Wandertag und fanden sich trefflich amüsiert. »Die Schicksalssinfonie« ist virtuose Hochkunst, Politsatire und Klamauk, vor allem eine Theaterkultur-Revolution. Das Stück vermählt Schauspiel und Orchester. Traditionell leben die Sparten in zwei Welten. Schauspieler sind fahrende Gesellen, Symphoniker seßhafte Ensemblekünstler, zudem weit besser bezahlt. Mit Charme gewann Mensching viele Musiker – nicht alle – für das gemischte Projekt. Das erzählt uns beim Kaffee Oliver Weder, der Orchesterprinzipal. Weder stammt aus Frankfurt (am Main) und nahm einen weiten Weg. Sechs erfüllte Jahre lang war er Chefdirigent am Sankt Petersburger Marinski-Theater. Von der Newa kam er 1997 an die Saale und verschmolz das Theaterorchester Rudolstadt und das Saalfelder Konzertorchester zu den Thüringer Symphonikern.

Personell war das ein Rückbau. Und für Weder? Ein Sturz in die Provinz?

Wir glauben ja alle, lächelt Weder, daß wir eigentlich zu den Berliner Philharmonikern gehören. Anfangs dachte ich: Anderthalb Jahre, dann muß wieder was Großes kommen. Heute bekenne ich mich ausdrücklich dazu, daß wir hier für ein regionales Publikum arbeiten, für hiesige Bedürfnisse. Man schätzt uns, man grüßt uns auf der Straße, wir sind total vernetzt mit Musikschulen, der Kirchenmusik, Behinderteneinrichtungen, Kindergärten ... Nein, unser Publikum stirbt nicht aus.

Sind die Ansprüche geringer?

Wir backen kleinere Brötchen, aber wir haben dieselbe Brahms-Symphonie zu spielen, die in Leipzig, Dresden, Frankfurt am Main erklingt, und zwar gut. Bei Hindemith und Schönberg müssen Sie eben auch mal einen Einführungsvortrag anbieten. Unsere Hörer sind sehr treu, die vertrauen uns, die kommen zu jedem Programm. Man ist hier nicht starrgläubig und eventfixiert wie im Westen.

Und was geht gar nicht?

Behutsam erwähnt der freundliche Weder die Ära des Siegfried-Wagner-Jüngers Peter Paul Pachl, gebürtig aus der Partnerstadt Bayreuth. Der wollte als Intendant Anfang der neunziger Jahre den Rudolstädtern das Regie-Musiktheater beibiegen, mit allen Tabubrüchen.

Er wollte beide. Schiller mit den Schwestern Caroline von Beulwitz und Charlotte von Lengefeld (Rudolstadt, 28. März 2011).

Nackte Frauen, die sich blutend in Glasscherben wälzen?

Das klingt gut! ruft Weder. So etwa sei das. Es gebe keine Mozartoper, die er nicht schon mit Naziuniformen inszeniert gesehen habe. Heute langweile ihn das. Aufgewachsen sei er mit Adornos Diktum, nach Auschwitz dürfe nichts mehr schön sei, höchstens gebrochen. Diese Dialektik gehe an den Lebensrealitäten jüngerer Generationen völlig vorbei. Und man möge nicht Komponisten in Geiselhaft nehmen für eine Geschichte, die sie nicht zu verantworten haben. Daß Adolf, spricht Weder, sich Beethovens Neunte zu allen Festtagen gönnte, macht sie nicht unspielbar. Die Frische des Werks wird im Konzert überprüft.

Weders Handy orgelt: Dunajewski, »Die Kinder des Kapitäns Grant«, sowjetische Filmmusik. Wir leisten Gewaltiges, und wir sind nicht teuer, sagt Weder zum Abschied. Ich bleibe, solange man mich läßt und meine Arbeit schätzt.

So, jetzt besuchen wir endlich Steffen Mensching. Auf dem Weg vom Café Brömel zum Theater passieren wir die tönernen Büsten hiesiger Historie: Friedrich Fröbel (Schöpfer des Kindergartens), Georg Hinrich Macheleid (Erfinder des Thüringer Porzellans), Katharina die Heldenmütige (ermordete 1547 beim Frühstück auf der Heidecksburg beinahe den Herzog von Alba; nachzulesen bei Schiller). Wir treffen den höchst lebendigen Dichter Matthias Biskupek; grienend gemahnt er uns an den 60. Jahrestag der Uraufführung von Herbert Roths Rennsteiglied »Ich wandre ja so gerne«. Mensching lobt er. Der spiele hier die Tugend des Kabarettisten aus: sich mit dem Volk gemein zu machen und ihm doch zu widersprechen. Mensching trage die Stadt ins Theater und das Theater in die Stadt. Sogar am städtischen Apfelschäl-Wettbewerb habe er teilgenommen (2. Platz). Der kleine Kerl habe sich hingestellt und erklärt: Man sieht's mir ja an, ich gehöre zur Kleinkunst.

Volkstümling Mensching? Das war nicht zu erwarten. Da sitzt er, zart, stabil und heiter, in seiner Intendantenkammer. Hinter ihm hängt ein kunterbuntes Gemälde, das bei der Auktion von Kunst behinderter Kinder übrigblieb und hier zu Ehren kommt. Eins stellt Mensching gleich klar: Zwar werde er nicht ewig bleiben, schon gar nicht, falls man ihm die Mittel kürze. Doch solange er hier sei, lasse er sich zur Gänze auf Rudolstadt ein.

Das Mensching-Repertoire ist weit gespannt, von einer kapriziösen »Maria Stuart« über Wannie de Wijns Sterbehilfe-Stück »Der gute Tod« bis zu »Pension Schöller«. Es gibt ja nicht nur das ästhetisch ambitionierte Premierenpublikum, das aus halb Thüringen anreist. Es kommen auch Abo-Rentnerbusse aus Lehesten und Ilmenau, deren Insassen ihr Theater lieben und brauchen. Menschings populärster Knüller ist »MMM«, die ostformatige Adaption von »Was bin ich?«, Robert Lembkes heiterem Beruferaten. Da rennt das Volk die Bude ein, beglückt von Gojko Mitic, Gregor Gysi und Peter Ducke, dem Pelé des Ostfußballs. Menschings Vater war Chemiker, die Mutter Sekretärin. Der Intendant spricht den wunderbaren Satz: Ich kann mit normalen Menschen gut leben.

Was geht hier nicht?

Provokation um der Provokation willen, sagt Mensching, Selbstbefriedigungseitelkeit. Das lehne ich auch ab. Ich komme aus einer aufgeklärten, sozial gestimmten Ästhetik.

Steffen Mensching
(Rudolstadt,
27. März 2011).

Aber Berlins Avantgarde-Atmosphäre ...

Was erlebt man denn in Berliner Theatern? ruft Mensching. Toleranz und Bildung? Nein, Autismus und Selbstdarstellung, Anpassungsdrang, Trendhechelei. Ein Mixtum aus Volksbühnentrash und Schaubühnenegozentrik, aber keine Berührung, kein Flimmern im Publikum. Das beklatscht alles und feiert sich selbst.

Die Provinz will konsistente Erzählungen der Welt.

Ja, sagt Mensching, und Provokationen will man nachvollziehen können. Öffentlich finanziertes Theater hat einen öffentlichen, volksbildenden, konsensstiftenden, dialogfördernden Auftrag zu erfüllen – mit ästhetischen Mitteln, die natürlich nicht zielgenau definiert sind.

Aber bezahlbar. Theatertickets kosten in Rudolstadt 15 Euro, Premieren 18, Sinfoniekonzerte 16. Der Gesamtetat beträgt jährlich 7,5 Millionen Euro; ein gutes Zehntel erwirtschaftet man selbst. 160 Menschen gibt das Theater Lohn und Brot, nicht gerechnet die zuliefernden Gewerke der Region. Mensching spricht mit Feuer von Sozialität, vom Theaterprojekt für Senioren, von Jugendangeboten, von Vorstellungen für Hartz IV- und Spätaussiedlerkinder ...

Wir kommen herum im Städtchen. Wir besuchen das museal erfrischte Schillerhaus, einst Wohnstatt der Schwestern Charlotte & Caroline, wo 1788 Schiller und Goethe einander erstmals trafen, und mißfielen. Dort begegnen wir Verena Blankenburg, die 1979, gleich nach dem Studium, ans Rudolstädter Theater kam. Sie blieb und spielte dennoch in vielen Ensembles, da alles wechselte in 32 Jahren. So erfüllte sich ihr doppelter Lebenstraum: Schauspielerin, aber seßhaft mit Familie. Ganz anders träumt der junge Berliner Marcus Ostberg, den Mensching vor drei Jahren aus Neustrelitz holte. Depressiv habe er Mecklenburg gefunden. Kiesharken und Autoputzen, sagt Ostberg und lobt Thüringens quicke, vielstimmige Kultur. Dennoch wolle er fort, an ein größeres Haus, irgendwann Richard III. spielen. Ostberg zitiert eine Kollegin: In der Stadt meines nächsten Engagements soll es ein H&M geben.

Wir sehen Ostberg wieder – nicht als Shakespeare-König, sondern als Valerio, den Begleiter des Büchner-Prinzen Leonce. Regisseur Matthias Reichwald und Dramaturg Michael Kliefert haben Georg Büchners »Lenz« mit »Leonce und Lena« fusioniert. Am Abend ist Premiere. Vorher treffen wir noch Rudolstadts treueste Theaterfreundin. Gisela Lührs lebt Kultur. Sie liest und lauscht, sie kennt alles, sie besucht jedes Stück. Und muß doch zirkeln mit dem knappen Rentengeld. Und ihren Gatten ästhetisch entzünden, in dem das Feuer der Künste nur mäßig brennt. Es ist eine Freude, diesem Enthusiasmus zu lauschen und zu spüren, daß auch im Plattenbaugebiet Rudolstadt-Schwarza weltbürgerliche Gefühle wohnen. Frau Lührs fiebert auf den neuen Büchner, hat aber kein Premieren-Abonnement. Das würde jährlich 150 Euro kosten. Für ihr Normal-Abo zahlt sie 90. Das Ersparte fließt in weitere Kultur.

Der Abend kommt. Das Theater füllt sich mit Licht und dezent geputztem Volk. Allgemeines Grüßen, nachbarliches Palaver. Niemand gockelt, nichts wirkt affektiert. Den Rudolstädtern sei ihr Theater hochwichtig, aber ohne Weimars kulturbürgerliches Gespreiz, sagt Friederike Lüdde, der mädchenhafte Presse-Engel des Theaters. Die Weimarerin muß es wissen. Es klingelt. »Lenz, Leonce & Lena« erweist sich als schrägsperrige Parabel auf Lebenssucht und Überdruß und den Nihilismus der Geschichte.

Marcus Ostberg, im Gespräch fast schüchtern, entäußert sich enorm. Das verblüffende Bühnenbild besteht im wesentlichen aus Hunderten weißer Stoffhäschen. Vermutlich hat Mensching zur Kostendämpfung sämtliche Thüringer Plüschtier-Grabsch-Automaten ausgeraubt.

Der Applaus ist dankbar. Die Nacht beginnt. Im Schminkkasten, der Kammerbühne, wird die Premiere gefeiert. Der Saale-Unstrut-Riesling fließt, zum sehr bekömmlichen Preis. Steffen Mensching prostet, sinnt und kritisiert. Marcus Ostberg ist in sich selbst zurückgekehrt. Jim Morrison singt »Riders on the Storm«. Friederike Lüdde erzählt von Hildesheim, wo sie studierte, vom Kunstfest Weimar und Nike Wagner, von Marseille …

Dann laufen wir heim, zum Adler. Sie eskortiert uns mit ihrem Fahrrad. Junge Frau, wie lange willst du eigentlich hier leben?

Ich weiß nicht, sagt Friederike. Solange Mensching Intendant ist.

Du könntest doch hier bleiben, bei jährlich zunehmender Kompetenz, und eine gefürchtete Theatermatrone werden.

Nee, in Rudolstadt möchte ich nicht alt werden.

Und wo möchtest du alt werden?

Im Moment nirgends! lacht sie und radelt in die Nacht. Von einer Hauswand äugt Schiller, *al fresco* gemalt. Darunter spricht er, via »Demetrius«: »Wirf das Vergangene von dir, laß es fahren; ergreif das Gegenwärtige von ganzem Herzen.«

April 2011

Schiefer als Pisa

Mit dem Oberkirchturm steht oder fällt
Bad Frankenhausens Geschichte

Kann man es glauben? Der schiefe Turm soll stürzen. Pisa – jeder kennt den geneigten Riesen. Sein Überlebenskampf schien lange aussichtslos, weil er, auf Schwemmland gebaut, schier unaufhaltsam weiter kippte. Man kurierte sein Erdreich, man band ihn an stählerne Trossen. Man wähnte ihn gerettet. Nun sprechen die harten Fakten: Pisas *Torre pendente* ist keineswegs der schiefste Turm der Welt. Ein schieferer steht in Bad Frankenhausen – noch.

Gleich fällt er um! Es grauste den Reporter, als er vor fünf Jahren erstmals das Nordthüringer Städtchen besuchte und die Kirche Unser Lieben Frauen am Berge, kurz: die Oberkirche sah. Sie trug kein Dach. Efeu und wilder Wein überwucherten die Innenwände des Schiffs, von dem der Turm sich loszureißen schien, um als steinerne Keule, 56 Meter lang, auf die kleinen Häuser oder in den Hang zu schmettern. Blieb das Drama unbemerkt? Im Westen weiß kaum jemand, wo Bad Frankenhausen liegt. DDR-Geschulte kennen es als einen Hauptort deutscher Geschichte. Auf dem Weißen Berg, der heute Schlachtberg heißt, wurde am 15. Mai 1525 das von Thomas Müntzer geführte Heer der aufständischen Bauern durch fürstliche Militärmacht hingemetzelt. So endete der Bauernkrieg, so scheiterte die »Frühbürgerliche Revolution«, als deren Erfüllerin die DDR sich sah: *Geschlagen ziehen wir nach Haus / die Enkel fechten's besser aus.*

Im Herbst 2011 eilen wir sofort zur Oberkirche. Jede Minute zählt! Verwegen beugt sich der Schiefling über die niederen Dächer. 1382 hatte der Baumeister Friedrich Halle die gotische Basilika auf romanischen Fundamenten vollendet. Das Kirchdach wurde 1962 abgetragen, wegen irreparablen Schwammbefalls. Eine Tafel am Schiff dokumentiert das Benehmen des Turms: »Schiefstellung erstmals 1640 schriftlich belegt. Ursache: geologische Störungszone (Gipskarst).« Die Neigung betrug »1920 ca. 2,21 m, 1960 ca. 3,60 Meter, 2001 ca. 3,89 Meter, 2005 ca. 4,22 m (schiefer als Pisa)«. Heute ist die korrigierte Turmspitze bereits 4,60 Meter aus dem Lot, die Mauerkrone 5,40 Meter. Dieses Neigungstempo erinnert an Nils Schumann, den Bad Frankenhäuser Lauf-Olympiasieger von 1998.

Wir ham ja früher immer jesacht: Uns tut er nix.

So spricht eine freundliche Dame, die am Kirchgrundstück wohnt. Sie weist aufs Nachbargebäude: Jetzt soll er laut Computer aufs Haus von meiner Tochter fallen.

Dann sind Sie bestimmt für den Abriß des Turms.

Für die Erhaltung, auf jeden Fall. Der Turm gehört zu Frankenhausen. Der zieht die Touristen an, ich erleb's jeden Tag, wenn ich die Straße kehre. Aber nun soll wohl nix mehr zu machen sein.

Vielleicht doch, laut Bürgermeister.

Denn hamse wohl nochn Gutachten machen lassen. Mit uns spricht ja keiner. Ich würd ja kämpfen.

Der größte Kämpfer für den »Äwerkerchstorm« heißt Matthias Strejc und ist Bad Frankenhausens Stadtregent. Strejc ruft an: Er müsse sich verspäten. Also fragen wir vorerst das Volk, rings um den Frankenhäuser Markt.

Der Turm ist ein Faß ohne Boden, stöhnt die Buchhändlerin.

Erhalten! ruft der Bratwurstmann. Aber nicht um jeden Preis. Man muß den Turm vermarkten, dann wär's 'ne Attraktion.

Abreißen, sagt der Mann am Lieferwagen. Frankenhausens eigentliches Wahrzeichen ist sowieso der Hausmannsturm. Der bröckelt, der braucht jede Mark.

Es würde mir sehr leid tun um unseren schiefen Kirchturm, seufzt die Dame mit dem Hündchen. Man schaut doch immer drauf. Und wenn er abends so erleuchtet am Berg steht …

Prinzipiell erhalten, aber nicht zur dauerhaften Bereicherung von Baufirmen, sagt Sylvia Thiele, die ihren Jungen zum Musikunterricht bringt. Sohn Jeremias: Er soll unser Wahrzeichen bleiben.

Der Turm erzählt Geschichte, sagt Ahmet Tasdemir vom Dönerhaus Anatolia. Rettung kostet viel Geld, aber Abriß tut weh.

Seit wann sind Sie in Bad Frankenhausen?

Zehn Jahre.

Und wie lebt es sich hier?

Herr Tasdemir lächelt: Hauptsache satt.

Es lebt sich, so der Augenschein, nicht übel. Bad Frankenhausen am Südhang des Kyffhäusergebirges ist ein freundliches Kurstädtchen, dessen 9000 Bewohner der Tourismus und die Garnison der Bundeswehr ernähren soll. Die hiesige Knopf- und Textilindustrie starb mit der Wende. Dafür lockt die Salztherme jährlich 120 000 Patienten. Sie flanieren im Kurpark, sie queren gemächlich den Anger, sie bummeln am Wasserlauf der Kräme, um sodann im Café Bergmann dem Pflaumenkuchen zu erliegen. Ein junger Mann eilt auf uns zu. An seinem Jackett zwackt der schiefe Turm. Er führt ins Rathaus. Drinnen beginnt er zu sprechen und hört nicht wieder auf. Denn schließlich geht es um das liebste Kind des bürgermeisterlichen Herzens von Matthias Strejc.

Der SPD-Mann Strejc ist erst 35 und seit 2006 im Amt. Hier wurde er geboren, hier will er bleiben und wirken. Die Abstrakta überregionaler Politik sind nicht sein Begehr. Strejc braucht viel Geld für den Turm und hat Großes mit ihm vor. Erst 2006 gewährte das Land Thüringen zur Stabilisierung eine knappe Million. Die folgenden Bodenarbeiten halbierten die jährliche Neigung auf drei Zentimeter. Weitere 800 000 Euro sind vonnöten. Neuerdings gehört der Turm der Stadt. Sie hat ihn für einen Euro von der Evangelischen Kirche Mitteldeutschlands erworben. Der Kirchenleitung fielen 2800 Tonnen Turmgewicht vom Herzen. Sie hat genug Bausorgen mit aktiven Gotteshäusern. Auch Bad Frankenhausens Unterkirche benötigt zwei Millionen.

Und falls das Geld nicht zusammenkommt?

Dann, spricht tiefatmend Strejc, müsse man wohl abreißen.

Läßt der Turm sich technisch retten?

Strejc holt einen Bauplan und blättert ihn auf. Die Geschichte des Oberkirchturms ist eine Krankenakte. Seit Jahrhunderten wird dieser älteste Kurpatient verarztet. 1761 setzte man ihm die barocke Haube lotrecht auf, zur Korrektur der Neigung. Einziger Effekt blieb ein charmanter Gegenknick. 1911 baute man Stütz-

Der Oberkirchturm, begradigt durch Untersicht
(Bad Frankenhausen, 9. September 2011).

pfeiler – vergeblich. Hilfreicher waren die Ringanker, mit denen 1935 der Dresdner Statik-Professor Georg Rüth, Stabilisator des Lübecker Holstentors und des Doms zu Speyer, den Turm ans Kirchenschiff klammerte. Verworfen wurden Pläne zur Verfüllung des Untergrunds. In 25 Metern Tiefe sprudelt die Sole, Bad Frankenhausens Lebensborn. Sie wäscht im Gips und höhlt den Karst. Jegliche Sanierung des Turmgrunds ist temporär. Strejc erläutert den aktuellen Plan, der Jahrzehnte Sicherheit brächte: Innenkorsett, Außenkorsett, Stützen, Verlagerung des Drucks auf drei Punkte ... Aber dann! Eine Plattform, damit man den Turm begehen, ihn erleben, ihn spüren kann! Ein Glasdach aufs Schiff, das Kongreßzentrum und Konzertsaal würde, bei permanenter Turmsicht!

Warum lieben Sie den Turm?

Er gehört einfach zur Silhouette, sagt Strejc. Er ist einem ans Herz gewachsen. Man möchte den täglichen Blick darauf nicht missen. Man hat dort als Kind oft gespielt. Er ist Heimat.

Wieviel Prozent der Bürger stehen zum Turm?

Vor fünf Jahren neunzig. Heute vielleicht die Hälfte. Weil's sich so hinzieht.

In Bayern wäre der Turm schon dreimal gerettet! So ruft Ralf Dittmann, der feurige Chef des Thüringer Hofs. Wenn dieses Highlight fällt, heißt es von Hamburg bis München: Gucke, die blöden Thüringer!

Aber der Bürgermeister ...

Der macht das sehr, sehr gut. Manchmal hab ich Angst, daß ihm das Genick bricht bei der Menschheit hier.

Wie ist denn die Menschheit?

Verkrampft. Stur, verbohrt. Manchmal sehr gemein. Pessimisten, kein Zusammenhalt. Provinz. Trauriges Denken: Alles Scheiße, die ganze Welt ist schlecht. Dabei geht's uns supergut, bloß dafür muß man auch 'n bißchen was tun. Die Älteren kümmern sich ja noch, aber fragen Sie mal die Jugend: Wieviel Stufen hat das Kyffhäuserdenkmal? Wieviel Seen sind in der Barbarossahöhle? Interesse Null. Alles virtuell, alles Handy und Leckmichamarsch.

Dittmanns Ideal ist der positive Tourist. Selbiger reist aus ganz Deutschland an. Er bestaunt den Oberkirchturm. Er radelt und wandert. Er besucht den Kyffhäuser, die Barbarossahöhle, Europas größte Gips-Anhydrit-Kaverne, und auf dem Schlachtberg die Sixtina des Nordens, Werner Tübkes gigantisches Bauernkriegspanorama. Er speist und schläft behaglich, beispielsweise im Thüringer Hof. Wieder daheim, rühmt er die Idylle und das exzellente Preis-Leistungs-Verhältnis von Bad Frankenhausen. So handelt der positive Tourist. Aber die hiesige Denkweise! Katastrophe, sagt Dittmann. Tut mir weh.

Mit welchem Turmgegner sollte ich sprechen?

Hm, ob ich da als Gastronom 'n Treffer setze? Fragen Sie lieber Frau Köllen.

Bärbel Köllen ist mindestens zweierlei: eine reizende Gästeführerin sowie Vorsitzende des Turm-Fördervereins. Die eingeborene Seniora kennt die Oberkirche noch als Gotteshaus, und in der Ruine hat sie unvergeßliche Konzerte erlebt. Eine Kirche, findet sie, bleibt auch nach der Entwidmung immer eine Kirche.

Frau Köllen, man hört, Sie wollen sich an den Turm ketten, wenn Abriß droht. In Fallrichtung?

Ich hoffe, es kommt nicht dazu.

Mit welchem Turmgegner sollte ich sprechen?

Die sozialdemokratische Bärbel Köllen empfiehlt ihre linke Stadtratskollegin Sabine Zeidler. Die stammt aus Halle-Neustadt. 1987 folgte sie ihrem Mann an den Armeestandort Bad Frankenhausen. Einst war sie Keramiktechnikerin; heute arbeitet sie als Arzthelferin.

Übernahm die Bundeswehr Ihren Mann?

Der ist jetzt in der Computerbranche. Er hat die Uniform aus Überzeugung angezogen und aus Überzeugung ausgezogen.

Wir reden im Café Bergmann, wegen des Pflaumenkuchens. Frau Zeidler spricht vom Fliederfest im Mai, vom historischen Bauernmarkt im September und wie die kleine Stadt ihr lieb geworden ist. Turmfeindin sei sie nicht, aber auch das Schwimmbad sei defekt, und die Kurpark-Erweiterung koste …

Warum muß die Stadt beim Land so betteln? fragt der Reporter vollmundig (Pflaumenkuchen).

Versteh ich auch nicht, sagt die nüchterne Frau Zeidler. Wenn man den Turm immer mit Pisa vergleicht, sollte man ihn als Thüringer Wahrzeichen behandeln.

Pro Turm, und sehr aktiv, ist Sven Grüllmeyer, der das Autohaus Barbarossa führt. Opel spendete einen Corsa. Man verkaufte à zwei Euro numerierte Tischtennisbälle, die zum Abschluß der Aktion die Bornstraße hinuntergekullert wurden. Der schnellste Ball gewann das Auto. Spannend war auch das Turmrettungsspiel Blau-Weiß Frankenhausen gegen den FC Carl Zeiss Jena. Ehrenanstoß: Bärbel Köllen, mit verletztem Fuß. In letzter Sekunde gelang Jena das 8:0. Die Kinder rannten auf den Platz und sammelten Autogramme – von beiden Teams. Grüllmeyer lacht: Da durfte ich auch mal welche geben. – Alsbald ereilten Jena ähnliche Sorgen. Am Tage unseres Gesprächs meldet der FC Carl Zeiss die teilweise Sperrung seines Stadions. Eine Großfamilie von Wildkaninchen hat die Tribüne unterhöhlt.

Herr Grüllmeyer, jetzt muß Bad Frankenhausen Jena ein Benefizspiel anbieten.

Grüllmeyer ist Christ. Das Frankenhäuser Turm-Bekenntnis sei aber keine Religionsfrage, sagt Roland Voigt, der evangelische Superintendent. Er sehe da keinen Trennstrich zwischen Gläubigen und Atheisten. Das Schicksal von Sakralbauwerken rühre an die Ortgeschichte, an eigene Lebensnerven. Man schaue zurück in die Reihe der Vorfahren, die in der Kirche getauft und getraut wurden, Trost empfingen ... Ach, unbedingt müsse der Reporter ins Museum, zum allwissenden Doktor Hahnemann! Ulrich Hahnemann tränkt den Gast aus seinem historischen Füllhorn, führt ihn ans Museumsfenster und weist über die alte Salzstadt, zum Schlachtberg empor. Ich sehe, sagt er, immer das Gesamtensemble. Oberkirche oder Hausmannsturm? Man darf Bauwerke nicht gegeneinander ausspielen. Die Oberkirche ist unser letzter Zeuge für den Bauernkrieg. Dort haben sich 1525 die Patrizier und Ihre Salzarbeiter Thomas Müntzer angeschlossen.

Stadtbrände vernichteten viel Frankenhäuser Historie. Dahin ist auch das Angertorhaus, in dem Müntzer sich verbarg, in Frauenkleidern. Man enttarnte und folterte ihn, man köpfte ihn im fürstlichen Heerlager vor den Toren Mühlhausens. Seinem Bauernheer hatte der endzeitliche Prophet den Sieg gepredigt, als am Himmel ein Regenbogen erschien: Gottes alttestamentliches Bundeszeichen, das Fahnenbild der Rebellen. Dann begann das

Schlachten. Sechs Landsknechte starben bei Frankenhausen, und 6000 Bauern. Blutrinne heißt noch heute der Hohlweg ins Tal.

Die Sonne sinkt. Der Reporter sitzt an seinem Fenster im Hotel Residenz, vis-à-vis der Oberkirche, in Betrachtung des hingebreiteten Lands. Er braucht weder Buch noch Fernsehprogramm. Ihm leuchtet der Turm. Schwarze Vögel kreisen. Zu Füßen liegt die Stadt. Dahinter schwingt sich die Diamantene Aue zu den Wäldern der Hainleite auf. Jetzt weht Regen über die Felder. Wieder schlägt die Turmuhr. Der Mond erscheint. Der Nachtwind treibt ihn hinter Wolkenfetzen. Die schwarzen Vögel schlummern, gemäß dem Turm-Gedicht: *Uh solange de Dohlen nach fliegen drimmerim / Fällt au' där Äwerkerchs-Torm nech im / Dänn täten de Vögel d'n Torme nech meh trauhe / Täten se keine Näster meh drin bauhe.*

Anderntags suchen wir endlich die Frankenhäuser Jugend, am Kyffhäuser-Gymnasium. Man solle den Turm erhalten, findet Felix Niehoff, doch die Geographielehrerin erzähle, das sei bodentechnisch nicht möglich. Hoffentlich bleibt er, sagt Jeremy Werner, aber bitte mit Nutzungskonzept. Beide Jungs wollen weg – Felix, um Medizin zu studieren, Jeremy als künftiger Diplomat. Am Bushäuschen sitzen die Nichtgymnasiasten Tim Wüstneck, Michael Schobes und David Leder. Stolz sind sie schon auf den Turm, weil, 's gibt halt selten solche Dinger. Man müßte ihn richten, oder nee, bloß krumm ist er toll.

Wollt ihr in Frankenhausen bleiben?

Auf jeden Fall.

Was kann man hier werden?

Maler, Lackierer. Medizinischer Bademeister. Landwirtschaft.

Zwei forsche Kerle trollen vorbei. Unfaßbarerweise haben sie den Turm nie gesehen. Nee, blind seien sie nicht, sondern Berliner, Bundeswehr.

Was Besseres ist euch beruflich nicht eingefallen?

Wieso? Is doch jut.

Aber da müßt ihr auf Menschen schießen.

Sie grinsen: Jibt Schlümmeret.

September 2011

Verstecker und Entblößer

Parum kämpft gegen Google Street View,
Oberstaufen rief die Kameras herbei. Warum?

Landwinter in Mecklenburg. Schwarze Felder, der Himmel aus
Blei. Das Dorf lag still. Die Kirche war verschlossen. Die Pastorin
eilte vorüber. Besichtigung? Sie lehnte unwirsch ab. Keine Zeit, sie
müsse fort. Sie lief weiter, kehrte um und sagte: Wenn Sie schon
mal da sind ... Sie schloß auf und erleuchtete das dämmrige Schiff,
so daß man die reine Gotik, die uralten Fresken sah: Christophorus, Christus als Weltenrichter, den Höllendrachen, in dessen
Schlund die Verdammten wandern. All das hier, sagte Pastorin
Bräutigam, wünsche ich nicht bei Google abgebildet.

Nicht die Kirche, nicht das Pfarrhaus, nicht das Dorf. Parum
heißt es, unweit von Güstrow gelegen. Ein Nest von 70 Seelen.
25 Häuser, umlagert von Äckern und Wiesen, die ein Flüßchen
namens Nebel teilt. In diesem nördlichen Winkel wuchert Widerstand. Parum sagt Nein zu Google Street View. Keineswegs will
man, daß der kalifornische Internet-Imperialist Google das Dorf
mit seinen Kameras erfaßt. Ein süddeutscher Ort hingegen, Oberstaufen im Allgäu, hat unüberhörbar Ja! gerufen und Google mit
Jubel empfangen. Warum? Beides wollen wir verstehen.

Parums Rebellenführer Dr. Wilhelm Meier, telephonisch unverzeichnet, schwieg auf unsere Mail. Wir mahnten, wir warben. Wir
rühmten die Seriosität der »Zeit«. Nach einer Woche schrieb Dr.
Meier: »Ihr Interesse an unserer Aktion freut mich in der Tat, auch
wenn ich nicht gerade postwendend zum Antworten komme.«

Nun sitzen wir in Meiers behaglichem Bauernhaus an der
Straße nach Boldebuck. Der Hausherr ist ein pensionierter Lehrer,
der nach der Wende aus Niedersachsen zuzog, Wurzeln schlug und
als Parums Zugpferd ackert. Wir trinken Mokka, vertilgen Frau
Heidis superbe Plätzchen und hören den Satz: Der Staat ist feige.

Inwiefern?

Gegenüber Google, sagt Meier. Man muß sich sorgen. Unsere

Daten werden systematisch aufgearbeitet nach Kriterien, die wir harmlosen Bürger nicht kennen. Die Reklametechnik: immer raffinierter. Google Street View macht seine Aufnahmen, ohne zu fragen, und wenn wir das nicht wollen, müssen wir Widerspruch einlegen und die Verpixelung unserer Häuser beantragen. Verkehrte Welt! Der Staat wäre zuständig, so wie er Dieben auf die Finger klopfen muß. Aber er hat beim Aufkommen der elektronischen Kommunikationsmittel tief geschlafen.

Meier zeigt seinen Schriftverkehr mit dem Bundesdatenschutzbeauftragten: resignative Abwimmel-Prosa einer überforderten Behörde. Sklavisch! zürnt Meier. Bodenlos lahm! Der Mecklenburger Landesbeauftragte war aufgeschlossener, der hat uns beraten, wie wir einen Sammeleinspruch formulieren könnten.

Ende 2010 ging Wilhelm Meier von Haus zu Haus. Er erklärte den Parumern Google Street View und die Gefahren unkontrollierbar wuchernder Datenvernetzung. Meiers Skepsis war oder wurde allgemein. Alsbald meldeten die Medien: EIN GANZES DORF SAGT NEIN! Journaille fiel ein und verschreckte die Dörfler. Einige fürchteten, Meier wolle Parum von der Landkarte streichen und aus den Navigationsgeräten tilgen. Schon hieß Parum DAS DORF, DAS ES NICHT GIBT. Jetzt zweifelt Meier, daß sämtliche Parumer die Nein-Anträge unterschreiben. Ich bin Realist, sagt er. Die Artikulationsfreude ist nicht überall so ganz gigantisch. Mancher unterschreibt prinzipiell nichts, nicht mal im eigenen Interesse. Nun, dann übersende ich Google eben ein Konvolut individueller Verpixelungsanträge.

Frau Meier, neigt Ihr Gatte zum Barrikadenkampf?

Nein, eigentlich nicht.

Zum Engagement, sagt Meier. Meine Frau kannte mich noch nicht, als ich 'n kleiner 68er war.

Die Türglocke schellt. Ingrid Wagner und Bert Ludwig treten ein. Frau Wagner war einst Buchhalterin der LPG und argumentiert praktisch. Wir hatten schon mehrfach Diebstähle, sagt sie. Ein Pferd wurde geklaut, ein Boot, Kupferdachrinnen. Solche Dinge erkennt man bei Google Street View. Dagegen hilft doch nicht, wenn sie Gesichter verpixeln.

Genau, sagt Meier. Einbrecherbanden klauen keine Gesichter.

Herr Ludwig ist Denkmalpfleger, gebürtig aus Sachsen. In Parum betreibt er mit dem Verein Offene Häuser die Restauration des schloßähnlichen Pfarrhauses, errichtet 1840/41 als das landesgrößte, nach dem Bilde der Hohenzollern-Sommerresidenz Paretz. Google Street View, findet Ludwig, hebele die Balance zwischen Beobachter und Beobachtetem aus. Im normalen Leben beurteile ja die Gesellschaft den Heimlichtuer kritisch. Der Spanner hinter der Gardine, der anonyme Briefschreiber genieße keine Achtung. Auch Google Street View fördere Voyeurismus.

Aber es ermöglicht virtuelle Navigation.

Ich hab auch im Auto kein Navi, sagt Ludwig. Das zerstört bloß den Blick für Zusammenhänge. Landschaft sehe ich zuerst als Kulturlandschaft, nicht als Straßennetz. Mecklenburg ist, wie es ist, weil es jahrhundertelang schwer zugänglich war, spröde, dünn besiedelt, bei relativ intakter Natur. Diese Identität muß man schützen. Die Bevölkerungsprognose ist gruselig. Diese Gegend läßt sich nicht durch unkritische Massenanlockung retten, sondern nur durch Leute, die sich für ein authentisches Land einsetzen.

Herr Ludwig, das ist für viele Spinnerkram.

Und Google, sagt Ludwig, benutze ich prinzipiell nicht. Weil da Information antidemokratisch über die Gewichtung gesteuert wird.

Bei Google, erklärt Meier, bekommt man dreieinhalb Zentner Reklame. Die heute 25jährigen halten das für Information.

Hat Parums Nein auch mit der Stasi-Erfahrung des Ostens zu tun?

Nö, sagt Meier. Nach Ossi und Wessi werde hier nicht unterschieden; er sei Nordi. Ludwig glaubt, auch in einer bayerischen Kleinstadt wäre solch Kollektivvotum möglich. Die Ortsgemeinschaft entscheide: ob ein Gemeinwesen lebt oder ob es sich für Tourismus und Wirtschaft prostituiert.

Prostituiert?

Ich übertreibe mal 'n bißchen.

Wir wandern durchs Dorf und erwägen Parums Eignung zu besagter Prostitution. Wir photographieren Hühner und Häuser – vorsichtig. Lasen wir nicht, Günter Kretschmar, früher Chef der LPG, werde jeden verjagen, der auf sein Haus eine Kamera richtet?

Wir klingeln. Kretschmar läßt freundlich ein – auf die Veranda. Es entspinnt sich ein langes Gespräch vom Typ Weltall – Erde – Mensch, in dem der Reporter gar manches Gute über die antifaschistische DDR vernimmt, wogegen die schändliche Bonner Hallstein-Doktrin zur Mauer führen mußte. Wir hören von Kretschmars politischer Hoffnung Lateinamerika. Von Tierproduktion, Abwasserverregnung, Weidegang. Von der LPG Heimaterde, heute Kretschmars Landwirtschaftsbetrieb Grüne Aue. Nächstes Jahr wird Kretschmar 75, dann soll sein Sohn übernehmen, und der Senior kann endlich mal nach Heidelberg fahren, oder an die Nordsee, zu Ebbe und Flut. Bauer, sagt Kretschmar, bleibt man sein Leben lang. So weit die Füße tragen.

Hat Ihnen die Wende auch was Gutes gebracht?

Nein. Ich hatte es ja von Anfang an mit Banditen zu tun.

Herr Kretschmar, Google Street View ...

Wir leben in einem Staat, sagt Kretschmar, da wird so viel rumgeschnüffelt und hinter dem Rücken Daten erhoben, da war die Stasi 'n Scheißdreck dagegen. Ich will schlicht und einfach nicht, daß mein Haus, mein Betrieb, meine Viehherden ins Netz gestellt werden. Da muß ich gar nicht viel begründen. Wer zu mir kommt, klopft an, dann sag ich: Komm rein. Oder: Bleib draußen. Punkt. Aus.

Darf ich Sie photographieren? Nur zu meiner Erinnerung?

Da sitzt der gedrungene Mann im Veranda-Eck, die schwieligen Hände auf den Schenkeln. Am Fenster wintergrüne Pflanzen. Hinter der Scheibe Meisen um die Futterkugel. Kretschmar spricht: Ich bin ein alter Knochen. Ich sage, was ich denke.

Wir fahren nach Schwerin. Dort treffen wir Reinhard Dankert, den von Wilhelm Meier gelobten mecklenburgischen Landesbeauftragten für Datenschutz, und seinen Kollegen Wolf Hellwig. Wir fragen: Wo endet der öffentliche Raum, wo beginnt das Private? – Google operiert in einer Gesetzeslücke, sagt Dankert. Es gibt noch kein durchgehendes Bundesrecht für Geodaten. Und Google hat außer Bildern von Häusern gleich auch noch ungesicherte W-Lan-Netze gescannt – bestimmt nicht, um die Benutzer darauf hinzuweisen. Man fragt sich: Was will Google mit diesen Daten?

Was kann der Staat tun?

Der Staat hinkt Google hinterher. Die Leute erwarten, daß jemand für sie Nein sagt, doch im Internet muß jeder individuell handeln. Fragen Sie sich einfach, was Sie einem Fremden erzählen würden und was nicht. Das gilt auch fürs Internet.

Wir brauchen ein internetfähiges Datenschutzrecht, sagt Hellwig. Das Grundgesetz ist ja mal zur Abwehr des Staates konzipiert worden. Heute geht die Bedrohung des Bürgers von der Wirtschaft aus.

Die Stasi hat alles gesammelt und dann verknüpft, sagt Dankert. Nichts anderes tun, wertfrei ausgedrückt, auch Internetdienste. Wir raten schon den Kindern: Gebt nicht euren Klarnamen ein, nicht den eurer Schwester, keine persönlichen Bilder …

Es gibt ja nicht nur Google, erklärt Hellwig. Es gibt auch Suchmaschinen, die keine IP-Kennungsnummern ihrer Benutzer speichern.

Ich habe Sympathie für Parum, sagt Dankert. Aber wenn man von Google Street View verpixelt werden will, muß man das mit Klarnamen beantragen. Da liefert man ja noch mehr Information. Der große Widerspruchs-Boom ist in Deutschland ausgeblieben. Die Masse interessiert sich nicht oder findet es ganz toll, daß man im Internet alles finden kann.

Herr Dankert, wohin wächst und wuchert dieser Moloch? Was ist die Hoffnung? Daß sich die schiere Datenmenge selber nivelliert, so wie im Deutschen Herbst 1977? Da hatte BKA-Chef Horst Herold zwar auch die Wohnung erfaßt, in der die RAF den entführten Hanns Martin Schleyer verborgen hielt. Das nützte ihm aber nichts, weil er in einem Ozean ermittelter Daten ersoff.

Ich hoffe, daß sich die Dinge regulieren, sagt Dankert. Maschinenstürmerisch zurückdrängen werden wir die technische Entwicklung nicht. Handy, Kreditkarte, Bahncard – unweigerlich generieren Sie vernetzbare Daten. Sie leben in Berlin? Leihen Sie am Bahnhof Zoo ein Pferd, bezahlen Sie bar und reiten Sie an ihr Reiseziel. Dann hinterlassen Sie nur Hufspuren.

Datenschützerisch überzeugt das, nur scheint der Ritt ins Allgäu etwas strapaziös. Wir nehmen doch den Zug nach Augsburg, sodann durchs malerisch verschneite Alpenland. Bereits 1853 bekam Oberstaufen Gleisanschluß, als die König-Ludwig-Bahn Hof–Nürnberg–Lindau gebaut wurde. Am Abend sitzen wir im brummgemütlichen Traditionsgasthaus Altstaufener Einkehr und lauschen dem Bürgermeister.

Oberstaufen lebt fast völlig von Gastgewerbe und Kurbetrieb. Seinen Ruf begründete die Schrothkur, eine Kasteiung aus Ganzkörper-Kaltwickeln, Magerkost und streng limitiertem Trunk. 1949 durch den Arzt Hermann Brosig eingeführt, wird die Heilfolter heute von 56 Quartiergebern angeboten, gemäß den drei revolutionären Prinzipien: »Ohne Kampf kein Sieg. Ohne Reinigung keine Heilung. Ohne Verzicht kein Genuß.«

Bürgermeister Walter Grath (Freie Wähler), sonnenbraun mit Silberbart, amtiert seit 1984. Er modernisierte rigoros. Das kleinbürgerliche Pensionswesen wich der gehobenen Hotellerie. Das Erlebnisbad Aquaria, Bergbahnen, Skipisten und Lifte kann der Gast gratis nutzen. Ansonsten ist Oberstaufen laut ADAC-Vergleich Deutschlands zweitteuerster Urlaubsort, nach Bad Reichenhall. Grath versichert, wir fänden hier durchaus Armbanduhren für 50 000 Euro. Bezechte Busladungen lärmender Tagesgäste seien nicht die erwünschte Klientel. Freilich, beim Viehscheid am zweiten Septemberfreitag, wenn die geälpten Tiere von der Sömmerung ins Tal heimkehren, gehe es zu wie beim Oktoberfest.

Pro anno zählt Oberstaufens Kurverwaltung sagenhafte 1,3 Millionen Übernachtungen, übers ganze Jahr verteilt. In den Fußgängerzonen flanieren Gutbetuchte. An den Wänden von Bubi's Bar bezeugen Dutzende Photos die heitere Einkehr von Mika Häkkinen, Sigmar Gabriel und Bayern Münchens Kickern. Bar-Boß Burkhard Rieder wirbt mit dem Slogan: In ist, wer drin ist. In der zweiten Nacht begriffen wir, warum das Etablissement bei Stammkunden Stalingrad heißt: weil man aus Bubi's Bar nicht mehr rauskommt.

Dennoch wirkt Oberstaufen unverschnöselt. Kommerziell dominiert der inhabergeführte Fachhandel. Thomas Milz (ThoMi Mode und Sport) hat, wie viele Händler, sein Geschäft via BR-Online zur virtuellen Besichtigung freigegeben. Wer nicht mit der *Zeit* geht, lacht Milz, der *geht* mit der Zeit. Zu Google Street View sagt er: Was Besseres an Werbung konnte uns gar nicht passieren.

Was passierte denn? Die Pensionswirtin Silvia Barber buk im August 2010 eine Torte, dekorierte sie mit dem Schriftzug WILL-KOMMEN IN OBERSTAUFEN STREET VIEW und publizierte das Photo des Backwerks bei Facebook. Google reagierte und stieg groß ein. Am 2. November 2010 wurde Oberstaufen als erster deutscher Google-Street-View-Ort zum Anklick freigegeben. Die Aufnahmen hatte das Unternehmen allerdings schon im Jahr zuvor fabriziert, erzählt die junge Kurdirektorin Bianca Keybach. Das habe hier gar keiner mitgekriegt.

Frau Keybach ist erstens eine Schönheit von blonder Lebensfreude, zweitens absoluter Google-Facebook-Twitter-undsoweiter-Fan. Der Google-Deal sei der Höhepunkt ihres bisherigen Berufslebens. Eine symbolische Hochzeit zwischen ihr und dem deutschen Street-View-Chef habe es gegeben, total schnuffig seien die Street Viewer, und demnächst fliege sie zur Google-Party nach London. Die sozialen Medien betrachte sie bedenkenfrei, wohl generationsbedingt. Man könne alles ängstlich oder offen sehen. Die Ängstlichen argwöhnten einen dämonischen Supervisor, der in böser Absicht Daten scheffelt und verknüpft. Unsinn! Natürlich habe die Maschine ihre Lernsemantik und stelle sich auf das Profil des Nutzers ein. Am kritischsten, sagt Bianca Keybach, sehen das Leute, die vielleicht 'n bissel was zu verbergen haben.

Frau Keybach, das ist ja fast ein Argument pro Stasi: Observation stört mich nicht, ich bin ein braver Bürger.

Wieso? Per Computer im Internet sind Sie sowieso ausforschbar für alles. Wenn ich nicht will, daß man mich am Baum pinkeln sieht, dann mach ich's eben nicht. Es gibt Vermieter, die überlegen: Oh, wie lösche ich die schlechte Gastbewertung aus dem Netz? Die sollen lieber die Mißstände abstellen.

Ich seh's privat und geschäftlich positiv, sagt Frau Barber, die Google-Tortenbäckerin. Der Mensch ist schon lange gläsern. Kundenkarten, Gutscheine, Volkszählung, Schufa, telephonische Lauschangriffe – überall will man Ihre Daten. Ich nehme nicht alles persönlich, was nicht persönlich gemeint ist. Damit lebe ich gut.

Übrigens, sagt Frau Keybach, ich hab einen Beweis dafür, daß die Datenvernetzung nicht perfekt funktioniert. Ich krieg immer Viagra-Werbung.

Ich auch! jubelt Frau Barber.

Was würden Sie nicht ins Internet stellen?

Meine Hochzeitsphotos. Die sind so häßlich.

Wenn wir hier lauter Bruchbuden hätten, sagt Frau Keybach, dann hätten wir Street View nicht gerufen.

Am zweiten Abend lädt uns Klaus Hauber in sein Landhaus-Hotel. Den Street-View-Menschen hat er Logis und Kost geschenkt. Der Hausherr, in Allgäuer Tracht, schwärmt von den gemeinsamen Werten traditionsbewußter Landwirtschaft und gehobener Gastronomie. Er bewirtet köstlich; auch wir sollen nicht zahlen. Eine Panflöte spielt. Feierlich intoniert Hauber das Hohe Lied heimatverbundenen Hausverstands: Vertrauen, Ehrlichkeit, Gelassenheit, Augenmaß, CSU, dazu der geschnitzte Herrgott an der Schindelwand. Sein Vater sei sechs Jahre im Krieg gewesen und sage nun, mit 90: Es ist so schön heutzutage. Und warum? Weil seit 65 Jahren niemand mehr zum Schießen gehen muß, sagt Hauber. Ich mußte nicht schießen. Mein Sohn hier, der Tobi, muß nicht schießen.

Der neunjährige Tobi: Doch, wenn ich Jäger werden will.

Heute sind die Menschen informiert, sagt Hauber. Dank des Internets kann sie keiner mehr für dumm verkaufen, siehe Ägypten. Ich sehe Google absolut positiv, und Facebook ist für mich so a richtig a netter Stammtisch worden. Man sollte allen Menschen mit einem positiven Vorurteil begegnen.

Doch auch in Oberstaufen gibt es Street-View-Dissidenten, anderthalb Dutzend von 7300 Einwohnern. Der Kurarzt Wolfgang Fassnacht ließ nicht seine Praxis, wohl aber sein Wohnhaus verpixeln. Es liege an einem Spazierweg, da habe er zum Sichtschutz auch eine Hecke gepflanzt. Ich bin nicht paranoid, sagt Fassnacht, ich will nur meine Privatsphäre schützen. Allerdings, wenn Sie weiterdenken – schlimmer als bei Orwell. Nicht nur, daß Konzerne wie Facebook und Google mit angeeigneten Bürgerdaten Milliardengewinne machen. Handy, PA-Chip, Gesichtskennung ermöglichen in Null Komma nix meine Ortung im öffentlichen Raum. Wenn diese Technik mal dem Terrorismus zur Verfügung steht, dann gnade uns Gott. Die wissen dann, wer wann wo ist, und wenn er nicht paßt, schicken sie 'ne Drohne, da ist er weg.

Gelten Sie hier als Querulant?

Nein. Kein schiefer Blick. Die Gemeinde hat auf das Einspruchsrecht hingewiesen. Ich erlaube mir den Luxus einer eigenen Meinung und spreche die auch aus. Ich finde beispielsweise, daß zum menschlichen Leben das Vergessen gehört. Das hat die Natur gnädig eingerichtet.

Das Internet vergißt nicht.

Ja, das ist unmenschlich. Vielleicht werden eines Tages die überforderten Menschen die Server und Datenfarmen stürmen.

Jetzt treffen wir Oberstaufens analoges Gedächtnis. Es heißt Benedikt Höss. 1923 hier geboren, war Höss über ein halbes Jahrhundert Lokalreporter der »Allgemeinen Zeitung«. Und Chronist, und Fähnrich beim Fasnatziestag, wenn Staufen der Pest gedenkt, die 1634/35 siebenhundert Menschen umbrachte. Der Fasnatziestag ist kein Fasching, kein rheinischer Karneval, sondern von alemannischem Tiefsinn. Die Zentralfigur, der Butz, verkörpert die Pest und ihren Tod. Beim Angelusläuten stirbt der Butz und wird im Fackelschein vom Kirchplatz getragen. Viele Jahre sprach Benedikt Höss den Prolog: *Bürger von Staufen, Freunde unserer Heimat, es sei hiermit kund und zu wissen getan, was dieser Brauch uns soll, den wir am heutigen Tage uralter und ehrwürdiger Überlieferung gemäß allhier vollziehen ...*

Uralte Namen nennt Höss, Schrothkurgäste des vergangenen Jahrtausends: Annemarie Renger, Postminister Kurt Gscheidle (15 Kuren), Rolf Braun von »Mainz, wie es singt und lacht« ... Nein, Computer lerne er nicht mehr, aber Google Street View finde er gut. Heimatverbunden und weltoffen müsse man sein. Großvater Höss freilich habe 1917, als Staufen das elektrische Licht aufgezwungen wurde, gesagt: Lieber ohne Licht sterbe, als mit dem Licht verderbe.

Wer führt die Chronik heute?

Immer der Fähnrich, ein unbescholtener lediger Bursch.

Was ist unbescholten?

Keine Kinder, polizeilich unbefleckt.

Der amtierende Fähnrich ist ein zurückhaltender Landjunge vom Jahrgang 1986. Christoph Grundl heißt er; Mutter Cornelia betreibt einen Reiterhof. Fähnrich Grundl gesteht verlegen, er könne die Chronik nicht lesen. In gestochenem Altdeutsch vermeldet der Almanach, daß 1243 der Graf von Landau und Grimmingen Staufen nebst weiteren Liegenschaften zu Capua an Kaiser Friedrich II. veräußerte, um den großen Kaufschilling von 3200 Mark Silber. 1632 kam der Schwede, 1634 der Schwarze Tod. »Draußen bei den Stiefenhofen zeigt man noch die Stätte, wo viel wackere Allgäuer Opfer der Pest fernab der Gemeinde zur letzten Ruhe gebettet worden sind.« Am 3. März 1867 hat Johann Hauber erstmals die Fahne getragen. Lange Fähnrichslisten folgen und die hiesigen Toten der Kriege, vermerkt in Ehrenregistern: Buchmalerei wie mittelalterliche Mönchskunst. »Anfang und Enndt stehet in Gottes Händt.«

Fähnrich Grundl holt die Fahne, entrollt sie und erzählt von den archaischen Fasnatziestags-Bräuchen: Wecken, Morgensuppe, Fahnengang, Butz und Tambour ... Es ist so schön, daß all dies nicht virtuell existiert. Grundl sagt: Mit Computersachen hab ich gar nix zu tun.

Kein Google? Kein Facebook?

Ich hab nur reale Freunde. Davon lebt ja auch's Brauchtum, daß man persönlich zusammensitzt.

Vor der Abreise, fand Bianca Keybach, müßten wir den Hochgrat besteigen. Oberstaufens schroffen Hausberg verhüllten Wolken. Die Seilbahn durchschnitt sie und trug uns zur Sonne, in schier überirdisches Licht. So weit man blickte, gleißte Blauweißgold, von den Allgäuer bis zu den Schweizer Alpen, vom Hochvogel bis zum Säntis. Wie Inseln hoben sich mindere Gipfel aus der Wolkensuppe des Tals. Wir kraxelten auf Gemsenpfaden über die schlundige Tiefe. Bianca knipste und beamte ihr bestes Bild in die Kurverwaltung. Als wir nachmittags heimkehrten, stand es längst im Internet.

Zwei Wochen später konnte ich meine Photos betrachten. Es sind Dias – keine netzfähigen Dateien, sondern analoge Unikate, Transparente aus Licht und organischer Chemie. Ich sehe das Dreiländerpanorama leuchten, Bianca Keybach am Gipfelkreuz, Klaus Hauber in seiner Tracht. Da ist Christoph Grundl mit der Fahne, die prächtige Chronik, der Christophorus – zwiefach, an der Oberstaufener und in der Parumer Kirche. Wilhelm Meier steht vor seinem Haus, Bert Ludwig am Flüßchen Nebel. Günter Kretschmar sitzt im Veranda-Eck. Diese Bilder sind nur für mich. Sonst hätte ich sie nicht.

Als ich Kind war und weder Stasi noch Google kannte, hatte ich große Sorge, es würde ein Apparat erfunden, der alles sieht und gar Gedanken lesen kann. Dann fiel mir ein, daß diese Maschine niemals meine Gefühle haben könnte. Das beruhigte mich, bis heute.

Februar 2011

Vaterlandsriesen

Deutsches Volk und deutscher Gott
zu Leipzig und Köln

Himmelhoch ragte das Ungetüm, schwarz und schweigend wie ein gnadenloser Gott. Zwölf Schwertriesen umringten die Zinne und erschlugen die Blicke der Kinder. Ein Ritter mit SS-Visage, angeblich der Erzengel Michael, bewachte die Pforte, neben Leichenbergen. Drinnen hausten Vaterlandstitanen. Mannshohe Totenmasken stierten ins Dämmer. Wasser tropfte. Es zog. Ein böser Ort.

Schulausflug nach Leipzig, 1968, zum Völkerschlachtdenkmal. Wir lernten, hier hätten vom 16. bis 18. Oktober 1813, im gewaltigsten Kampf der Menschheitsgeschichte, Deutschlands Freiheitskräfte (Lützower Jäger, Turnvater Jahn), verbündet mit Österreichern, Briten, Schweden, vor allem aber mit der späteren Sowjetunion, den Unterdrücker Napoleon besiegt. Dies wurde bestätigt vom Westradio. Dort sang Freddy Quinn: *Sankt Helena um Mitternacht / der Kaiser ist vom Schlaf erwacht / und denkt daran / daß es sich nie mehr ändern kann.*

Denkmale können sich ändern. Bei seiner Weihe 1913 empfing das Trumm Kaiser Wilhelm II., später Adolf Hitler. 1945 ging hier Leipzigs Weltkrieg zu Ende, als US-Artillerie die letzten Verteidiger aus diesem rätselhaften Hochbunker schoß. Die Sowjetmacht war begeistert: ein Denkmal für eine Schlacht, in der die Russen gesiegt hatten. Danach dekorierte es Vereidigungen der Nationalen Volksarmee und FDJ-Aufmärsche. Systemübergreifend geschätzt wird das Denkmal als Brutplatz der Dohle. Seit der Neuzeit ergötzt sich Leipzig allsommerlich am Badewannen-Rennen im Bassin, dem Wasserspiegel von Deutschlands zweitgrößtem Nationalmonument.

Das größte? Der Kölner Dom.

Auf der Plattform des Völkerschlachtdenkmals, im Juni 2010. Touristisches Gewimmel in 91 Metern Höhe. Jack Schmidt aus Iowa verkündet seiner Familie: *It's bigger than the Eiffel Tower!*

Die Durchschnittsgröße der Franzosen hingegen habe Napoleon um *six inches* gekürzt, weil er die vordersten Schlachtenreihen mit langen Kerls besetzte. Diese fielen; kleinwüchsige Überlebende zeugten fortan die *Grande nation*.

Ein Photograph aus Nashville/Tennessee erklärt: Dies ist ein Denkmal der menschlichen Fähigkeit, große Dinge zu bauen, also ein Monument der Narrheit. Ein hiesiger Herr: Ich empfinde einen gewissen Stolz, daß ein solches Bauwerk in Leipzig steht. Eine Slawistik-Studentin: Die Polen mögen das Denkmal nicht.

Es verkörpert alte deutsche Geschichte, lobt das Chemnitzer Ehepaar Hellström. Es demonstriert Macht und Siegermentalität, klagt der Nürnberger Anwalt Alexander von Sänger, man könnte es sich auch anderswo vorstellen, wo heute noch groß geschlachtet wird. Der dreizehnjährige Benjamin: Ich find's groß, schön und cool, daß ich so weit oben bin. Die weitsichtige Zwickauerin: Gugge dorten! Der Fichtelberg!

Jetzt naht Militär. Es erscheint Oberstleutnant Frank Töpfer vom Stab des 13. Panzergrenadierregiments, flankiert von zwei mongolischen Generalstabsoffizieren, die er zum Völkerschlachtdenkmal ausführt. Als Mensch und Zeitgenosse, spricht Töpfer markig fränkisch, finde ich es extrem beeindruckend. Und wenn ich die Verbindung ziehe zu den aktuellen Einsätzen, die wir momentan fahren, und in der Krypta in die Gesichter der Soldaten schaue, dann zeigt mir das den Zeitgeist der Gegenwart.

Afghanistan?

Wenn bei uns jetzt aktuell Soldaten fallen, dann ist auch das aktuell für mich ein Mahnmal für die Dinge, die jetzt praktisch aktuell passieren.

Anderntags besuchen wir Stetten Poser, den Direktor des Völkerschlachtdenkmals, der im Seitensockel, gegenüber dem trefflichen Museum Forum 1813, eine düstere Kanzlei bewohnt. Wir fragen: Hat sich die Ideologie des Denkmals erhalten?

Ich glaube, es ist alles noch drin. Besonders die Absicht, mit

So stellte sich der deutsche Nationalismus Engel vor
(Leipzig, 19. Juni 2010).

Wagnerischer Götterdämmerungspose und unter Umgehung des Kleinhirns zu wirken.

Ich empfinde keinerlei Empathie. Der Bau kommandiert und militarisiert. Zwiesprache ist unmöglich.

Das ist Programm, sagt Poser. Sie als Individuum haben hier nichts verloren. Mein kleines Menschsein zählt nicht, wichtig bin ich nur als Teil des großen Ganzen – das ist hier reingesteckt worden und funktioniert noch immer. Da müssen wir erklären, wie im 19. Jahrhundert Nation gefühlt und gedacht wurde. Siehe Kyffhäuser, Hermannsdenkmal, Deutsches Eck – die Dinger stehen da und senden ihre Botschaft. Das Dümmste wäre, sie unkommentiert dem Tourismus zu überlassen.

Oder den Rechten. Poser berichtet von wiederholten Neonazi-Versuchen, das Völkerschlachtdenkmal zum Aufmarschziel zu machen. Poser scheint nationalistisch immun. Er sei Europäer und Sachse. So redet er auch, mit dem charmanten Sarkasmus des Verlierervolks. Zum Abschied präsentiert er ein jüngst erworbenes Kleinod kerndeutscher Fußball-Gesinnung: ein Pack schwarzrotgold gefärbter »Halbzeit-Eier aus Bodenhaltung«, mit Bundesadler. Absurd! jubelt Poser und brüllt vor Lachen. Ich mußte das kaufen!

Ich treffe jetzt Napoleon.

Grüßense ihn, sagt Poser. Der ist nett. Spricht noch sächsischer als ich.

2007 erlebten wir das Völkerschlachtdenkmal als nächtliche Kulisse für »Wallensteins Lager« umschallt von Schiller-Chören: *Und setzet ihr nicht das Leben ein, / Nie wird euch das Leben gewonnen sein.* Eine halbe Million Menschenleben wurden in der Völkerschlacht eingesetzt. 110 000 Soldaten starben. Was wurde hier gewonnen, und für wen? Das europäische Gemetzel war auch ein deutscher Bruderkampf. Sachsen stand mit den Rheinbund-Staaten auf Napoleons Seite.

Die verpreußte Populärgeschichte nannte die antinapoleonischen Kämpfe Befreiungskrieg und verklärte sie zum Gründungsmythos der Gesamtnation. Das Völkerschlachtdenkmal entstand als alldeutsche Weihestätte, die freilich mehr vom Geist ihrer Schöpfer zeugt als von 1813. Sie nationalisiert ein europäisches

Ereignis. Der Mythos dieser Totenburg ist also rückdatiert, ihr Bau bedurfte der preußisch geführten Reichseinigung von 1871.

Das erste Völkerschlacht-Denkmal stand schon 1814 in Probstheida, einem schwer zerstörten Dorf nördlich der Stadt. Vor der Kirchruine wurde ein 30 Ellen hohes Kreuz errichtet. Dann mußte Sachsen 1815 beim Wiener Kongreß die Mesalliance mit Napoleon büßen; es verlor nahezu die Hälfte seines Territoriums an Preußen. Das Kreuz von Probstheida verschwand über Nacht. Ein Zettel hinterblieb: *Hat uns der Preuß das Land gestohlen, mag auch das Kreuz der Teufel holen.*

Indessen klagte Napoleon auf St. Helena: »Ich war gezwungen, zehn Jahre lang auf den Leichenhaufen der Deutschen zu kämpfen; sie konnten meine guten Absichten nicht kennenlernen, und ich hatte große Pläne mit ihnen.« Der so tragisch Verkannte blieb in Sachsen, dessen Königtum er 1806 restituiert hatte, weit über seine Lebenszeit hinaus ein Star. Massen von Tassen wurden gehütet, aus denen das erhabene Ungeheuer getrunken haben soll. In Torgau und anderswo verkünden bis heute Gasthaus-Schilder, wo Napoleon logierte. Auch Intellektuelle trauerten dem »Weltgeist zu Pferde« nach. Goethe trug weiterhin das Kreuz der Ehrenlegion, die Gabe des Gestürzten, den er nur »mein Kaiser« nannte und dessen Leben er als »das Schreiten eines Halbgottes« empfand.

Derlei Ambivalenzen widerstrebten dem national geeinten Erinnern. Denkmalspläne gab es reichlich. Die geschichtsfreudigste Idee hatte der Dichter August von Kotzebue, den dann 1819 der Theologiestudent Karl Ludwig Sand als »Vaterlandsverräter« erdolchte. Kotzebue wollte eine 25 Tonnen schwere römisch-antike Granitsäule aus dem Odenwald nach Leipzig schaffen, dorthin, »wo der große Welteroberer den 19. Oktober 1813 morgens halb 11 Uhr mit seinen Schaaren die Flucht ergriff«. Die hohen Kosten verhinderten den Transport. Ungebaut blieb auch Karl Friedrich Schinkels Nationaldom aller Deutschen. Ein Anonymus schrieb, »das beste Denkmal auf jene Schlacht wird eine dadurch erst möglich gewordene tüchtige, gegen inneren Anarchismus und fremde Despotie sichernde, bürgerliche Freyheit fest begründete Ordnung der Dinge im gemeinsamen Vaterlande seyn«. Emanzipation, Demokratie – um diese Rendite des Befreiungskriegs wurden die Deutschen betrogen.

Heute herrscht an Völkerschlacht-Erinnerungszeichen in und um Leipzig kein Mangel, auch nicht an undeutschen. Gedenksteine, Gräber, vermauerte Kanonenkugeln weisen auf das große Morden. Bis ins Frühjahr 1814 waren die Leipziger mit der Beseitigung der schieren Leichenmassen beschäftigt. Das jüngste Mal finden wir auf dem Südfriedhof: »Hier ruhen Gebeine von Opfern der Völkerschlacht 1813, aufgefunden auf dem Gelände der ehemaligen Schäferei Meusdorf im Oktober 2007.« Das Schlachtfeld markieren 50 sogenannte Apelsteine, die von 1861 an durch den begüterten Leipziger Schriftsteller Theodor Apel aufgestellt wurden, damit »auch unsere späteren Enkel die Marksteine als die letzten besuchen mögen, die auf den schlachtberühmten Feldern Leipzigs die Kunde geben vom Kampf und Krieg, das heißt vom entsetzlichsten Unheil, zu welchem die Menschheit die ihnen von Gott gegebenen Kräfte mißbraucht«.

Hüfthoch sind die Steine. In sehr anderen Dimensionen eiferte schon 1814 der Franzosenhasser Ernst Moritz Arndt. Ein Berg von 200 Fuß sei aufzutürmen, bepflanzt mit eisernem Monumentalkreuz samt Eichenhain: »Es muß so stehen, daß es ringsum von allen Straßen gesehen werden kann, auf welchen die verbündeten Heere zur blutigen Schlacht der Entscheidung heranzogen. Soll es gesehen werden, so muß es groß und herrlich seyn, wie ein Koloß, eine Pyramide, ein Dom in Köln.«

Die Denkmalsbau-Geschichte muß hier Skizze bleiben: der Aufruf des Deutschen Patriotenbundes 1894 zwecks Sammlung von Geld, Bruno Schmitz' antiwelscher Entwurf (den er bei einem Franzosen abgekupfert hatte), die wachsende Gigantomanie von 300 000 Tonnen Granit und Stampfbeton, der majestätische Ärger Kaiser Wilhelms II., weil das Denkmal dem deutschen Volke huldigte, nicht seiner Monarchie …

Verblüffenderweise gibt es eine zweite Denkmalsgeschichte. Napoleon redivivus erzählt sie uns, wonnig sächselnd: der Leipziger Busfahrer Jürgen Standke. Das Völkerschlachtdenkmal sei zugleich ein gigantischer Freimaurertempel, vom Patriotenbund-Chef Clemens Thieme und seinen Logenbrüdern inkognito erbaut, für sechs Millionen Goldmark, hinter dem Paravent des Nationalen. Standke beweist das mit erstaunlichen Details. Noch eins liegt ihm am Herzen: Napoleon sei nicht klein gewesen. Erst mit Napoleon, spricht Standke, konnte der Gedanke der deutschen Einheit Wurzeln schlagen.

Herr Standke, wie wurden Sie Napoleondarsteller?

Och, sagt Standke, früher war ich Preuße, Lützower Jäger. Meine Kameraden guckten mich immer so komisch an: Jürgen, wir müssen dir was sagen ... Zu Hause in der Schrankwand hab ich ein Napoleonbild. Eines Tages zeigte meine kleine Tochter drauf und sagte: Babba!

Von Leipzig scheiden wir völkisch versöhnt. Am Abend singt in der Krypta der Denkmalchor Mendelssohns Vertonungen von Uhlands »Frühlingsfeier«, Goethes »Nachtigall«, Eichendorffs »O Thäler weit, o Höhen«. Liebessüchtig wird der Sommernachtstraum getanzt, da mögen die steinernen Germanen sterben, wie sie wollten. Wir gehen. Flakdeutsch angestrahlt, trutzt das Trumm in die Nacht, gespiegelt im »Meer der Tränen«, wie die Nazipropaganda das Wasserbassin nannte. Gegenüber rummelt die internationale Bierbörse. Sächsische Zecher berauschen sich am europäischen Gedanken, dank Porter, Pils und Stout. Die Band spielt »Sweet Home Alabama«.

Genug. Nach Köln!

Wer den Kölner Dom als Gotteshaus erleben möchte, komme früh. Um sechs Uhr wird geöffnet, in einer Viertelstunde. Noch liegt die Domplatte still und menschenleer, bis auf einen alten Mann. Er raucht und sinnt. Er staunt, den Kopf im Nacken, die gewaltige Fassade empor, 157 Meter hoch, bis zu den Kreuzblumen der Doppeltürme. Bulgare ist er, aus Stara Zagora. Er sagt: Wie klein wir sind, hier macht Gott uns alle gleich, nur Friedhöfe sind schöner. Ein Student aus Shanghai kommt herzu, knipsend. Dies ist ein großes Kunstwerk, sagt er, solche Gefühle wie hier hatte ich noch nie. Zwei ältere Kölnerinnen nahen: Wir brauchen unsere Messe, den Morgenfrieden. Ab neun geht hier das Remmidemmi los.

Jetzt öffnet sich das Portal. Die Domschweizer, weinrot bemäntelte Service-Kardinäle, tragen verwelkte Blumen heraus. Drinnen

Weite, Höhe, Dämmerstille. Dann gleißt frühe Sonne durch die Fenster des Chors. *Morgenglanz der Ewigkeit, / Licht vom unerschöpften Lichte, / schick uns diese Morgenzeit / deine Strahlen zu Gesichte / und vertreib durch deine Macht / unsre Nacht.* Zwanzig Menschen sammeln sich im Seitenschiff am Lochner-Altar, zu Füßen der Mailänder Madonna. Der junge Priester spricht vom Weinberg des Herrn, vom heiligen Bischof Agilolf, von der Fackel des Glaubens. Die zweite Messe ist besser besucht, noch besser die dritte, mit Gesang und Orgelspiel.

Draußen erwacht die Stadt. Kehrmaschinen lärmen, Skateboarder lassen ihre Bretter knallen. Die Domtouristen strömen, täglich 25 000, und jene, die von ihnen leben. Reglos posieren Charlie Chaplin, zwei Engel, ein römischer Centurio. Zwei liebliche Schwestern traktieren Flöte und Himmelsharfe. Schulklassen wuseln. Demonstranten beklagen Organraub und Todeslager in China. Eine Bettlerin schreit, immer wieder: Satan, fickst du meinen Sohn, dann fick ich deine Mutter!

Dies ist der Tag.

Der Kölner Dom gilt als Glanzleistung altdeutscher Architektur. Das ist ein schwärmender, kein historischer Befund. Die Gotik ging von Frankreich aus; Kölns Vorbild hieß 1248, bei Baubeginn, Amiens. Die karolingische Vorgängerkathedrale war zu klein geworden, seit Kaiser Friedrich Barbarossas Kanzler, der Kölner Erzbischof Rainald von Dassel, 1164 die Reliquien der Heiligen Drei Könige aus Mailand nach Köln verschleppt hatte. Damit wurde die Stadt zu einem der bedeutendsten Wallfahrtsorte Europas.

Den Neubau begann man im Osten, mit dem Chor. Das Bauen zog sich hin. Nach 1520 kam es zum Erliegen. Der gotische Stil hatte sich überlebt, die Reformation ruinierte den Ablaßhandel, die Finanzierung war nicht mehr zu stemmen. Über drei Jahrhunderte blieb der Dom ein Torso. Außer dem Chor standen die Seitenschiffe, in Höhe des Mittelschiffs von einem Notdach bedeckt, und zwei Geschosse des Südturms, darauf ein im Winde quietschender Kran.

So kannte Ernst Moritz Arndt den Kölner Dom. So hat ihn Heinrich Heine in »Deutschland. Ein Wintermärchen« bedichtet: *Er ward nicht vollendet – und das ist gut. / Denn eben die Nicht-*

vollendung / Macht ihn zum Denkmal von Deutschlands Kraft /
Und protestantischer Sendung. Heine war ein Bekehrter. Anfangs
propagierte er den Weiterbau. Dann merkte er, daß dies keine re-
publikanische Bewegung, sondern die Hohenzollernherrschaft
symbolisieren würde: die Nation von oben.

Köln, das Bollwerk der Gegenreformation, war 1815 beim
Wiener Kongreß mit dem Rheinland und dem nicht minder katholischen Westfalen ans staatsprotestantische Preußen gefallen – kulturell ein *clash of civilisations.* Der erste Aufruf zur
Domvollendung erging schon 1814 von dem katholischen Vater-
landspropheten und gewendeten Jakobiner Joseph Görres,
adressiert ans deutsche Volk, das damit ein Denkmal der Befreiung
von der Fremdherrschaft erschaffen möge. Das Bauwerk sei »in
seiner trümmerhaften Unvollendung (...) ein Bild von Teutschland
gewesen seit der Sprach- und Gedankenverwirrung; so werde es
denn auch ein Symbol des neuen Reiches, das wir bauen wollen«.
Der preußische König Friedrich Wilhelm III. würdigte das mit dem
Urteil: Schnapsidee! Der amusische Regent starb 1840. Sein Sohn
Friedrich Wilhelm IV. war ein romantisches Gemüt und verklärte,
durchaus im Geist der Zeit, das Mittelalter zum deutschen Seelen-
hort. Am 4. September 1842 legte er den Grundstein zum Weiterbau, der strikt nach ursprünglichem Plan geschah.

Diesen Plan umgibt eine Detektivgeschichte, die uns Bernd
Billecke erzählt, der stellvertretende Dombaumeister. Der vier
Meter hohe mittelalterliche Fassadenriß wurde 1796 wie sämtliche Domakten von französischen Truppen nach Darmstadt verschleppt und im Gasthaus Zur Traube verscherbelt – halb. Die
andere Hälfte des Plans verblieb bei der Wirtsfrau, auf dem Dach-
speicher, als Unterlage zum Trocknen der Bohnen. Dies entdeckte
1814 der Darmstädter Baurat Georg Moller. Der Kölner Kunst-
historiker Sulpiz Boisserée hatte bereits 1808 begonnen, den Dom
aufzumessen und in gedachter Vollendung zu zeichnen. 1816 fand
Boisserée bei einer Pariser Auktion die fehlende Hälfte des Fassa-
denplans und fügte das Getrennte zusammen. Ungeheure Begeisterung in deutschen Landen! Das Ereignis, sagt Billecke, prägte den
gesamten deutschen Kirchbau im 19. Jahrhundert.

1880 war der Dom vollbracht, in eisiger Zeit. Es herrschte

»Kulturkampf« zwischen der katholischen Kirche und dem preußischen Staat, der keine zweite, von ihm unabhängige Macht dulden wollte. Kaiser Wilhelm I. kam am 15. Oktober (dem Geburtstag des 1861 gestorbenen Friedrich Wilhelm IV.) zur Weihe »des herrlichsten Denkmals deutschen Sinnes, deutscher Kraft, deutscher Einheit«. Pomp und Prunk, Kanonen-Salut und »Heil dir im Siegerkranz« verleugneten den Dom als Gotteshaus und Kathedrale der Erzdiözese Köln. Der Erzbischof Paulus Melchers fehlte; er war aus Preußen verbannt. Kölns katholisches Bürgertum hielt sich »in würdiger Zurückhaltung« vom Dombaufest fern.

Was ist der Dom heute? Eine Persönlichkeit, sagt Barbara Schock-Werner, die Dombaumeisterin. Ein aufregender Ort, an dem die Liturgie, die Kunst und die Besucher eine Symbiose eingehen. Um diese Symbiose muß man täglich kämpfen.

Der Dom ist ein Lebewesen, das seinen Stoffwechsel nicht selbst vollziehen kann, sagt Thomas Schumacher, der technische Leiter. Dazu sind wir da.

Dieses Wir umfaßt eine Republik von etwa hundert Menschen: Steinmetze, Glaser, Dachdecker, Schlosser, Schmiede, Schreiner … und den intellektuellen Wasserkopp, wie der Ruhrpöttler Schumacher formuliert. Er führt uns durch die Werkstätten der Dombauhütte. Er erklärt Mittelalterfenster und die des 19. Jahrhunderts. Er zeigt Figuren, bröselnde Quader und daß man den ältesten Stein, den Drachenfels-Trachyt, an kristallinen Einschlüssen erkennt. Auf schmalem Stieg tappen wir hoch ums Innenschiff. Gerhard Richters Fenster überschüttet uns mit Farblichtquadraten. Wir steigen weiter, übers Gewölbe, ins eiserne Dachstuhlskelett, das 14 Weltkriegsbomben überlebte. Da, der hölzerne Richtfest-Adler von 1880. Jetzt wird's blümerant. Im rasselnden Bauaufzug schlossern wir hundert Meter am Nordturm empor. Der Reporter findet sich recht tapfer. Schumacher sagt: Wir müssen noch höher, über Leitern. Denken Sie einfach nicht nach unten.

Die Aussicht ist enorm, bis zum Siebengebirge. Im Vordergrund eine brutale Blasphemie: Die Bahngleise, nach ideologischer Weisung Friedrich Wilhelms IV. über den Rhein gebrückt, verlängern die Mittelachse des Doms. Preußens herrschender Protestant rollte also gen Altar und bog erst knapp vor dem Gotteshaus zum

Bahnhof ab. Nee, sagt Schumacher, der Weiterbau des Doms war eigentlich keine religiöse Veranstaltung.

Was ist der Dom für Sie?

Von dem Bau geht ein starker Sog aus.

Wir fragen Barbara Schock-Werner: Muß die Dombaumeisterin katholisch sein?

Ja.

Vorhin bei der Führung hörte ich einen Satz zur Größe des Doms: Wenn die Seele Gott begegnen soll, braucht es unverrechenbare Räume und Dimensionen.

Das fasziniert mich an der Gotik, sagt Frau Schock-Werner. Das ist eine ganz rationale Baukunst, die höchst emotional wirkt.

Ginge Dom auch ohne Gott?

Als Museum? Was machen Sie mit einem solchen Monster, wenn kein Sinn mehr drin ist?

Hier enden die Parallelen Leipzig – Köln. Die Ideologie des Völkerschlachtdenkmals war der deutschmythisch hochgerüstete Nationalismus. Sie führte in Stahlgewitter. Am 18. Oktober 1913, zum 100. Jahrestag der Völkerschlacht, wurde das Denkmal geweiht. An seiner Front prangt das Kommando: GOTT MIT UNS. Zehn Monate später fielen Europas Völker abermals übereinander her.

Das Völkerschlachtdenkmal steht für, der Kölner Dom gegen die Vergottung von Volk, Macht und Krieg. Der Dom, zum Nationaldenkmal gepreßt, blieb gottlob keines, sondern bezeugt christlichen Universalismus. Zumindest ist er Weltkultur. Dem Gläubigen transzendiert er Raum und Zeit, gemäß dem Wort Jesu an Pilatus: »Mein Reich ist nicht von dieser Welt.« (Johannes 18,36) Das zielt auf's Ewige als prinzipielles Korrektiv der Zeiten und ihrer Ideologien.

Nationaldenkmale sind zeitliche Wesen, wie Menschen. Auch sie verlassen ihre Erzeuger. Sie wechseln Epoche und Betrachter. Sie werden umgedeutet und historisiert. Sie husten ihr Pathos ab, übersiedeln in die Gegenwart und beglücken postnationale Kaffeefahrer.

So hoffen wir, zur Zeit.

Juli 2010

Die freie Entwicklung aller

Karl Marx im neuen Deutschland

Brüder, überm Sternenzelt muß ein guter Vater wohnen. Im Jahre 2003 ermittelte das ZDF per Publikumsbefragung den größten Deutschen aller Zeiten. Mitnichten siegte Goethe, Bismarck oder Dieter Bohlen. Auch Bach, Einstein, die Geschwister Scholl verblaßten in der Aureole jenes Mannes, dessen weise Führung unserm Volke einst aus dunkler Not ans Licht verhalf. Mit gewaltigem Abstand triumphierte: Papa Adenauer.

Silber gewann der immergrüne Reformator, dessen Namen die Lutherstädte Wittenberg und Eisleben stolz als Ehrentitel führen. Dritter wurde sensationell der Problembürger Marx. Schien er nicht gründlich abgetan, widerlegt als Prophet der linken Heilsgeschichte? Oder gar schuldig, als spiritus rector roter Staatsverbrechen? Einen gnädigen Nachruf zeichnete 1990 der Karikaturist Roland Beier. Marx schlurft von dannen mit dem Satz: »Tut mir leid, Jungs! War halt nur so 'ne Idee von mir.«

Wird er nun rehabilitiert? Kehrt er wieder, dank der Krise des Marktismus? Auch Marx sind zwei Städte besonders verbunden, eine im Osten, eine im Westen. Wir wollen ihn finden – zunächst dort, wo er das Licht der Welt erblickte, respektive dieses ihn: in Trier.

In Deutschlands ältester Stadt stößt man rasch auf den Gesuchten. Das Modehaus Marx ist leider unverwandt. Doch da! Ein roter Doppelstockbus kurvt vorüber, beklebt mit dem wallemähnigen Konterfei. Und ein paar fußläufige Minuten entfernt von Dom und Konstantin-Basilika finden wir den schlichten Barockbau Brückenstraße 10. Hier wurde am 5. Mai 1818 dem zum Protestantismus konvertierten jüdischen Rechtsanwalt Heinrich Marx und Frau Henriette ihr Sohn Karl geboren, als eines von neun Kindern.

Die Geschichte des Hauses symbolisiert den Streit um Marx.

Seit 1928 gehört es der SPD, die bei den Kaufverhandlungen die KPD überbot. Bevor die Marx-Gedenkstätte eingerichtet werden konnte, waren die Nazis am Ruder und setzten den NS-Kreisleiter in den gehaßten Bau, mitsamt der braunen Postille »Trierer Nationalblatt«. Der Bombenkrieg traf Trier schwer, auch die Brückenstraße. Nach der Hitlerei erhielt die SPD ihr Eigentum zurück und schuf einen bescheidenen Erinnerungsort, bis Marx 1968 boomte und die Friedrich-Ebert-Stiftung das Haus übernahm.

Die jetzige Ausstellung – arm an Exponaten, reich an Text – geht über drei Etagen. Sie zeichnet Marx' Leben, vom Junghegelianer über den Chefredakteur der »Neuen Rheinischen Zeitung« 1948/49 bis zum hochberühmten Autor und Exilanten, der 1883 in London starb. Dazu illustriert sie die Arbeiterbewegung und Marx' postume Weltkarriere. Er wurde Gewährsmann und Anrufungsinstanz aller, die sich links nannten – Stalin, Mao, die 68er, die SED-Machthaber, Befreiungstheologen, Rote Khmer … Nur seine sozialdemokratischen Hausmeier taten und tun sich schwer mit dem »schwarzen Kerl aus Trier«, dem »markhaft Ungetüm«, dessen revolutionären Furor sein Lebensfreund Friedrich Engels schon 1842 bedichtet hat: *Er gehet, hüpfet nicht, er springet auf den Hacken / Und raset voller Wut, und gleich als wollt' er packen / Das weite Himmelszelt, und zu der Erde ziehn, / Streckt er die Arme sein weit in die Lüfte hin.*

Sehr verschieden klingt der Ebert-Stiftungssound. »Die Antworten, die Marx in seiner Zeit gab, und andere Themen, die unter Berufung auf seinen Namen als Systeme entwickelt wurden, sind gewiß nicht mehr tragfähig«, so müssen wir lesen. »Karl Marx mit seinem fragmentarischen Lebenswerk und seinem aus heutiger Sicht keineswegs geschlossenen theoretischen System kann nicht handlungsanleitend sein. Wohl aber bleibt er ein Denker, dessen Gesellschaftskritik und dessen analytisches Instrumentarium in dem Sinn anregend bleiben, daß Gesellschaften gerade unter sich rapide wandelnden Bedingungen auch der fundamentalen Kritik bedürfen.«

Verfaßt hat diese evolutionäre Wolfgang-Huber-Prosa Beatrix Bouvier, eine Darmstädter Professorin, die das Haus seit sechs Jahren leitet. Zum Glück spricht sie anders. Wir sitzen im hübschen

Patio des Hauses. Geranien flammen um die Galerie. Frau Bouvier qualmt rote Gauloises und sagt: Die sozialdemokratische Auseinandersetzung mit Marx war immer defensiv. Vor allem nach 1959, als sich die SPD mit dem Godesberger Programm vom Marxismus verabschiedet hatte.

Was schätzen Sie an Marx?

Die Provokation. Den Stachel im Fleisch, die fundamentale Kritik. Die bleibende Frage: Bin ich in dieser Gesellschaft bloß Objekt, oder kann ich sie mitgestalten? Marx hat die Allherrschaft des Geldes und die kapitalistische Globalisierung verblüffend diagnostiziert. Und er macht immer noch ein leichtes Schaudern: Kommt jetzt der alte Zausel wieder und will uns in den Orkus schmeißen?

Und worin lag Marx falsch?

Ach, in fast allen Prognosen. Die Revolutionen sind nicht so gekommen, wie er es erwartete, immer mit der Blaupause von 1789. Er hat die Entwicklungsfähigkeit des Kapitalismus unterschätzt. Und die Reduktion von Geschichte auf Klassenkampf – nein, so einfach geht's nicht.

Ist Marx nicht letztlich ein Spätling des deutschen Idealismus? Diese Schimäre internationaler Solidarität des klassenbewußten Proletariats ...

Eine Abstraktion, sagt Frau Bouvier. Das Proletariat entstand ja gerade erst. Marx ist nicht per Anschauung, Moral oder Empathie für die ausgebeutete Arbeiterschaft zum Revolutionär geworden, sondern als Analytiker, über den Kopf, die Philosophie.

Frau Bouvier, wer den Marxismus als Religion betrachtet, fühlt sich an ein Phänomen der frühen Christenheit erinnert: Der Verkündiger Jesus wird zum verkündigten Christus. Ähnlich erging es Marx, der doch erklärte: »Eins steht fest, *ich* bin kein Marxist.«

Ein Universaldenker sei er gewesen, sagt Beatrix Bouvier, auf deren Schreibtisch sich die Büsten von Karl Marx und Friedrich Ebert abgeneigt beäugen. Sie warnt aber zu glauben, daß Marx für jedes Welträtsel ein Lösungssystem bereithalte. Marx' postmortale Erhöhung beginne mit seinem Intimus Engels, der die hinterlassenen Manuskriptgebirge abtrug und edierte.

Hat Engels den toten Marx verbogen?

Laut Forschung ist der »Anti-Dühring« Engels' Sündenfall,

sagt Frau Bouvier. Während die gesellschaftlichen Prognosen bei Marx wissenschaftlich-tendenziell sind, rücken sie bei Engels in Richtung Gesetzmäßigkeit. Das geht dann weiter und wird bei Kautsky relativ stark. Dann kommt Bernsteins Revisionismus, dann Rosa Luxemburg mit der Spontaneität der Massen. Lenin, die Oktoberrevolution, die Gewaltexzesse, das ist der Bruch. Und dann Stalin, Mao ... Wissen Sie, was mich wundert? Warum man den Altvater Marx immer weiter mitgeschleppt hat, bis ins heutige China.

42 000 Einzelbesucher zählt das Haus pro Jahr, davon 12 000 Chinesen, nicht gerechnet die zahlreichen Delegationen aus dem roten Reich der Mitte, die hier die Geburtskirche des Marxismus anhimmeln. Die Geschäfte ringsum beschriften chinesisch. Das Gästebuch: China, China, China. Daneben Notate in herzigem Deutsch: »Willkommen in Peking!« – »Ist der Marx bewohnt?« – »Supi dupi!« – »Voll toll, ich komm wieder!« – »Das Wichtigste, was der Mensch braucht: Freiheit!« – »Danke Karl. Schön, daß es Dich gegeben hat. Deine Ideen und Dein Wirken haben mich und viele Freunde von mir verändert. Gruß, Moni, Manni und Yildiz aus Hamburg.«

Nun aber holt Frau Bouvier das güldene Buch für besondere Gäste. Wir suchen und finden den Genossen Honecker, der 1987 historische Wahrheit ins Papier meißelte: »Mit Stolz können wir an der Geburtsstätte des Begründers des wissenschaftlichen Sozialismus auf das in der Deutschen Demokratischen Republik Geleistete blicken. Geleitet von den marxschen Ideen gestalten wir erfolgreich die entwickelte sozialistische Gesellschaft. Von der DDR geht Frieden aus. Die Errungenschaften unseres Volkes sind so für immer mit dem Namen von Karl Marx und mit seinem revolutionären Wirken verbunden.« Erst kürzlich schrieb sich ein weiterer Weltenlenker ein: »I really feel proud of being in the birthplace of the great mind of the last milennium Karl Marx. I will never forget this moment«, so am 21.9.2008 Genosse Prachanda (»der Grimmige«, so sein Kampfname), maoistischer Rebellenführer, nun Premier von Nepal. »May the true dream of Marxism be born one day in full.« Anrührend bescheiden gönnt am 9. Juni 2005 der Genosse Müntefering »dem Haus als historischer Bildungsstätte viele Besucher, Erfolg und Ausstrahlung«. Triers Oberbürgermeister Klaus Jensen (SPD) dekretiert zu Marx' 190. Geburtstag: »Die Stadt ist stolz auf ihren großen Sohn.« Jonathan Meese malt am 15.5.07 den »Staatsvampir Don Kapital« ins Buch. Ansonsten China, China, China.

Können Sie das lesen?

Nee, lacht Frau Bouvier. Das hier war der Chef der chinesischen Grenztruppen, kurz vor dem 20. Jahrestag des Tiananmen-Massakers. Generalmajor, dicke Uniform, eingeflogen vom Bundesinnenministerium. Mir fiel ein bißchen der Unterkiefer runter.

Heute sind keine Chinesen im Haus, dafür Marek und Peter, zwei junge Slowaken, die im nahen Luxemburg studieren. Marx sei im Ostblock mißbraucht worden, sagt Marek, vor allem von der Sowjetunion, von Lenin. Marx habe eine gleichberechtigte Gesellschaft gewollt, doch geblieben sei *to some extend* die Sklaverei. – Die Verantwortlichkeit fehlt, wenn die Dinge allen und keinem gehören, sagt Peter, aber im Kapitalismus fehlt die Verantwortlichkeit für die Gesellschaft. Marek sagt: *I'm really glad that socialism is over.*

Habt ihr Marx gelesen.

Nein. Nein.

Wir müssen eilen. Am Hauptmarkt, im reizenden Café Zur Steipe, wartet ein bürgerlicher Patron. Ignaz Bender (CDU), Jurist, ehedem Kanzler der Universität Trier, jetzt jugendlicher Pensionär, sorgt für das Angedenken von Marx' Gattin Jenny geb. von Westphalen. Ausführlichst erfahren wir, wie Bender zu Jennys 100. Todestag 1981 eine Porträttafel an ihr Elternhaus Neustraße 83, die heutige Volksbank, brachte: eine Kommunistin am Hort des Mammons! Leider erwies sich das verwendete Porträt Jahre später als Jennys Jugendfreundin Gertrud Kugelmann. Nun aber hängt die echte Jenny. Eine unglaublich tapfere Frau, sagt Bender, und eines der schönsten Mädchen von Trier. Ballkönigin war sie.

Fast – lange Geschichte! – hätte Bender auch Marx vom Londoner Friedhof Highgate heim nach Trier geholt. Er zitiert den zwei-

Dor Korl Morx (Chemnitz, 16. Juni 2009).

158

ten großen Trierer, den katholischen Sozialphilosophen Oswald von Nell-Breuning, der uns alle auf Marx' Schultern sah. Wie muß man die Welt organisieren, damit der derzeitige Unsinn nicht mehr passiert? Es braucht globale Autorität, entscheidet Bender, zitiert Kants Weltwahlrecht (1795), Victo Hugos Vision von Wahlen statt Kriegen (1849) und zum Abschied Willy Brandt: Hätte Karl Marx geahnt, wie man mit den Mitteln der modernen Demokratie eine schlechte Regierung zum Teufel jagen kann, dann hätte er nie das unglückselige Wort von der Diktatur des Proletariats verwendet.

Marx ist tot, Jesus lebt! Dies offenbarte 1990 der christsoziale Volksdenker Norbert Blüm. Wir wollen das überprüfen, in Chemnitz. *Ruß-Chams*, das sächsische Manchester, im 19. Jahrhundert Wiege und Metropole der deutschen Industrialisierung und des Proletariats. Am 5. März 1945 grauenvoll zerstört. Erstanden auf Bombenbrachen als sozialistische Musterstadt. 1953 in Karl-Marx-Stadt umbenannt, abgekürzt KMSt., volksmundig – sächsischer Zunge ist alles möglich – also weiterhin *Chams*, oder *Kallemalle*. Karl Marx war nie hier, bis 1971. Da kam er, mit Macht und aus Bronze, geschaffen vom sowjetischen Denkmals-Grossisten Lew Kerbel. Der hatte ursprünglich eine 50 Meter hohe Marx-Figur geplant. Er beließ es beim Kopf, gesockelt über 13 Meter hoch, nur übertroffen vom Pyramidenhaupt zu Gizeh. Die *Chamser* Mundart verniedlichte Marx' Titanenschädel zum *Nischel*, dem sächsischen Wort für Kopf.

Doch zunächst finden wir Jesus, am Roten Turm, mit Hüpfburg, Kaffee und Kuchen, dargeboten von der Buskampagne »Campus für Christus«. Um die Ecke, am Neumarkt, verkündet der rote Doppeldecker der »Säkularen Bustour«: »Es gibt (mit an Sicherheit grenzender Wahrscheinlichkeit) keinen Gott.« Ein junger Agitator mit Käppi »Religionsfreie Zone« predigt gottlos und verwaltet Schrifttum. »Wissenschaft fliegt uns zu den Sternen«, erfahren wir, »Religion fliegt uns in Wolkenkratzer.« Ein evangelikales Girl eifert, Homosexualität sei heilbar.

Jetzt wollen wir doch zu Karl Marx.

Der kirchliche Jugendwart Stephan Nacke weist uns den Weg zur *Nischelgasse*, die in christlichen Kreisen auch *Erntedankstraße* heiße, wegen der größten Rübe der Welt. Sie zu erhalten sei Chemnitzer Konsens: Wenn wir den alten Namen wiederhaben, mag der blöde Nischel stehenbleiben. Der tut uns nüscht, im Gegenteil, der erinnert: Weeßte noch, damals ...

Da thront er, grimmig groß, ein sozialistischer Kyffhäuser: Gorgonenenhäuptling Karl. Mißmutig observiert er seine Bushaltestelle. Skateboarder stören sein Sinnen. Früher blickte er auf den Westgeld-Intershop des Hotels Kongreß; deshalb liefen ihm, zumal bei Regen, Tränen aus dem linken Auge in den Bronzebart. Hinter ihm wuchtet der Neubau-Riegel der SED-Bezirksleitung, heute Sitz der Oberfinanzdirektion. Die protzbreite Aufmarsch-Schneise davor, ehedem Karl-Marx-Allee, heißt nun, gleich der Gasse am Trierer Marx-Haus, Brückenstraße.

Soll der Marx bleiben?

Wenn's Honecker wäre: Weg damit!, sagt der Tourist aus Erfurt. Marx kann ja nichts für die DDR. Die Gattin: Denkmäler soll man stehenlassen.

Ich hab ihn mit bezahlt, sagt der Musiker Bernhard Kirst, das war kein Geschenk der sowjetischen Freunde. Wir spielten Sonderkonzerte mit der Philharmonie. Frau Kirst: Im Herbst '89 haben wir uns hier versammelt und sind zur Johanniskirche gezogen. Und die Genossen guckten hinter Marx aus den Fenstern der Bezirksleitung und registrierten: Wer ist dabei?

Der Marx hat sich eingebürgert, sonst würde was fehlen, sagt der Bauingenieur Toni Pertermann. Der Grundgedanke Sozialismus ist ja richtig, aber die Marktwirtschaft ist überlegen. Der Sozialismus ist gescheitert und Marx auch.

Geschichte kann man nicht verdrängen, sagt der Student Andreas Maiwald. Die Rückbenennung war okay, damit der Westen sieht: Hier gibt's nicht bloß SED. Die Linken sind hier stärkste Partei, Katastrophe, aber besser als die Rechten.

Zwei Sechstkläßler, Nico Steffinger und Randy Kern, karriolen mit Mountainbikes um Marx. Jungs, wißt ihr, wer das ist?

Dor Korl Morx.

Was war der?

Hab keen Plan, sagt Nico. Randy sagt: Irgendwie for Frieden oder so gesorcht, denkch mol.

Wem würdet ihr denn ein Denkmal setzen?

Nu, dor Frau Hohendorf.

Wer ist das?

Unsre Direktorin. Von dor Annenschule. Die is immer nett.

Grandios zum Kulturzentrum umgebaut wurde das alte Kaufhaus Tietz. Dort, in der Neuen Sächsischen Galerie, treffen wir deren Leiter Matthias Lindner. Der Stralsunder, 1965 in einem Contra-SED-Elternhaus geboren, erzählt uns von einem spektakulären Kunststudenten-Projekt, das 2008 die Chemnitzer bewegte: Marx' Einhausung. Ein Zeltwürfel, darin ein Treppengerüst, umgab den Schädel. Man konnte auf seine Höhe klimmen, sich vom totalitären Götzen emanzipieren, ihm in die Augen schauen und aufs Haupt. Was ist Marx in Chemnitz? fragt Lindner. Zur DDR-Zeit war er Chefideologe, 1989 Schutzmantel-Madonna der Montagsdemonstranten. Heute ist er ein Projektionsobjekt der Sentimentalen. Dabei kann es nicht bleiben. Man muß sich einen Umgang mit dem Denkmal überlegen. Es ist zu groß, um in der Gleichgültigkeit zu versinken wie die Preußengeneräle am Großen Stern in Berlin.

Marx zum Menschen machen, das unterblieb in der DDR, sagt Barbara Ludwig, die Chemnitzer Oberbürgermeisterin. Die aktuelle Marx-Renaissance sei von der Klasse der Banker und Manager großer Unternehmen hervorgerufen worden. An unseren Chemnitzer Mittelständlern hätte Marx seine Freude, weiß Frau Ludwig und wirbt mit gestähltem Charme für ihre spröde Heimatstadt. Deren Geschichten müsse man zusammenfügen, ohne Brüche zu verkleistern, und unser Charly war und bleibt dabei.

Dem 2008 von seinem Amte geschiedenen sächsischen Ministerpräsidenten Milbradt hat die Sozialdemokratin Ludwig zum Lebewohl »Das Kapital« geschenkt. Auch uns schenkt man Marx. Wir besuchen Evelin Döll, die Erfinderin der »Praline mit Köpfchen«. Frau Döll betreibt die Confiserie Zucker-Mäusel. Das war nicht immer so. Zur DDR-Zeit lehrte sie Philosophie an der SED-Bezirksparteischule. Den Marx-Kopf fand und findet sie toll, im Namen Karl-Marx-Stadt sah sie eine Ehrung der Arbeiterbewegung. Und stimmte 1990, wie 76 Prozent der Chemnitzer, für den alten Namen. Die Marx-Praline sei kein Gag, eher eine Reverenz.

Sie überreicht uns ein Kästchen. Sie bringt uns zur Tür des Hauses, in dem sie einst, als Chemnitzerin, zur Welt gekommen ist. Lassen Sie sich's schmecken, sagt sie, es ist keine Ideologie drin, nur Sahne, Zucker und Kakao.

Marx schmeckt.

Marx war unbekömmlich, in der DDR. Frei und willentlich lasen ihn wenige. Aber jeder wurde angesäuselt vom Marxismus als realsozialistischer Rechtfertigungslehre, einem Dogmengebräu, verschnitten mit Marx-Spirituosen: Basis und Überbau. Mehrwert, Entfremdung, doppelt freie Lohnarbeiter. Produktionsmittel und Produktivkräfte, Fetischcharakter der Ware. Dialektik, Negation der Negation. Abfolge der Gesellschaftsordnungen. Geschichte ist Klassenkampf. Revolutionen sind die Lokomotiven der Geschichte – halt, war das nicht schon Lenin? Sowjetmacht plus Elektrifizierung gleich Kommunismus.

Folglich ergab Kommunismus minus Sowjetmacht Elektrizität?

Zweifel blieben. Nein, Spott, Abscheu, Zynismus gegenüber einer Glaubenslehre und ihren Mantra-Betern, die alles, vom Leistungssport bis zur Kulturpolitik, mit Marxengelslenin-Klassikerzitaten sanktionierten. Religion, Psychologie, Soziologie, die ambivalenten Künste – allen Konkurrenz-Weltbildern mißtrauten die ökonomistischen Staatsdoktrinäre. Wie bitter für Marx, den Befreier der Menschheit, daß Teile derselben sich 1989 jubelnd auch von ihm befreiten.

Doch nun will es scheinen, als wurde damals auch Marx erlöst. Man kann ihn jetzt lesen, recht und billig. Für 7,99 Euro gibt es bei Zweitausendeins 1354 Seiten Marx. Sie enthalten den gesamten ersten Band »Das Kapital«, aber man beginne mit dem »Manifest der Kommunistischen Partei« von 1848 – ein loderndes Prachtstück literarischer Publizistik. Und die »Thesen über Feuerbach«, die »Einleitung zur Kritik der Hegelschen Rechtsphilosophie«, der kleine Katechismus »Lohnarbeit und Kapital« ... – man erkennt, stimmt zu, reibt sich an hegelöser Metaphernhuberei. Man durchhaut Knotensätze. Man verwirft Anmaßungen und die Streithammelei des Klassen-Kriegs-Korrespondenten Marx. Man genießt 150jährige Kommentare zum Jahr 2009: »Wir sehen, wie so die

Produktionsweise, die Produktionsmittel beständig umgewälzt, revolutioniert werden, *wie die Teilung der Arbeit größre Teilung der Arbeit, die Anwendung der Maschinerie größre Anwendung der Maschinerie, das Arbeiten auf großer Stufenleiter Arbeiten auf größerer Stufenleiter notwendig nach sich zieht.* Das ist das Gesetz, das die bürgerliche Produktion stets wieder aus ihrem alten Geleise herauswirft und das Kapital zwingt, die Produktionskräfte der Arbeit anzuspannen, weil *es sie* angespannt hat, das Gesetz, das ihm keine Ruhe gönnt und beständig zuraunt: Marsch! Marsch!« Oder hier: »Wir haben oben in raschen Zügen den industriellen Krieg der Kapitalisten untereinander geschildert; *dieser Krieg hat das Eigentümliche, daß die Schlachten in ihm gewonnen werden weniger durch Anwerben als durch Abdanken der Arbeiterarmee. Die Feldherren, die Kapitalisten, wetteifern untereinander, wer am meisten Industrie-Soldaten entlassen kann.*«

Mit Marx sieht man, daß die DDR geplant war wie ein Konzern, und wenn man den Sozialismus verteidigt, muß man die DDR-Diktatur genauso ablehnen wie den Kapitalismus. – Der junge Mann, der so spricht, heißt Win Windisch, ist 1982 in (Ost-)Berlin geboren und studiert daselbst Philosophie. Via WASG kam er zur Linkspartei und war 2006 Mitgründer des SDS; das Kürzel steht heute für Sozialistischer Demokratischer Studierendenverband. Da Marx an deutschen Hochschulen kaum noch anzutreffen war, riefen Windisch & Freunde eine »Kapital«-Lesebewegung ins Leben (www.kapital-lesen.de). Deutschlandweit gebe es heute etwa 25 Marx-Lesekreise.

Mit Marx läßt sich's kritisch studieren, sagt Windisch. Juristen können zum Beispiel die ökonomische Grundlage von Rechtsauffassungen erkennen. Und Marx lehrt sehen, daß wir nie in einem Endzustand leben, sondern in einer historisch entstandenen Gesellschaft. Marx hat ja nicht gesagt: Der Kapitalismus wird zusammenbrechen. Sondern: Die Befreiung der Arbeiter kann nur ihr eigenes Werk sein. Das muß mit Demokratie beginnen, mit Selbstbefreiung und Organisation von unten.

Windischs jugendlicher Geist trampt forsch mit Marx durch Raum und Zeit, von Allende zu Mugabe, von 1789 bis 2009. Anderntags leitet er seinen »Kapital«-Lesekreis in der Humboldt-

Universität, Marx' alter Studienstätte, deren Treppenhaus seit 1953 auf Marmor die 11. Feuerbach-These verkündet: »Die Philosophen haben die Welt nur verschieden interpretiert; es kömmt aber drauf an, sie zu verändern.« Im Neubau gegenüber treffen sich Studiosi verschiedenster Fakultäten, eine Schauspielerin, ein Komponist, ein arbeitsloser Anarchist … Man traktiert den fünften Abschnitt, wo der Klimaforscher Marx kryptorassistisch dartut, üppige Vegetation erziehe zur Faulheit. Den Tropenbewohner halte »eine zu verschwenderische Natur (…) an ihrer Hand wie ein Kind am Gängelband (…) Sie macht seine eigne Entwicklung nicht zu einer Naturnotwendigkeit. Nicht das tropische Klima mit seiner überwuchernden Vegetation, sondern die gemäßigte Zone ist das Mutterland des Kapitals.«

Aha? Unfug! Da ist er wieder Poet. – So diskutiert man Plausibles und Kuriositäten. Man springt ins Heute und zurück, und die Schauspielerin träumt von Utopia unterm Bananenbaum. Es geht ein bißchen Holterdipolter und hinterher zum Bier, wo die Schauspielerin schwärmt: Wenn man Marx zur Pariser Kommune liest, will man am liebsten selbst auf die Barrikade!

Wir aber entsinnen uns der sturznaiven ostdeutschen Einheits-Utopie des Jahres 1990: Fortan regiere – harmonisch, rational und krisenfrei – die soziale Marktwirtschaft als humaner Endzustand der Geschichte. Wir denken an einen Chemnitzer, den 1997 gestorbenen Dichter Stephan Hermlin. In der Jahrhundert-Elegie »Abendlicht« beschrieb er 1979, in tiefer DDR, seine Gewöhnung an Marx' individuumsmißächtlichen Satz, wonach in der neuen Gesellschaft die freie Entwicklung aller die Bedingung für die Entwicklung eines jeden sei. »Wie groß war mein Erstaunen, ja mein Entsetzen, als ich nach vielen Jahren fand, daß der Satz in Wirklichkeit gerade das Gegenteil besagt: ›… worin die freie Entwicklung eines jeden die Bedingung für die freie Entwicklung aller ist‹.«

Juni 2009

Kronzeugen des Arbeiterstaats

Zwei Wege ostdeutscher Erkenntnis:
Erich Loest und Fritz Klein

Begegnet sind sie einander nie. Der eine ist Sachse, der andere Berliner. Der eine Kleinbürgerkind, der andere aus feinerem Hause. Der eine wurde Romancier, der andere Historiker. Eine kurze, aber wesentliche Spanne liegt zwischen ihren Geburtsjahren: Erich Loest ist 1926 geboren, Fritz Klein 1924, so daß er zweieinhalb Jahre an der Ostfront zubringen mußte, Loest nur noch acht Wochen als »Werwolf« im Böhmerwald. Beide sind Kronzeugen und frühe Parteigänger der DDR. Loest brach mit ihr, nachdem sie ihn zu brechen suchte. Klein blieb dem SED-Staat kritisch loyal verbunden.

Ideologische Befunde sind eingeschnurrte Biographien. Das wohlverdiente Scheitern der DDR wird von vielen ihrer Opfer bereits auf die Anfänge projiziert. Die Verteidiger halten dagegen mit dem Bekenntnis: Der Anfang war gut! Aber wann fing es an?

Loest hatte Glück. Er überlebte. Im Mai 1945 entließen ihn die Amerikaner aus der Kriegsgefangenschaft. Von Weiden wanderte er der sächsischen Heimat zu, täglich 40 Kilometer durch die Oberpfalz, das Vogtland. Er erreichte Mittweida und war daheim – für eine Nacht. Die Stadt unterstand der sowjetischen Militärverwaltung, die für den nächsten Vormittag alle ehemaligen Wehrmachtsangehörigen auf den Markt befahl. Er türmte, zurück in die amerikanische Zone. Er kam bis in die Nähe von Leipzig, wo sein Onkel Inspektor auf einem Rittergut war. Dort arbeitete er den Sommer über, kam zur Ruhe, fand sich selbst.

Ich erfuhr von Buchenwald, von den Vernichtungslagern in Polen, sagt Erich Loest. Es fügte sich mit dem, was ich wußte, zu einem Bild. Ich begriff mich als Teil im Nazigetriebe – ein Rädchen nur, aber Rädchen machen die Maschine.

HJ-Führer war er gewesen. Schon vor 1933 hatten die Loests

*Erich Loest (Leipzig,
1. März 2004).*

Hitler gewählt. Der Vater Alfred Loest betrieb ein Eisenwarenge-
schäft. Im Ersten Weltkrieg, 16jährig, war er an der Somme ver-
schüttet worden. In Hitler sah er den Mann, der das Schanddiktat
von Versailles korrigieren würde. Abends lag er erschöpft auf dem
Sofa und redete, so könne es nicht weitergehen. Die Juden ... Die
Juden hatten das Kapital. Die Juden betrieben Kaufhäuser und rui-
nierten den Einzelhandel. Zwar gebe es auch anständige Juden,
sogar respektable Kommunisten, etwa Hans Vogelsang, der Nachbar, der in der Wattefabrik Meister war und gleich 1933 ins KZ
kam.

In Erich Loests Leben sollte jener Hans Vogelsang Jahre später
noch eine Rolle spielen. Er überlebte das Lager, den Krieg. 1945
machten ihn die Russen zum Bürgermeister. Als Vorsitzender der
Leipziger SED-Kontrollkommission half er in den fünfziger Jahren, den Genossen Erich Loest aus der Partei und ins Zuchthaus
Bautzen zu befördern. Heute sind beide Ehrenbürger von Mittweida. Hans Vogelsangs Porträt hängt im Leipziger Museum der
bildenden Künste. Erich Loest, von Johannes Heisig gemalt, blickt

männlich wach von Loests Wohnzimmerwand und sieht, wie der Hausherr einen Riesling öffnet, um den Reporter und die Erinnerungen zu erfrischen.

Herr Loest, waren die Kommunisten vor 1933 je eine Option für Ihre Eltern?

Um Gottes willen! Abschaum!

Warum?

Weil die meinem Vater den Laden wegnehmen würden. Die Bolschewisten, das waren Räuber, Zarenmörder. Hitler, das war soldatisch und deutsch.

Als Loest im Mai 1945 heimkehrte, begrüßte ihn sein Vater mit der Nachricht, in Westdeutschland würden Truppen aufgestellt zum neuerlichen Zug gegen die Sowjetunion: Ich hoffte, du wärst dabei. Der Sohn entgegnete: Nein, ich wäre nicht dabei. Die Hälfte seiner Gymnasialklasse war im Finale des Krieges verreckt. Den verbrecherischen Wahn dieses letzten Aufgebots schildert Loests erster Roman »Jungen, die übrigblieben«. Er war 23, als er ihn schrieb – und seit 1948 Journalist bei der »Leipziger Volkszeitung«.

Ich traf dort phantastische Leute, sagt Loest, Kommunisten, alte Sozialdemokraten. Ich sagte: Aber ich war Hitlerjugendführer. – Das wissen wir, doch jetzt bist du bei uns, und nun schreib mal.

Loest schrieb, und er las: Luxemburg, Liebknecht, Engels, Stalin. Ich kippte, sagt er, von der radikalen einen Seite auf die radikale andere. Den Friedensgedanken verbanden wir mit dem Kommunismus: Wir sind das Weltfriedenslager; die Kriegstreiber, die Kapitalisten sitzen im Westen. Mit denen müssen wir fertig werden, und das wird gesetzmäßig gelingen. Was Demokratie ist, habe ich erst im Knast erfahren.

1947 traten Sie in die SED ein.

Berufsbedingt, aber reinen Herzens. Ich mußte ja nicht Stalins Verbrechen mitheiraten. Die SED empfand ich als vernünftige Neugründung, geformt aus KPD und SPD. Von Ulbricht / Grotewohl bis runter zur Ortsgruppe wurden ja alle Gremien von einer paritätischen Doppelspitze geführt, obwohl man bald merkte, daß die Kommunisten die Oberhand gewinnen wollten. 1949 erklärte die Parteiführung den »Sozialdemokratismus« dann zur feindlichen Richtung. Die Doppelspitzen wurden abgeschafft. Die meisten Sozialdemokraten fügten sich. Wer sich nicht fügte, ging in den Westen oder in den Knast.

Am 7. Oktober 1949 wurde die DDR gegründet. Kurioserweise kann sich Loest daran nicht erinnern. Er heiratete am 5. November; vermutlich habe er seinen Kopf bei den Hochzeitsvorbereitungen gehabt. Beide deutsche Staatsgeburten seien nicht besonders ernst genommen worden. Wir gingen eh auf die Einheit Deutschlands zu, sagt Loest. Die Spaltung war irrsinnig, aber die wollten ja alle Seiten überwinden. Daß die da drüben jetzt einen Staat gründeten mit einer neuen Währung, war zwar hinderlich, weil wir das nun auch tun mußten. Aber dann würden sich eben nächstes Jahr nicht vier Zonen, sondern zwei Staaten vereinigen.

»Es hätte kein Sowjetbanner auf dem Reichstag (...) gegeben, hätte sich nicht zuvor die deutsche Wehrmacht, darunter mein Bataillon, fast bis auf Sichtweite zu den Kremltürmen vorgemordet. Niemand konnte so naiv sein anzunehmen, nichts als eine hehre Befreiungsmission hätte die Sieger auf deutschen Boden geführt. Sie alle verfolgten eigene Interessen, denen die Besiegten Rechnung tragen mußten.« Drei Sätze, die zwei deutsche Staaten begründen. Sie entstammen Fritz Kleins Autobiographie »Drinnen und draußen«. Untertitelt ist sie mit »Ein Historiker in der DDR«, aber das Buch gräbt tief nach deren Vorgeschichte.

Wir sitzen im Kleinschen Arbeitszimmer in Berlin-Johannisthal. Der alte Mann erhebt sich, um ein Photo zu holen. Das Bild, wohl beim Presseball entstanden, zeigt Gerhart Hauptmann und Max Reinhardt neben einem repräsentativ gestrafften Herrn. Das, sagt Klein, ist die Pose, die mein Vater schätzte.

Fritz Klein senior leitete die »Deutsche Allgemeine Zeitung«. Deutschsein war für ihn Lebensinhalt, sagt der Sohn, und was ihn ständig umtrieb, war Versailles. Er war absolut kein Nazi, aber daß die Regierung nach 1933 ausdrücklich gegen Versailles auftrat, fand er nicht falsch. Das Vaterländische verband für ihn die alte mit der neuen Zeit.

Mit kindlicher Freude hing Kleins Vater allem Soldatischen an.

1936 bewarb er sich um Aufnahme in die neu aufgestellte Wehrmacht. Er wurde zu einer Kavallerieübung einberufen, war darüber glücklich, fiel vom Pferd und starb. 1938 starb auch die kranke Mutter. Fritz Klein und sein Bruder Peter kamen in Pension zur Familie Deiters. Leute wie Gold, sagt Klein. Heinrich Deiters, sozialdemokratischer Oberschulrat, war 1933 von den Nazis geschaßt worden und nahm aus finanziellen Gründen Pensionisten auf. Fritz Klein fand hier andere Ansichten – pro Weimar, Distanz zum Naziregime –, dazu seine spätere Frau, Deiters' Tochter Dorle, mit der er seit 61 Jahren verheiratet ist.

Um dem Arbeitsdienst zu entgehen, meldete er sich 1942 freiwillig zur Wehrmacht und gelangte bis kurz vor Grosny. Er lehnte den Krieg ab und wünschte, Deutschland möge ihn verlieren, doch die Chance zur Desertion ließ er ungenutzt. Meine Kameraden verlassen, das wollte ich nicht, sagt Klein. Die eigene Sache, so mies sie war – es war die eigene Sache.

Herr Klein, Sie beschreiben eine Heimfahrt im Herbst 1943. Im Zug berichtet ein Soldat von Massakern an Juden.

Das war mir neu. Ich erzählte es einem Kameraden, der sagte: Was willst du, das ist Ungeziefer. Das fand ich natürlich fürchterlich. Gleichzeitig trug man als pflichtbewußter Soldat zur Aufrechterhaltung dieser Zustände bei. Auf dem Rückzug sah ich die zerstörten Dörfer. Nie vergesse ich, wie die verzweifelte Bäuerin zu mir sagte: *Woina plocho, Hitler plocho, Stalin plocho.* Krieg, Hitler, Stalin, alles ist schlecht.

In seiner Autobiographie resümiert Klein: »Freude über das Ende des Krieges – Genugtuung über den Sturz des Naziregimes – Scham über das Unheil, das Deutsche über andere Völker gebracht hatten – Bereitschaft, daraus erwachsene Ansprüche der Sieger anzuerkennen: dies waren die wichtigsten Bestandteile der Weltsicht, mit der ich 1945 meinen neuen Weg begann.« 1946 trat Klein der KPD bei und begrüßte die Vereinigung mit der SPD, der Partei Heinrich Deiters', der ebenso empfand: Die deutschen Kommunisten hätten ihre Irrtümer erkannt und seien nicht mehr so schlimm; sie hätten einen demokratischen Weg eingeschlagen. Es dauerte nicht lange, bis Deiters seinen Irrtum bemerkte, sagt Klein, doch er blieb bis zu seinem Tod 1966 SED-Mitglied.

Was empfanden Sie, als im Oktober 1949 die DDR gegründet wurde?

Volle Zustimmung, daß das nun Gestalt hatte.

Erich Loests Mutter starb 1946. Vaters Laden ging's dreckig, sagt Loest. 1952 kam auf der 2. Parteikonferenz Ulbrichts Großer Sprung mit der Parole: Aufbau des Sozialismus! Alle Bürgerlichen wurden denunziert. Meinem Vater, dem Kleinunternehmer, nahm man die Lebensmittelkarte weg. Da sagte er: Wer jetzt noch Kommunist ist, der ist entweder ein Idiot oder ein Verbrecher.

Was sagte der Sohn?

Nichts. Weil dem Sohn der Blödsinn selbst zuwider wurde, dieser Klassenkampf an allen Ecken. Die ständigen Kampagnen gegen den »Sozialdemokratismus«, gegen die Kirche, gegen den Westen. Zwangskollektivierung der Landwirtschaft, Aufbau der Kasernierten Volkspolizei ... Ganze Bevölkerungsgruppen verließen das Land. Es knirschte überall.

Am 5. März 1953 starb Stalin. Die neue Moskauer Führung mit Berija bestellte am 2. Juni eine SED-Delegation nach Moskau und verlangte Mäßigung. Am 11. Juni verkündete die DDR-Regierung den Neuen Kurs. Steuer- und Preiserhöhungen wurden revidiert, private Betriebe zurückerstattet, Inhaftierungen überprüft. Die Repressalien gegen die Junge Gemeinde hörten auf.

Auf allen bürgerlichen Gebieten wurde nachgegeben, sagt Loest, nur die Arbeiter hatten nichts davon. Die um zehn Prozent erhöhten Normen blieben bis zum 16. Juni 1953, dann erst wurden sie zurückgenommen. Zu spät. Der 17. Juni war nicht mehr aufzuhalten.

Ein halbes Jahrhundert danach hat Erich Loest einen Roman über den 17. Juni geschrieben: »Sommergewitter«. Im Zentrum steht nicht Berlin. Ich bin Mitteldeutscher, sagt Loest. Die Helden des 17. Juni waren die Bitterfelder Arbeiter. Sie telegraphierten an den sowjetischen Hochkommissar nach Berlin-Treptow und teilten dem sehr geehrten Herrn Semjonow mit, die Streiks seien keineswegs gegen die sowjetische Besatzungsmacht gerichtet. Diese staatsmännische Klugheit von Arbeitern wollte ich nicht untergehen lassen.

Herr Loest, für die SED-Führung muß der 17. Juni 1953 ein Déjà-vu des 30. Januar 1933 gewesen sein: Wieder versagt die Arbeiterklasse, das Volk. Man kann ihm nicht trauen.

Der 17. Juni, sagt Loest, war ein sozialdemokratischer Aufstand, die letzte Selbstbesinnung der Sozialdemokratie in der DDR. Normen, Streik, proletarischer Zusammenhalt sind sozialdemokratische Themen. Man wollte es denen da oben zeigen, auch als Rache für die Zwangsvereinigung.

Journalist war Loest damals schon nicht mehr. Ein Parteimann hatte seinen Roman »Jungen, die übrigblieben« in der »Täglichen Rundschau« verhackstückt und Bewußtseinsdefizite des Autors enttarnt. Das reichte. Die Kreisparteileitung beschloß, aufgrund seiner kleinbürgerlichen Herkunft mangele Loest der Klassenstandpunkt. Den zu erwerben bedürfe er einiger Jahre der Bewährung in der Produktion.

Loest trat die zugewiesene Stelle nicht an, sondern wurde freier Schriftsteller. Damit kam er durch, bis er am 4. Juli 1953 im »Börsenblatt für den Deutschen Buchhandel« den Artikel »Elfenbeinturm und Rote Fahne« veröffentlichte und darin, so klar wie moderat, die Ursachen des 17. Juni benannte. Drei Wochen später – in Moskau war Berija am 26. Juni gestürzt worden – siegte auf dem 15. Plenum des ZK der SED die Ulbrichtsche Restauration mit ihrer Deutung der Unruhen: Faschistische Provokateure, aus dem Westen mit Waffen und Instruktionen versehen, hätten einen Putsch versucht. Loest wurde aus dem Schriftstellerverband gestoßen. Die »Leipziger Volkszeitung« berichtete, er habe »offen die Position der Feinde des Volkes und unseres demokratischen Staates« bezogen.

1957 schließlich wurde Loest verhaftet, wegen Reformismus, konterrevolutionärer Plattformbildung und artverwandter Phantasieverbrechen, die er 1956, im Sommer der ungarischen Illusionen, begangen haben sollte – wie der Philosoph Wolfgang Harich, wie der Verleger Walter Janka, wie die Journalisten Heinz Zöger und Gustav Just. In Ungarn hatte der KP-Chef Imre Nagy versucht, den Traum eines freiheitlicheren Sozialismus zu verwirklichen. Harich verfaßte im selben Jahr seine Denkschrift »für den besonderen deutschen Weg zum Sozialismus« und forderte die

Fritz Klein (Berlin-Johannisthal, 29. Dezember 2008).

Entmachtung Ulbrichts. Das Urteil gegen Harich lautete: zehn
Jahre Zuchthaus. Loest mußte siebeneinhalb Jahre in Haft.

In seinem fulminanten Lebensbuch »Durch die Erde geht ein
Riß« erzählt er nicht nur ergreifend die Haft, sondern auch seinen
argen Weg der Erkenntnis. Bis zur Verurteilung glaubt er, es walte
ein Irrtum, den er nur aufklären müsse, um die Genossen von seiner Rechtgläubigkeit zu überzeugen. Die Marionette von Anwalt
erweist sich als Lump. Endlich kapiert der Häftling, daß er system-
bedingt sitzt. Und freut sich auf den 13. August 1961: An diesem
Tag wäre die Hälfte seiner Strafzeit um. Am 25. September 1964
wird Erich Loest aus dem Gefängnis entlassen.

Sieben gestohlene Jahre und ein kaputter Magen. Dafür war
Loest vom Kommunismus kuriert. Fortan schrieb er Krimis unter
dem Pseudonym Hans Walldorf. 1977 ging er nochmals aufs Ganze, als Erich Loest. Der freiherzige Leipzig-Roman »Es geht seinen
Gang oder Mühen in unserer Ebene« eilte in der DDR von Hand
zu Hand. Seinem Autor trug er neuerlich Behinderungen ein. 1981
gab Loest auf – den SED-Staat, nicht sich selbst. Er übersiedelte in
die Bundesrepublik, die nun nicht mehr Adenauers, sondern Hel-

mut Schmidts Staat war. Er kam gut unter, schrieb, reiste. Endlich sah er die Welt. Seit 1990 lebt er wieder in Leipzig, mischt sich in die öffentlichen Dinge, eckt lustvoll an und wehrt der Verharmlosung der DDR. Demnächst, prophezeit er, kommen hier die Roten wieder an die Macht. Das ist ihm ein Graus.

Der Kriegsheimkehrer Fritz Klein studierte Geschichte. Diese Wahl bezeichnet Klein als Reaktion auf die Nazizeit: wissen und erforschen, wie es geschehen konnte. Als Historiker spezialisierte er sich auf den Ersten Weltkrieg, auf Versailles und die Folgen, um in Distanz zu parteioffiziellen Gegenwartsbedürfnissen forschen zu können. Wie Erich Loest lernte er den Argwohn gegen seine unproletarische Herkunft kennen. Ich wollte kein Dissident sein, sagt er. Wenn man sich einer Bewegung anschließt, kann man nicht so tun, als gebe es die Spielregeln nicht. Was Leute wie mich damals zusammenhielt, war die absolute Abneigung gegen das Gesellschaftssystem der Bundesrepublik, in der die Machtstellung der alten antidemokratischen Eliten nicht gebrochen war und Boden, Banken, Industrien nicht vergesellschaftet wurden.

Ein Mensch gedämpfteren Temperaments als der unverblümte Loest sitzt dem Reporter gegenüber. Das spürt auch der Leser von »Drinnen und draußen«. »Meine Arbeit als Historiker politisch aufzufassen war und blieb mir im Grundsatz selbstverständlich.« – »Meine grundsätzliche Einstellung zur DDR änderte sich durch den Bau der Mauer nicht.« Marxismus sei eine »offene, kritische Methode, die nur in Verbindung mit sorgfältigster Untersuchung der Fakten nützlich ist«. »Die Grundlagen des Systems zu bejahen und zugleich seine Unvollkommenheiten beseitigen zu wollen bedeutete einen inneren Widerspruch.« Die Wende 1989 habe er »nicht gewollt«, sei aber »bereit, sie als einen unzweifelbaren Fortschritt zu akzeptieren«. »Was Lenin vor 80 Jahren begann, ist gescheitert, und zwar im wesentlichen an sich selbst.« Daraus folge das »klare Nein zu dem zu Recht untergegangenen Gesellschaftssystem«.

Wann hätte Klein das »klare Nein« gesprochen, wenn er wie Erich Loest nach 1956 in Bautzen gelandet wäre? Die Chance gab es. Mit Heinz Zöger war ich eng befreundet, sagt Klein, und an den Diskussionen mit Harich, Just und Janka habe ich teilgenommen. Ich hatte einfach Glück, daß mir Wolfgang Harich 1956 seine Denkschrift für einen reformierten Sozialismus nicht gezeigt hat. Daran hätte ich mit Vergnügen mitgearbeitet.

1957 begann ein parteioberes Kesseltreiben gegen die von Klein geleitete »Zeitschrift für Geschichtswissenschaft«. Er wurde gekündigt, fand aber Unterkunft im Institut für Geschichte an der Akademie der Wissenschaften. Später wurde er dessen Leiter. Er durfte im Westen forschen, er reiste und lehrte in den USA. Seine drei Bände »Deutschland im Ersten Weltkrieg« sind ein Standardwerk. Auch im Westen genoß der Historiker Fritz Klein Respekt. Die Vernünftigen unter den Zunftkollegen, sagt er, hätten einander erkannt.

Mit der Kernwaffenhochrüstung wuchs in den achtziger Jahren auch die gesamtdeutsche Vernunft. Menschheitsängste relativierten gesellschaftliche Antagonismen. 1985 erschien Gorbatschow auf Erden. 1987 veröffentlichten SPD und SED ihr sensationelles Manifest »Der Streit der Ideologien und die gemeinsame Sicherheit«, in der beide Systeme einander Friedensfähigkeit attestierten.

Als Fritz Klein am 11. Juli 1989 in den Ruhestand trat, verabschiedete er sich von seinen Kollegen mit einer Rede wider den Kotau der Wissenschaft vor der Ideologie: »Die Vorstellung, man diene der eigenen Seite besser, wenn man ihre Schattenseiten verschweigt, und man setze sich mit der anderen Seite wirkungsvoller auseinander, wenn man ihre Vorzüge ignoriert, ist falsch.« Um so respektabler ist, wie Fritz Klein in seiner Autobiographie auch persönliches Versagen ausspricht, bis hin zum Wort »erbärmlich«. Daß Klein im Zuge seiner Reisen mit der Stasi redete, hat er nach 1989 offenbart und bereut. Im Prinzip, sagt er, hielt ich diesen Verein für ein notwendiges Übel.

Sehen Sie das heute anders?

Natürlich. Andere Geheimdienste sind auch nicht sehr schön. Aber man kann nicht Verbrechen begehen, weil's andere auch tun.

Herr Klein, dieses Zitat, auch Ihr Bataillon hätte sich vorgemordet …

Diese Bezeichnung hebt nicht ab auf konkrete Erlebnisse, diesen und jenen umgebracht zu haben.

Haben Sie getötet?

Weiß ich nicht. Ich glaube nicht. (Schweigen)

Dasselbe fragte der Reporter Erich Loest. Ich habe keine Kerbe im Kolben, sagte Loest. Bei allem, was ich angestellt habe – das nicht auch noch. Aber ich hab einen Verwandten, ein kluger, gütiger Mann, der war MG-Schütze, dem lastet es auf der Seele: Wie viele habe ich umgebracht? 500? 2000? Das militärische Töten wurde nach 1945 nicht aufgerechnet. Das hätte man dem deutschen Volk nicht auch noch aufladen können, sonst wär's kaputtgegangen.

Herr Loest, die junge DDR hat sich an der braunfaulen Adenauer-Republik moralisch gesundgestoßen. War der Anfang gut?

Nein, sagt Erich Loest. Wer so spricht, redet von seinen subjektiven Gefühlen. Das könnte ich auch, es waren auch meine. Objektiv war's falsch. Wir haben eine Einparteiendiktatur, eine kommunistische Kommandowirtschaft erlebt, und da die von Beginn an angestrebt wurde, war der ganze Anfang falsch.

Eugen Kogon beschreibt in »Der SS-Staat« die Traumatisierung jener NS-Opfer, die nach 1945 sofort und mit ungeheilten Seelen die neue Gesellschaft führen wollten. Dazu die Konkurrenz der drei kommunistischen Fraktionen – hier die ehemaligen KZ-Häftlinge, da die Moskau-, dort die Westexilanten.

Die leninistische Kaderpartei wollten sie alle, erklärt Loest. Sonst wärnse auf der Strecke schon fünfmal erschossen worden.

Das war eine Bewegung, die sich auf die fürchterlichste Weise innerlich zerfressen hat, sagt Fritz Klein. Stalin hat mehr Kommunisten ermordet als Hitler. Doch die Grundvorstellungen fand und finde ich gut. Man hätte aus dem Anfang mehr machen können.

Aber es gibt keinen Neuen Menschen, der war ein anthropologisches Hirngespinst.

Sicher, diese Vorstellung ist abwegig.

Herr Klein, ist die Geschichte ein Kreis?

Nein, sagt Fritz Klein. Die Geschichte ist offen.

Januar 2009

Fritz Klein starb am 26. Mai 2011.

Das Blut der Befreiung
Ungarische Revolutionserfahrungen

Das Licht schwindet, die Erinnerung steigt auf. Die Geschichte spricht, im Dämmer der Bibliothek. Der Historiker Rudolf Ungváry erzählt vom Oktober 1956, als Studenten wie er im nordungarischen Miskolc die revolutionäre Macht übernahmen – und wieder verloren.

Am 26. Oktober raste der Revolutionsmob. So wie Sie vor mir sitzen, sagt der alte Herr, so nahe war ich dem Sicherheitsmann, als sie ihn erschlugen. Fast ein Dutzend Geheimdienstleute wurde gelyncht. Ich dachte: Und wenn ich es wäre, auf den man zeigt, den man ergreift? Schrecklich, das zu erfahren.

Was haben Sie damals erfahren?

Wie Massen in Bewegung geraten. Daß die Maschinenpistole das Genital verlängert. Daß Menschen Menschen schlagen, daß es ihnen nichts bedeutet. Die Russen kamen, wir ergaben uns. Ich war kein Held im Verhör. Ich habe niemanden verraten und nichts unterschrieben, aber meine Schwäche, meine Tränen, Schnodder und Blut ... Nein, ich schäme mich nicht.

Und 1989? Haben Sie erwartet, was danach geschah?

Ich schrieb 1983 im Samisdat: Das freie Ungarn wird zerrissen sein, ein Land der Zwiespälte. Das wird die Demokratie.

Dies ist die Geschichte einer verlorenen Illusion. Die Illusion des Reporters, eine deutsche, sah 1989 als kollektives *Happy-End* von 1956. Verblüfft erfährt man, wie unversöhnlich die Ungarn über den 56er-Aufstand streiten, als legitimiere die Deutungsmacht darüber heutige Parteipolitik.

Die Geschichtsphilosophie kommt später, sagt der Soziologe András Szekfü. Ich möchte lieber über meine Erinnerungen sprechen. Die erste große Demonstration führte am 23. Oktober 1956 über den Kleinen Ring zum Westbahnhof, Richtung Margaretenbrücke. Die Gesichter der Menschen leuchteten. Es gab Losungen wie: »Russen nach Hause!« und »Wo ist das ungarische Uran geblieben?« Ich war Gymnasiast und hatte um 17 Uhr meine erste Englischstunde. So verließ ich den Umzug und lernte das *th*. Daheim warteten meine Eltern, unruhig. Im Radio verurteilte der Erste KP-Sekretär Ernö Gerö die Demonstranten, das war Öl ins Feuer. Aus dem Fenster sah ich Lastwagen, darauf Menschen mit Fahnen, die Flugblätter warfen, mit sehr allgemeinen Forderungen – »Wir wollen Freiheit«, unterzeichnet mit: »Das ungarische Volk«. Abends schon Schüsse. Aber auch während der Revolution gab es friedliche Tage. Viele Menschen waren auf der Straße, in Volksfest-Stimmung. Ringsum Trümmer, zerschossene Panzer, ausgebrannte Straßenbahnen, aber die Leute lachten und erzählten, und Freude und Freude und Freude. Die Diktatur war zu Ende, nun würde alles schön. Diese Erinnerung ist stärker als alles, was dann kam. Das bleibt mir, solange ich lebe.

Ich war damals Studentin, erinnert sich die Schriftstellerin Ágnes Gergely. Den Sozialismus wollten wir nicht abschaffen. Wir demonstrierten gegen die verhaßte Regierung mit ihren Lügen. Wir waren naiv. Wir liefen Arm in Arm und Hand in Hand. Fremde Menschen umarmten und küßten einander. Das Schaufenster eines Juweliergeschäfts war geborsten, neben dem Schmuck lag ein Schild: »Ein Ungar würde nie stehlen.« Imre Nagy übernahm die Regierung, moralisch ein Heiliger, aber wohl zu schwach. Die öffentliche Ordnung zerbrach. Plötzlich klebten überall Zettel: »Traut Imre Nagy nicht! Er ist ein Agent Moskaus!« Tausende Kriminelle kamen frei, marschierten vom Westbahnhof durch die Straßen und brüllten: Wir schaffen Ordnung! An diesem Tag wurde das Juweliergeschäft geplündert. Und dann sah ich den Mann an der Laterne hangen, einen Koch des Geheimdienstes ÁVH. Die Masse beschimpfte die Leiche und schüttelte die Fäuste. Dann ein Kommando, auf englisch: Bitte noch mal! Es wurde gefilmt. Ich lief heim, den Tränen nah. Ich fand die Revolution betrogen. Das Schöne war zerstört.

Konnten Sie verstehen, was geschah?

Auf dem Kerepesi-Friedhof (Budapest, 29. Juli 2006).

KONTÓ ISTVÁN
1932 – 1956

LEGSZEBB ÉVEIDBEN VITT EL A HALÁL
APAI SZERETETEDET NEM TÖLTHETI BE
SENKI MÁS
EMLÉKED FÁJÓ SZIVVEL ŐRIZZÜK
KISFIAD, SZÜLEID, TESTVÉREID.

ÉS FELESÉGED

Verstehen heißt nicht rechtfertigen. Man sagt, das seien Nebeneffekte der Revolution. Die ÁVH war grausam, ja, aber ich bin Dichterin, ich bin eine Frau, ich mag kein Blutvergießen. Wissen Sie, es ist nicht leicht, beide Seiten der Wahrheit zu erinnern.

2500 Menschen starben. Am 4. November war alles verloren. 200 000 Ungarn flohen außer Landes. Imre Nagy rettete sich mit etlichen der Seinen in die jugoslawische Botschaft. Am 22. November verließ er das Asyl, wurde trotz Zusage freien Geleits verhaftet und am 16. Juni 1958 gehenkt.

Nagys Ex-Genosse János Kádár, Moskaus neuer Mann, ließ seine Justiz gegen die Konterrevolution wüten. Etwa 300 Todesurteile wurden bis 1961 vollstreckt, 20 000 Ungarn inhaftiert. Dann formulierte Kádár seine berühmte Kehre: Als Verbündete betrachte die Staatsmacht künftig alle, die nicht gegen sie aufträten. Es begannen die Jahrzehnte der moderaten Diktatur, deren Halbfreiheit der Westen leichthin als Gulaschkommunismus lobte.

Der Preis war Schweigen. Die Erinnerung an 1956 lebte, nach einer Formulierung von György Dalos, wie ein unterirdischer Bach. Der Kompromiß zwischen Kádár und seinem Staatsvolk umgriff drei Tabus: Der Aufstand hatte als Konterrevolution zu gelten, der Realsozialismus stand nicht zur Debatte, ebenso die Anwesenheit sowjetischer Truppen im Land. Auch privat wurde 1956 bestenfalls halblaut besprochen.

Der Vater des Soziologen Szekfü verbarg Zeitungen, Photos, Flugblätter des Aufstands in einem Koffer, dessen Inhalt er mit einem Schutzblatt deklarierte: »Die Presse der konterrevolutionären Periode«. Noch im Dezember 1956 hatte die Familie zu fliehen versucht. An der österreichischen Grenze wurden wir gefaßt, sagt Szekfü. Bis 1989 schwieg ich daruber. In den achtziger Jahren hatte ich eine Gastprofessur in Salzburg. Meine beiden Söhne besuchten mich, da zeigte ich ihnen dort, in Österreich, zwei Videos von 1956. Davon reden sie noch heute.

Wir sitzen im Café des altwürdigen Gellért-Hotels, zu Füßen der Budaer Berge. Grau und gleichmütig strömt die Donau und passiert das gotisch prunkende Parlament. Von dessen Balkon sprach am 23. Oktober 1956 Imre Nagy zu den Demonstranten, die er, zu ihrem Mißvergnügen, Genossen nannte.

Als Deutscher staunt man, wie 1956 noch heute als National-Revival von 1848 gilt. Damals hatten sich die Ungarn gegen die Habsburger erhoben. Vor dem Parlament observiert der Revolutionsführer Lajos Kossuth volksväterlich seinen Platz. Unweit bronzt Sándor Petöfi und reckt deklamierend die Rechte: »Auf! Die Heimat ruft, Magyaren!« Der Freiheitspoet fiel 1849 im Kampf gegen die habsburgverbündeten Russen. Gnädiger traf es der Denkmalskollege József Bem, ein polnischer General, der mit den Ungarn kämpfte, den Siegern entkam und seine Tage als türkischer Pascha beschloß. Zu Petöfi und Bem strömten 1956 die Demonstranten, als fänden sie dort Stimme und Schwert.

Erst 1956, sagt Rudolf Ungváry, endete in Ungarn das 19. Jahrhundert. Diese 1848er Berufungen, dieses Auf-die-Straße-Laufen, dieses Wer-Ungar-ist-hält-zu-uns, all das ist völlig anachronistisch. Schöne Momente, aber reiner Kitsch. Und hinter 1956 lauert die unbewältigte Vergangenheit der beiden Weltkriege, die verdrängte eigene Verantwortung für nationalstaatliche Unterdrückung. Haben Sie Földényi in der »Neuen Zürcher Zeitung« gelesen?

Vom »Bürgerkrieg der Erinnerungen« schrieb László Földényi, am 7. Januar 2006. Die Ungarn schauten lieber auf ihre Wunden statt ins Auge der Vergangenheit. Dem Erinnern zögen sie das Gedenken vor. Und vergäßen gern, daß der Zweite Weltkrieg Ungarn nicht nur große Gebiets- und Bevölkerungsverluste brachte, sondern auch »das Ende eines halbfeudalen, nicht selten sogar offen faschistisch anmutenden Systems«.

Bis 1944 gelang es dem »Reichsverweser« Horthy, Ungarn aus dem Zweiten Weltkrieg herauszuhalten, allerdings in Nähe zu Hitlerdeutschland, von dem man sich eine Erstattung der 1920 im Vertrag von Trianon eingebüßten Gebiete erhoffte. Nach Horthys vereiteltem Versuch, sich von Hitler zu lösen, installierte 1944 die faschistische Pfeilkreuzler-Partei ein barbarisches Regime, das auch zur Ermordung der meisten ungarischen Juden führte.

Sozial war das Vorkriegsungarn zerklüftet: hier das bitterarme Volk landloser Bauern, dort die unangetasteten Landmassen des Großadels. Da schien nach 1945 der Sozialismus eine populäre Zukunft. 1947 wurden die Kommunisten, nach Mitgliedern und Wählern, die stärkste Partei.

All diese Vorvergangenheiten werden von 1956 wie von einem Paravent verdeckt. Politisch ist das Land heute zerrissen bis aufs Unterhemd, sagt Wilhelm Droste, ein Literat und Übersetzer, der vor 17 Jahren aus dem Sauerland nach Ungarn kam und nahe dem Goethe-Institut das Café Eckermann betreibt. Wir sind die Guten, die anderen die Schlechten, das ist hier der infantile Volkssport, links wie rechts. Das Feindbild stiftet Identität. In der Geschichte sucht man nur Legitimationsstationen der eigenen Sache. Man gedenkt, um nicht zu denken.

So findet jeder seins im Chaos der 56er Visionen. Die Linke reklamiert die Heldenrolle für Imre Nagy und die Reformkommunisten, die ihr Ideal eines national-demokratischen Sozialismus mit dem Martyrium bezeugten. Die Rechte macht das freiheitliche Volk zum Helden – und zum Opfer, wie seit tausend Jahren: Seit der Urvogel Turul den nomadischen Magyaren den Weg ins Donaubecken wies, kämpften sie dort gegen Übermächte und wurden, Heroen unverschuldeten Untergangs, aufs unbeugsame Haupt geschlagen. Das Gute liegt im Wesen der Nation, das Böse wurde immer oktroyiert – von den Türken, Habsburgern, Russen, Kommunisten. Man steht auf dem monumentalen Heldenplatz, der die Andrássy-Allee beschließt. Ein Kolonnaden-Halbkreis versammelt die Trutzfiguren heroischer Ungarn, von St. Stephan, dem Reichsgründer, bis zu Kossuth. Umbrüllt vom Donnerkitsch des Historismus, denkt man: Kleine Völker brauchen große Männer.

Doch ebenhier begann Ungarns Neuzeit. Im Januar 1989 revidierte die ungarische KP-Führung ihr Verdikt, der Volksaufstand sei eine Konterrevolution gewesen. Imre Nagy und Genossen wurden exhumiert. Sie lagen, Gesicht zur Erde, in der Parzelle 301 des entlegenen Rákoskeresztúr-Friedhofs, anonym verscharrt in einem Areal, wo man auch verendete Zootiere eingrub. Am 16. Juni 1989 standen sechs blumenüberhäufte Särge auf dem Heldenplatz. Eine Viertelmillion Menschen strömte zuhauf. Die mutigste Rede hielt ein junger Oppositioneller, der im heutigen Ungarn als Charismatiker, Magyarenhoffnung und Schutzpatron der christlichen Familie gilt, respektive als Volksspalter, Rechtsopportunist und nationalistischer Demagoge: Viktor Orbán, Chef der FIDESZ-Partei. 1989 forderte Orbán, die Sowjetarmee müßte Ungarn verlassen.

Und sie gehorchte, zwei Jahre später: Am 19. Juni 1991 schlurfte ein dicker Offizier, Typ Zecher in Uniform, als letzter Besatzungsrusse über die Grenzbrücke gen Osten. Diese Filmaufnahme ist das finale Geschichtsbild im Haus des Terrors, dem Budapester Totalitarismus-Museum. Hier, in der Andrássy útca 60, befand sich die Geheimdienst- und Folterzentrale der mörderischen Pfeilkreuzler, dann die des Mörderregimes von Stalins Musterschüler Rákosi.

Das Haus des Terrors ist ein Zwitter, Museum und Gedenkstätte zugleich. In der dämmrigen Eingangshalle ragen zwei Marmortafeln, rot und schwarz, mit Sowjetstern und Pfeilkreuzler-Raute. Das Entrée markiert ein Credo: Kommunismus und Faschismus sind gleichrangige Verbrechen. Der deutscher Besucher reagiert da wetterfühlig, doch gehe man unvoreingenommen durch die beklemmende Schau. Denn sie berührt. Die audiovisuelle Überwältigungsdidaktik des Terrorháza, seine Nähe zur nationalkonservativen FIDESZ-Partei hebt die zentrale Wahrheit nicht auf. Viele sind hier elendig gestorben. Man betritt die Mordkeller, man vernimmt, in mystischer Grotte, die Opfernamen. Pathetisch wabert schwellende Musik. Umknattert von MG-Salven hält Imre Nagy über den Freien Sender Kossuth seine letzte Rede: »Sowjetische Truppen haben im Morgengrauen zu einem Angriff auf unsere Hauptstadt angesetzt ... Unsere Truppen stehen im Kampf. Die Regierung ist auf ihrem Platz ...«

Hat es Ihnen gefallen? fragt die Direktorin, Mária Schmidt.

Dies wäre das falsche Wort, auch für Frau Schmidts fortwährenden Klageruf: Die Linken! Die Postkommunisten! Das Haus des Terrors stehe für den Stolz auf 1956. Ein kleines unterjochtes Volk habe es gewagt, sich mit Waffen gegen eine monströse Herrschaft aufzulehnen.

Waren die Ungarn nicht eher Traumtänzer? Die Konferenz der Siegermächte von Jalta 1945 hatte der Sowjetunion Osteuropa als Einflußsphäre zugestanden. Aus der Globalperspektive betrachtet ...

Aus der Globalperspektive ist das Unsinn, was Sie sagen! Aus Österreich waren die Russen 1955 auch abgezogen. Warum sollte Jalta nur für Ungarn gelten?

Weshalb spaltet 1956 die ungarische Nation?

Es spaltet nicht. Die Postkommunisten tun das, die Täter und ihre Nachkommen.

Warum ist die Lynchjustiz nirgends erwähnt?

Welche Lynchjustiz?

Die Erschlagenen von Miskolc. Die Menschen, die in Budapest an der Laterne hingen.

Haben Sie schon mal von einer Revolution gehört, wo man nicht mordet?

Frau Schmidt, diese Antwort ist schrecklich.

In jeder Revolution gebe es revolutionäre Akte, erklärt Frau Schmidt. Die vielen, vielen Gefallenen des Aufstands seien ja im 1956er Raum des Terrorháza auch nicht genannt.

Dann erzählt sie von der Kindheit, als sie die Angst vor diesem grauenhaften Haus die Straßenseite wechseln ließ. Wir wollen die Herzen erreichen, sagt Frau Schmidt, wir bezwecken eine Katharsis. Unsere Kinder sollen wissen, was war, und daß es vorbei ist. Ich fürchtete anfangs Schulklassen, die sich hier lustig machen. Aber das geschieht nicht.

Dann sprechen wir über die Fußball-Weltmeisterschaft. Dann über Ungarns sagenhaftes Gold-Team – Puskás, Czibor, Hidegkuti ... – und wie 1954, nach der nationalen Wunde von Bern, die frustrierten Ungarn erstmals auf die Straße gingen. Darüber gibt es ein schönes Buch von Peter Kasza: »Fußball spielt Geschichte«. Sein fröhlicher Vater László L. Kasza erzählt uns beim Campari von kommunistischer Sippenhaft, von der Stasi-Unterwanderung der ungarischen Kirche, von seiner Flucht, dem Münchner Exil und wie er trotz 30 Jahren bei Radio Free Europe ein liberaler Nichtnationalist bleiben konnte. Im »Café Europa« treffen wir Gabriella Bokor und Eva Zeley. Die eine ist Journalistin aus linkem jüdischem Milieu. Die andere, Lehrerin, wählt FIDESZ; 1956 behandle sie im Unterricht aber unideologisch, möglichst faktentreu. Gabriella und Eva sind Freundinnen seit Schülertagen und blieben es über alle Gräben. Unendlichen Lebensgeschichten lauschen wir in dieser Budapester Woche. Viele dieser Geschichten werden gesammelt vom 1956er Institut: multiphone *oral history*, wider die Betonierung des Erinnerns durch großgeschichtliche Ideologie. Im

Prinzip ist die ungarische Gesellschaft frei, sagt der Direktor, János M. Rainer. Ob sie sich so benimmt, ist eine andere Frage.

Ungarn ist arm. Kein allgemeiner Wohlstand sponsert den gesellschaftlichen Frieden. Und die 56er Heldengeschichte wird alt. Im Kino »Corvin«, wo die Aufständischen ihr Hauptquartier hatten, lungern die Kids, futtern Popcorn und gucken »Piraten der Karibik« mit ihrem Helden: Johnny Depp. Eine Vitrine zeigt Brandflaschen, leergeschossene Patronengurte, Photos vom gestürzten Stalin-Denkmal. *Old story*, sagt der 16jährige Robert Balogh. Pilot will er werden, in den USA. Seine Schwester Patricia möchte ins Tourismus-Business, und auch nicht in Ungarn bleiben. Was ist in zehn Jahren? Da bin ich Ärztin, überlegt Susanne Prokop, die Eliteschülerin, 14 Jahre jung. Reisen will sie, aber in Ungarn leben. Das ist ihre Heimat, die sie liebt. Was sie nicht liebt, ist Geschichte. Physik und Mathe mag ich, sagt Susanne. Geschichte ist unlogisch, da muß man alles lernen.

Am letzten Tag fuhr uns András Szekfüs Studentin Zsuzsa Barlay in den Vorort Budatétény, zum Park der entmachteten Denkmäler. Dort genießen Marxengelslenin & Gen. ihre postmortale Existenz, bewacht von Spanienkämpfern und titanischen Rotarmisten. Da fällt einem viel Ewiges ein.

Kürzlich gab es eine Umfrage nach dem größten Ungarn aller Zeiten, sagte Zsuzsa. Die meisten Stimmen bekam János Kádár.

Väterchen Kádár. Der Henker. Der Gulaschkommunist. Die Geschichte ist voller Metamorphosen. Nach 1848 war Kaiser Franz Joseph I. der Schlächter ungarischer Revolutionäre, 1916 starb er als beweinter Völkervater. János Kádár ruht recht schlicht in Ungarns Prunk-Acker, dem Kerepesi-Friedhof. In die Grabhecke haben seine Genossen rote Fähnlein geflickt. Die Hecke mag das nicht, sie stirbt.

Zsuzsa, was ist Freiheit?

Glück, sagte Zsuzsa. Träume leben. Und ein guter Mensch sein, wenn das geht.

August 2006

Bürgerdämmerung

Daig, Fasnacht, Gägägä – Basels begüterte Freiheit

Die Schweiz ist nicht Deutschland. Das bewies der 12. November 1989. Drei Tage nach der deutschen Weltenwende streunten wir durch Basels Sonntagsfrieden. Der hochwürdige Münsterplatz döste in der späten Sonne, die letzten Kastanienblätter kreiselten hernieder, der Rhein trödelte nach Norden. Ein Schrei zerriß die Stille: Äkschtrablatt! Aha, jetzt hatte auch die Schweiz den Mauerfall bemerkt. Doch nein. Das Extrablatt tat kund, die Bewohner des Laufentals wollten künftig zum Halbkanton Basel-Land gehören.

Alle Gedanken, dann auch wir, eilten nach Ostberlin. Heute reisen wir umgekehrt, von Berlin nach Basel, um zu suchen, was es im geschichtsversehrten Deutschland kaum mehr gibt: eine ungebrochen bürgerliche Stadt, geprägt durch Aufklärung und Pietismus. Das fromme Basel hat die Stadt geheißen, auch: das rote Basel. Ihre Weltenwende erlebt sie jedes Jahr, fünf Tage nach Aschermittwoch, für exakt 72 Stunden: Fasnacht, beginnend mit dem Morgestraich, montagfrüh um vier.

Jetzt ist Samstagabend. Wir stehen wieder auf dem Münsterplatz, begleitet vom Historiker, Theatermann und Lebenskünstler Peter Habicht. Dieser Platz, erklärt er, sei Basels Herz seit der Römerzeit. Die fürstbischöflichen Bauten, die ihn säumen, übernahm nach der Reformation die Stadt. Hier residierten Bürgermeister und Oberzunftmeister, da wohnte Pestalozzi, dort, im Humanistischen Gymnasium, lehrten Friedrich Nietzsche und Jacob Burckhardt, der Sproß einer Münsterpfarrerdynastie. Wir betreten das Gasthaus Zum Isaak, einst bewohnt vom Ratsschreiber und Aufklärungsphilosophen Isaak Iselin (1728–1782). Er begründete 1777 jene Wohlfahrtsinstitution, die jeder Hiesige als Gägägä kennt: die Gesellschaft zur Beförderung des Guten und Gemeinnützigen Basel (GGG).

Herr Habicht, was ist Basels Wesen?

Der Titel meiner Stadtgeschichte: »Mittendrin am Rande«. Basel hatte immer eine Sonderstellung, auch durch seine Lage: Dreiländereck, ganz nah an Deutschland und Frankreich, von der übrigen Schweiz durchs Jura getrennt.

Habicht weiß alles. Basels jüngere Schicksalsjahre sind 1648, 1798 und 1833. 1648 steht für die Schweizer Freiheit. Selbige ward, wie wir erschüttert lernen, nicht durch Wilhelm Tells respektive Schillers kernigen Apfelschuß errungen, sondern durch das diplomatische Genie des Basler Bürgermeisters Johann Rudolf Wettstein, der im Westfälischen Frieden die eidgenössische Reichsunabhängigkeit erhandelte. 1798 rief der Basler Oberzunftmeister Peter Ochs, Anführer der radikaldemokratischen Basler »Patrioten«, die kurzlebige Helvetische Republik aus – auf Druck Napoleons – und verfaßte das erste demokratische Grundgesetz der Schweiz, mit Gewaltentrennung, Presse-, Rede-, Religionsfreiheit. In seinem Idol Napoleon sah Ochs den Schützer der Revolutionsideale von 1789, mitnichten den Usurpator, der die föderative Schweiz zum Satellitenstaat zusammenzwang. Das widerspenstige Bern wurde gestürmt und geplündert. Basel hingegen kooperierte und erfuhr autoritäre Huld. Ochs empfing das napoleonische Warnwort: *La révolution est fini, Monsieur Ochs.*

Napoleons Ende restaurierte auch in Basel das Ancien régime der konservativen Bürgerelite. Doch die egalitäre Saat war gelegt und ging auf. Die Landstände forderten Emanzipation, wurden nachrangig behandelt und begehrten Trennung von der Stadt. Es kam zum Aufstand, 1833 zum Bruch. Seither gibt es die Halb- und Separatkantone Basel-Stadt und Basel-Land. Unverändert leidet die Stadt am Verlust ihres Hinterlands. Die Blutauffrischung fehlt, eine gemeinsame Infrastruktur, natürlich auch das Steuergeld.

Herr Habicht, was bedeutete der Protestantismus für Basel?

Zum Beispiel Arbeitsethos. Der Protestant muß sich ja über jede Lebensstunde Rechenschaft ablegen.

Schließen das aufgeklärte und das fromme Basel einander aus?

Eben nicht, sagt Habicht. Die Aufklärung wandte sich gegen ein verhärtetes gesellschaftliches System, der Pietismus gegen die versteinerte protestantische Orthodoxie und die reformierte

Staatskirche: Nicht per Institution, sondern im einzelnen Frommen offenbare sich Gott.

Aufklärung wie Glaube wollen wirken ...

... und Vernünftiges beziehungsweise Gott Wohlgefälliges tun. Nehmen Sie eine Gestalt wie Karl Sarasin, im 19. Jahrhundert ein Inbegriff des frommen Unternehmers. Sein Geld macht er als Seidenbandfabrikant. Zugleich ist er im Komitee der Basler Mission, natürlich in der wohltätigen GGG und im Ratsherrenregiment, als Stadtbaudirektor. Er sorgt für soziale Arbeitersiedlungen. Ein fortschrittliches Fabrikgesetz tritt in Kraft, es verbietet Kinderarbeit und Nachtarbeit für Frauen. Der Staat soll zum Wohle derer, die ihm dienen, regulativ in die Wirtschaft eingreifen.

Aber der Ständestaat bleibt gewahrt.

Ganz klar. Karl Sarasin ist der klassische *patron*. Bis heute sind die besseren Basler Familien selbstverständlich in der GGG. Geld haben sie auch noch, sie lassen das Kapital arbeiten. Man ist einfach wohltätig, deshalb sah Basel das lange nicht als staatliche Aufgabe an. Dafür brauchte es dann die Arbeiterbewegung.

Habicht eilt voran, zum religiösen Sozialismus des Münsterpfarrers Leonhard Ragaz (1868–1945) und dem Basler Friedenskongreß der Sozialistischen Internationale 1912. Im Münster leuchten rote Fahnen, von der Kanzel verkündet Jean Jaurès, der Kapitalismus trage den Krieg in sich wie die Wolke den Regen. Der Krieg kommt, dann der zweite. Basel lebt in ständiger Furcht vor Hitlers Zugriff. Erst in jüngerer Zeit, sagt Habicht, habe sich das Verhältnis zum nördlichen Nachbarn entspannt.

Wir trinken aus und treten in die Nacht. Vom Münsterturm schlägt uns die späte Stunde. Basel schläft: die Ruhe vor dem Sturm – auch für den Fasnachtler Peter Habicht. Zum Abschied schenkt er uns sein Buch »Pfyffe, ruesse, schränze«, das sich als unentbehrliches Fasnachts-Vademecum erweisen wird. Wir lesen von Cliquen und Sujets, von Gässle und Gugge, von Cortège, Schyssdräggzyygli, Schnitzelbängg. Ein protestantischer Karneval, das kann ja was werden.

Wir wohnen jenseits des Rheins, im traditionellen Quartier der minderen Stände. Großbasel thront hoch über dem Strom, Kleinbasel kauert vis á vis und schaut zum Münster auf. Rechts davon

Minervas Eule mit Münster und kluger Frau (Basel, 21. Februar 2010).

prunken das Weiße und das Blaue Haus, barocke Stadtpaläste, die sich die Seidenband-Fabrikanten Lukas und Jakob Sarasin bauen ließen. Am Sonntagmorgen laufen wir ans Wasser. Links der Mittleren Brücke verkehrt die kleine Fähre, ein strömungsgetriebener Nachen namens Leu. Der Löwe schläft noch, am anderen Ufer. Das Münstergeläut klingt herüber, wir läuten mit der Anleger-Glocke zurück. Leu hört es und kommt, lautlos, geführt von zwei urigen Brüdern unbestimmbaren Alters. Der eine ist barfuß, im Februar. Wir hören, die Fähre verkehre seit 152 Jahren. Die Brüder seien fast so lange da.

Angekommen, steigen wir empor zur Münsterpfalz und auf den Martinsturm, von dem man bis zum Schwarzwald und in die Vogesen blickt. Die Galluspforte, das romanische Querschiffportal, zeigt Christi Weltgericht und preist Werke der Barmherzigkeit. Im Münster, links des Altars, erhebt sich das opulente Grabmal des europäischen Uraufklärers Erasmus von Rotterdam. 1536 als Katholik gestorben, wurde er hier beigesetzt, obwohl das Münster seit 1529 reformatorisch war. Draußen an der Mauer ragt Basels wallebärtiger Reformator Johann Oekolampad, die Biblia sacra in seiner weisenden Hand. Im Kreuzgang verzeichnen Epitaphe mit Versen erinnernder Liebe die Basler Bürgernamen: Sarasin, Merian, Iselin, Staehelin ... Ein Aufkleber verspricht: »Schweizer Waffen töten weltweit.«

Nebenan steht ein rosa Gebäude: die Allgemeine Lesegesellschaft. Am neogotischen Portal erwartet uns Albert M. Debrunner, der Präsident. Eigentlich ist er Lehrer für Englisch und Deutsch – ein grüblerischer Theologensohn, der seine Dissertation über Isaak Iselins »Träume eines Menschenfreundes« geschrieben hat. Die Allgemeine Lesegesellschaft (LG) wurde 1787 gegründet, zwei Jahre vor der Französischen Revolution. Kein Zufall, sagt Debrunner. Lesen bedeutet Information, Nachdenken, dann den Wunsch nach Veränderung. Da werden die Leute frech.

Wir laufen über Wendeltreppen und knarrendes Parkett und wähnen uns alsbald in einer verwunschenen Welt. Bücher, nichts als Bücher. Köstlicher Foliantenduft. Erasmus' »Lob der Narrheit«, Karl Philipp Moritz' »Anton Reiser«, Rousseau, Montesquieu. Oh, auch Karl May. Und Isabel Allende. Pulte, Holzregale, historisches Gestühl. Still durchsonnte Leseräume, Messingleuchten auf grün linolierten Tischen. Behagliche Fauteuils in gotisch befensterten Erkern. Keck äugt Minervas Eule, das Signum der LG.

Hier würde Rilke erlöst: *Wenn es nur einmal so ganz stille wäre. / Wenn das Zufällige und Ungefähre / verstummte und das nachbarliche Lachen ...* Am rechten Fenster studiert ein Senior, als säße er seit 1787 dort, versunken lesend, in sich sinnend und nach draußen, über den Rhein.

Der beste Platz, flüstert Debrunner.

Wieso?

Weil man von dort den scheußlichen Kleinbasler Messeturm nicht sieht.

Die LG, 365 Tage im Jahr geöffnet, lebt von ihren Mitgliedern. Mehr als tausend sind es, Tendenz steigend, bei 190 000 Einwohnern. Man zahlt 150 Franken pro anno. 75 000 Bände umfaßt die Sammlung; jährlich kommen Hunderte hinzu. Der Anspruch: gehoben. Die neue Platon-Ausgabe sei ein Bedürfnis gewesen, sagt Debrunner. Krimis gebe es auch, snobistisch sei man nicht. An die

200 Zeitungen und Journale liegen aus. Die LG ist keine Gruft der Gutenberg-Epoche. Die emaillierten Schilder, die antiken Drehlichtschalter bezeugen die Vergangenheit der Gegenwart, wider die Hetze des Augenblicks.

Was verging, ist der politische Anspruch der Gründer. Im 19. Jahrhundert, sagt Debrunner, sei die LG zum schöngeistigen Bürgerklub geworden. Er zeigt die Stiftertafel, angebracht zum 200. Jubiläum 1987. Es fehlt Peter Ochs, dessen Nachkommen sich aus Scham über den demokratischen Nestbeschmutzer des patrizischen Basel in His umbenannten. Ehrend verzeichnet ist Johann Wernhard Huber (1753–1818), Kommissar der Helvetischen Republik von Napoleons Gnaden. Der, sagt Debrunner, hat hier die Guillotine geschmiert.

Ist Basel eine geistige Stadt?

Eine Kaufmannsstadt. Juristen und Wirtschaftsleute dominieren die Führungsschicht. Der Kaufmannsgeist finanziert manches und schmückt sich mit Künsten, Bildung und Tradition. Es heißt, die Franzosen seien kein intellektuelles Volk, hätten aber viele Intellektuelle. Dasselbe läßt sich über Basel sagen.

Das Handy klingelt. Eva Herzog ruft an, Basels Regierungsrätin für Finanzen: Ob wir Lust hätten, den Morgestraich mit der Kantonsregierung am Rathausfenster zu erleben? Und auf ein Sonntagabendessen mit den Räten befreundeter Kantone?

Schnitzel und Weißwein im Zunfthaus Löwenzorn. Notvoll servieren wir den würdigen Tischnachbarn uns geläufige Schweizer Themen: das kriminalitätsförderliche Bankgeheimnis, die Heimniederlage der Fußball-Nationalelf gegen Luxemburg sowie Klaus Schädelins schreikomisches, unbedingt zur Weltliteratur zählendes Jugendbuch »Mein Name ist Eugen« von 1955. Letzteres findet Anklang. Im Tausch erfahren wir gar manches über die plebeszitäre Demokratie des Appenzell. Jetzt nahen zwei Farbige mit einer Trittleiter und schwarzer Plastefolie. Penibel verkleben sie die Fenster. Kein Fünklein Licht dürfe nach außen dringen. Steht ein Luftangriff bevor? Nein, der Morgestraich.

Nachts um drei: staatsrätliches Sammeln im Rathaus. Zuvor sind wir durch die Stadt gestreunt. Ein fernes Trappeln, Trommeln, Pfeifen war zu hören. Aus den Gassen sickerten Trupps, die de Ladäärne yypfyffe, das heißt: ihren Schauwagen an den Startplatz schoben. Das Rathaus, die weltberühmte rote Bürgerburg, ist bereits verdunkelt. Eine schüttere Lichtschnur weist uns den Weg durchs Treppenhaus und die Flucht der Säle, bis wir am Fenster stehen. Unter uns der Markt.

Dann schlägt es vier. Ein Schrei! In der ganzen Stadt erlischt das Licht. Dann naht das Trommeln, das Pfeifen der Piccolos. Nicht Hunderte – Zehntausende marschieren, gespenstisch vermummt, Block um Block in jeweils gleicher Larve. Bekrönt mit Kopfgeleucht, folgen sie ihrem Heiligtum: der Laterne.

Hier ist kaum Raum, die Fasnacht zu erklären. Nur soviel: Sie hat nichts gemein mit Kölner Karneval, mit Suff- und Schunkeljux. Die Basler Fasnacht durchzieht, unter ihrer Freude, tiefe Melancholie, ja Ingrimm auf die Zyklik und Vergeblichkeit des Lebens. Sie eint die Stadt und egalisiert ihre Bürger. Und sie spaltet Basel, denn die Nichtfasnächtler emigrieren und fahren in den Bergen Ski. Die Fasnächtler leben rund ums Jahr für ihre drei scheenste daag. Sie separieren sich in Cliquen; etwa 40 große gibt es, Hunderte kleine. In diesen zunftartigen Vereinen entwirft und fertigt man die Ganzkörperlarven. Man berät das politisches Sujet, das die Laterne schmücken soll. Man baut und bemalt sie oder läßt malen. Man dichtet, strikt baseldeutsch, *Zeedel*, zur Erklärung des Sujets.

Und dann ist Morgestraich. Und Montagmittag Cortège, der große Umzug durch den Stadt. Am Dienstag Schyyssdräggzyygli, der Umzug für Kinder und Einzelgänger. Am Mittwoch wieder Cortège. Die Läden sind geschlossen, die Kneipen auf bis in den Morgen. Es schlafe, wer kann. Wir können nicht. Wir bestaunen Dienstagnacht die leuchtende Laternenausstellung auf dem Münsterplatz. Wir laufen den Zügen nach, die, jeder für sich, nach Gusto paradieren. In den mittelalterlichen Heubergs-Gassen, am Kleinbasler Ufer, auf dem Schifflein Leu pfeifen sie und trommeln, gefolgt von tiefernsten Menschen in der Besinnung ihres Lebens. Kein Gast darf sich unter die Aktiven mischen. Wir folgen Kohorten von Rittern, Glühbirnen, Hexen, Trauervögeln, Unfallopfern. Den Endstraich, Donnerstagfrüh um vier, erleben wir mit einer Horde von Ghaddafis.

Ghaddafi – einer von Hunderten (Basel, 24. Februar 2010).

Libyens Führer hatte die Schweiz für überflüssig erklärt; man möge sie auf Deutschland, Frankreich und Italien verteilen. Das machte ihn zum Star der Laternenmaler und Larvenkünstler. Vorausgegangen war die Verhaftung des prügelnden Ghaddafi-Sohnes Hannibal in Genf. Folgendes geschah, in der Diktion der Gundeli-Clique: *Us hait'rem Himmel, zmittst in Gämf / und das isch ebbe gar kai Sämf / het ain vo de Ghaddafispross / wie maischtens vo sym hooche Ross / im Hotel ummenander peeblet / und s Personal ganz arg vermeeblet. / Ai Frau, die het er bsunders gschlage / e Zinggebruch het sii z beklaage. / Er het sy ghaue, ass es kracht / do het die Maid en Aazaig gmacht. Drey Schugger, aine isch e Frau / verhafte denn die Wieschtesau. / Jetzt hänn mir Schweyzer, s git nyt z kääre / bilateral e Staatsaffääre.*

Der arabische Fernsehsender Al Jazeera kommt zur Fasnacht und filmt. Am Donnerstagabend erklärt Ghaddafi der Schweiz den Heiligen Krieg.

Ein Wort hören wir immer wieder: Daig. Der Teig. Es bezeichnet die alteingesessenen Patrizierfamilien aus St. Alban-Vorstadt und Gellertquartier, ihre generationenlange Sippenvermengung.

Der Daig steht auch für Mäzenatentum. Man hört vom Engagement der Familie Staehelin für das wunderbare Kunstmuseum, vom Club der sieben Frauen, die das neue Schauspielhaus finanzierten. Man weiß, daß die Roche-Erbin Beatrice Oeri den Jazzclub Bird's Eye und die Stiftung Habitat unterstützt. Doch die Geber sprechen nicht darüber, der Daig hält sich bedeckt. Protz und Selbstdarstellung überläßt man Zürich, der Antistadt. Wer Basels sogenanntes Villenviertel, das Bruderholz, durchwandert, erstaunt ob der bescheidenen Bauten. Anruf bei einer wohltätigen Dame des Daig. Wir reden mit Engelszungen vom sozialen Basel, von Aufklärung und Bürgertumsgeschichte. Wir hören, sehr freundlich: Ich gebe nie ein Interview.

Aber es ist völlig seriös. Es ist »Die Zeit«.

Das ändert nichts.

Dann muß ich mich wohl fügen.

Ja, da bleibt Ihnen nichts anderes übrig. Schönen Tag.

Der soziale Sinn gehöre zu Basel, sagt Eva Herzog, die volksgewählte Finanz-Regierungsrätin. Der Stadt gehe es wirtschaftlich gut, vor allem durch die Pharmakonzerne Novartis und Hoffmann-La Roche, die hohe Steuereinnahmen brächten. Die Arbeitslosigkeit liege bei vier Prozent. Noch müsse man keine schmerzhaften Sparpakete schnüren und plane keine Sozialpolitik à la Gerhard Schröder. Aber tendenziell spüre die Schweiz dieselben Probleme wie Deutschland vor Hartz IV.

Frau Herzog, die eingeheiratete Baslerin Gigi Oeri sponsert den FC Basel. Das ist ein seßhaftes Engagement. Doch dieses Bürgertum schwindet, globale Wirtschaftseliten empfinden nicht lokalpatriotisch. Steht Basels Sozialität unter Finanzierungsvorbehalt?

Ohne Novartis und Hoffmann-La Roche würde sich Basel dramatisch verändern, sagt Frau Herzog. Aber sie bauen ihre Basler Hauptsitze mit hochrangiger Architektur aus, und das Mäzenatentum blüht.

Das Basler Bürgertum hat sich gespalten, sagt der Münsterpfarrer Bernhard Rothen. Die einen sind liberal-konservativ geblieben, die anderen sozialdemokratisch geworden. Generell fehlt ein Bewußtsein dafür, was in unteren Schichten passiert, weil man immer unter Seinesgleichen verkehrt.

*Tiefernste Menschen in der Besinnung ihres Lebens
(Basel, 22. Februar 2010).*

Was ist Basels Wesen?

Etwas unerhört Mildes, Weiches, Kindliches, sagt Rothen. Das rührt auch aus dem Pietismus, der leider über der frommen Erbauung und Gemeinschaftspflege die intellektuelle Konfrontation mit der Aufklärung vergaß. Andererseits hat Basel, als Ventil, einen unerhört spitzen Humor. Und in der ganzen Schweiz gibt es eine große stille Traurigkeit. Eine Ermüdung, einen Mangel an Begeisterung. Dieser Anti-Euro-Habitus, die Schweizer Selbstverwaltung – man weiß, daß man es nicht halten kann.

Noch. Das dachten wir öfter in Basel, das bereits zu 40 Prozent konfessionslos ist. Wer das Noch, das bürgerliche Bröckeln spüren möchte, lese »Brachland«, Christoph Geisers diskret enthüllenden Basel-Roman. Noch gibt es Bürgertum als Verantwortungselite. Noch hat die Stadt mehr als 800 Stiftungen. Die bekannteste, die landreiche Christoph Merian Stiftung (CMS) existiert seit 1886. Merians Vater war der reichste Mann der Schweiz, dank Napoleons Kontinentalsperre, die ihm ein Schmugglervermögen eintrug. Verbindungen zum Sklavenhandel gab es wohl auch. Der fromme

Sohn wurde Agronom. Sein immenser Besitz machte ihm angst. Wie sollte er selig werden, da doch laut Matthäus 19,24 eher ein Kamel durchs Nadelöhr gelangt als ein Reicher zu Gott? Der Ausweg lautete: Wohltätigkeit, Stiftung des Erbes für Basels Sozialität, »zur Linderung der Not und des Unglücks«. Das kinderlose Ehepaar Merian ruht in der von ihm errichteten Elisabethenkirche. Die CMS beschäftigt 120 Menschen, erzählt uns Pressechef Toni Schürmann, und verfügt jährlich über etwa 10 Millionen Franken.

Die GGG ist keine Stiftung, sondern ein Verein, erklärt der Geschäftsführer Dieter Erb. 3000 Mitglieder hat sie – eine kleine Republik der Ehrenämtler. Sie betreibt Bibliotheken, ein Büro für Steuererklärungen, das Freiwilligen-Zentrum Benevol, Musikausbildung, Jugendarbeit, Gesundheitsfürsorge ... – kurzum, gemäß den Gründungsstatuten von 1777, »die Beförderung, die Aufmunterung und die Ausbreitung all dessen, was gut, was löblich, was gemeinnützig ist, was die Ehre und den Wohlstand des gemeinen Wesens, was die Glückseligkeit des Bürgers und des Menschen überhaupt erhöhen und vermehren kann«.

Zuletzt sind wir dem Daig doch noch begegnet. Der Arzt Remigius R. Faesch empfing uns in seiner Praxis. Ernste Ahnen spähten von der Wand, doch es wurde heiter. Faesch, ein jungenhafter Fünfziger, beschrieb seine Klasse mit fröhlicher Ironie. Es fiel, sozial gemeint, das Wort Inzestkomponente. Na, er habe Narrenfreiheit durch seinen Beruf. Wenn ein Mensch intelligent, witzig, sprühend ist – toll, sagte Faesch. Aber der Daig an sich ist für mich nicht interessant.

Auch Faesch redete vom Abwärtsstrudel. Die Überalterung, die großstädtisch überdehnten Strukturen der Kleinstadt Basel ... Seine Frau sei Australierin, sechs Monate habe er dort gelebt. Ein großes Land, ein schwacher Staat, mangels *manpower*. Vieles funktioniere nur über Freiwilligkeit. Fast wie bei uns, sprach der Bürger und GGG-Vorstand Faesch. Wir springen für den Staat ein, wenn er nicht mehr kann.

April 2010

Gottes Hochhäuser

Eine französische Himmelfahrt ins Herz der Gotik

Erschrocken sahen wir uns an. Das hatte er gesagt? Tatsächlich, der Satz war gefallen, aus dem Munde von Pfarrer Eberhard Dutschmann, Dozent für Kunsterziehung am Leipziger Theologischen Seminar: Ich werde es den Engländern und Amerikanern nie verzeihen, daß sie bei der Bombardierung von Leipzig die Peterskirche nicht richtig getroffen haben.

Täglich passierten wir die Geschmähte auf dem Weg zum Seminar. Das gotische Portal mit dem Rosettenfenster, Leipzigs höchster Kirchturm (88 Meter) – was, außer dem kriegsversehrten Bauzustand, war daran auszusetzen? – Kitsch! rief Dutschmann. Neogotische Scheußlichkeit!

Wir hörten von den Spitzbögen und Kreuzrippengewölben der wahren Gotik. Daß sie im 13. Jahrhundert aus der rundbogigen Romanik hervorgegangen war. Daß sie im 16. Jahrhundert der Renaissance wich, der die Antike als Goldenes Zeitalter galt. Erst jetzt wurde *gotico* zum Begriff, als Schimpfwort für mittelalterliche Kunst: barbarisch wie die Goten. Das 19. Jahrhundert rehabilitierte die Gotik, und Caspar David Friedrich malte ihre Ruinen als altdeutsch-weltfluchtiges Ideal.

Die Leipziger Peterskirche wurde 1881 begonnen, im reaktionären Rückgriff auf eine historisch gewordene Form, wie Pfarrer Dutschmann lehrte. Jeglicher Ausdruck habe seine Zeit. Ihn Epochen später nachzuahmen sei Gegenwartsverweigerung. Die Wiege der Gotik stehe in Nordfrankreich, in Chartres, Amiens, Paris, am schönsten und reinsten in Reims.

Dies wurde sehnsüchtig gesprochen und gehört im Leipziger Jahr 1976. Bekanntlich gab es eine Grenze um die DDR. Die Mauer fiel. Inzwischen ist der Kölner Dom besucht, das Münstergetürm von Ulm, Freiburg, Strasbourg erklommen, die sakrale Herrlichkeit von Canterbury, Siena, Sevilla bestaunt. Der Westen, das Christliche Abendland, erwies sich als gotischer Kontinent. Dann Chartres, im Dezember 2003. Ein bleierner Wintertag. Zwei disharmonierende Spitztürme flankierten die prachtlose Fassade. Auch die Portalfiguren standen grau in grau. Aber drinnen wölbte sich ein gewaltiges Schiff und barg den Gast im Gottesbauch. Mangels Sonne blieben die Fenster dunkel, so daß sich nur ahnen ließ, was Gotik eigentlich bedeutet: Kunst des Lichts.

Nun ist ein anderer Dezember. Paris wird überspannt von andalusisch blauem Sonnenhimmel, als der TGV den Gare de l'Est verläßt. Nach Reims!

Das weite Reims faßt nicht die Zahl der Gäste, die wallend strömen zu dem Völkerfeste. So steht es geschrieben in Schillers Tragödie »Die Jungfrau von Orleans«. Das 17jährige Bauernmädchen Jeanne d'Arc hat mit himmlischem Beistand die englischen Invasionsheere besiegt. Der französische Thronfolger, der vor Johannas Erscheinen schon kapitulieren wollte, darf sich am 17. Juli 1429 zum allfränkischen König Karl VII. salben lassen. Der Nationalstaat entsteht, den Schiller auch für die zersplitterten deutschen Lande erhoffte – gegen Napoleon.

Den Gründungsakt inszeniert er um die Reimser Kathedrale, mit engelweißen Blumenkindern, mit Flötenspielern und Oboisten, mit Herolden, Marschällen, Schwert-, Zepter- und Reichsapfel-Präsentanten. Hierauf folgt Johanna mit dem Siegesbanner, dann, unterm Thronhimmel, der König. Höchst wichtig ist Schillers Regieanweisung »zwei Bischöfe mit der Sainte Ampoule«, dem heiligen Salböl-Gefäß. Hieran hängt alles, Karls Königtum und Reims' Status als Krönungsort.

Warum Reims? Weil im 5. Jahrhundert der Heilige Remigius als Reimser Bischof den Frankenkönig Chlodwig getauft haben soll, mit per Taube vom Himmel gesandtem Öl. Dies ist das Weltbild des Mittelalters: Gott regiert Alles in Allem, überträgt jedoch Hoheitsrechte an irdische Stellvertreter. Geistliche Belange obliegen dem Papst, weltliche dem König – zumindest in der Theorie.

»Schau hin! Dort hebt sich Reims mit seinen Türmen ...«
(8. Dezember 2009).

Das Mittelalter durchzieht ein endloser Kompetenzkampf zwischen geistlicher und weltlicher Autorität. Kirchbauten dienen immer auch zur Manifestation von Macht. Wo sich der König Kronland unterwirft, gründet er ein Bistum und bepflanzt es mit einer Kathedrale. Die nordfranzösische Gotik ist Königsarchitektur.

Schau hin! Dort hebt sich Reims mit seinen Türmen, / Das Ziel und Ende deiner Fahrt – die Kuppel / Der hohen Kathedrale siehst du leuchten ... So spricht der Schwarze Ritter zur Jungfrau von Orleans. Die Kuppel hat Schiller geträumt. Und nichts leuchtet in Reims am 8. Dezember 2009. Die Sonne ist in Paris geblieben. Es regnet in der herben Hauptstadt der Champagne. Place Royal und Rathaus sind adrett, viele Bauten bescheiden, die Pisten aufgerissen für die neue Straßenbahn. Durch Revolutionswirren verlor Reims zwei Dutzend Kirchen, dann wurde es 1914 von den Hunnen, den Deutschen, zerstört. Vier Tage lang beschossen sie die Kathedrale, zur Demütigung der französischen Nation. Laut deutschem Heeresbericht saß ein feindlicher Artillerieposten in den Türmen. Die Reparaturen dauerten bis 1938. Wenig später waren auch die Hunnen wieder da.

Dann ist man angelangt. Und steht vor der Westfront der Kathedrale, sofort überstürzt von plastischer Bilderflut. Drei spitzbogige Portale, über und über besetzt mit Skulpturen. Darüber die Schaugiebel: links Jesu Passion, rechts das Jüngste Gericht, in der Mitte Christi Marienkrönung. Darunter das Maßwerk der kleinen Fensterrosette, darüber die große. Darüber David und Goliath. Darüber die Königsgalerie, zentriert um Chlodwig, Gottes neuerwählten David, der nackt im Taufbecken steht. Darüber ... Ein steinerner Rausch bis an die Doppelturm-Zinnen, 81 Meter hoch.

Ums Langhaus gelaufen, zu den Seitenportalen. Dort das Martyrium des Reimsers Bischofs Nicasius; in seinen Händen trägt er sein exekutiertes Haupt. Hiobs Leiden. Bischöfe, Päpste, Patriarchen. Tugenden und Laster, die Auferstehung der Toten, Christus als Weltenrichter ... Exakt 2303 Skulpturen zieren die Kathedrale, bis hoch zu den Engeln, die auf den Stützpfeilern wachen. Zwei lächelnde Engel sind Reimser Ikonen. Maria am Mittelportal erfährt ihre Schwangerschaft von einem reizend androgynen Flügelweib. Dessen spöttische Schwester bleibt unsichtbar, verborgen

Der Engel der Verkündigung (Reims, 8. Dezember 2009).

in einer Bretterkaue, die das linke Portal verhüllt. Drinnen wird restauriert. Goldlicht schimmert heraus. Der Reporter, leicht pathetisch aufgeladen, memoriert Paulus' ersten Brief an Timotheus, Kapitel 6, Vers 16: »Gott wohnt in einem Licht, da niemand zukommen kann.« Niemand? Zwei Proleten treten vor die Hütte: Rauchpause. Die Engelin raucht wohl nicht, doch daß sie diese Kerle exklusiv empfängt, macht Eifersucht.

Nun endlich ins große Schiff. Man betritt eine gewaltige Harmonie. Man versinkt. Was schreiben? Zahlen? Der Bau des Langhauses wurde 1211 begonnen und 1233 vollendet. Das Mittelschiff ist 138 Meter lang und 39 Meter hoch. Das Portal der inneren Westwand rahmen sieben Skulptur-Etagen, die von Johannes dem Täufer und Jesu Kindheit erzählen, zur Ankündigung des Heils, das die Fassade entfaltet. Die große Fensterrose zeigt Maria im Todesschlaf, umstellt von Aposteln und musizierenden Engeln. Die kleinere Rose illuminiert Marien-Litaneien mit Sonne, Mond und Morgenstern ... Arkaden und Triforien wären zu schildern, Bündelpfeiler, Gaden, Archivolten, im Slang der Kathedralgelehrten. Der Reporter ist keiner. Leise beorgelt, schaut und begrübelt er das *theatrum Dei et mundi.*

Man kann Gotik technisch, politisch, theologisch beschreiben. Die Kathedrale ist ein Gesamtkunstwerk. Alle Teile fügen sich zum Abbild der göttlichen Weltordnung. Und alle Gewerke versammelte die Kathedral-Bauhütte – Steinmetze, Zimmerleute, Glaser, Maler, Schnitzer, Glockengießer … Gotische Gotteshäuser entstanden in ummauerten Städten, anders als die romanischen Wehrkirchen der klösterlichen Welt, deren festungsartige Anlagen immer auch Schutz bieten sollten. Die gotische Entwicklung von Kreuzrippengewölben und äußeren Strebepfeilern entlastete die Wände. Die Fenster konnten wachsen, Licht fiel ein, auch aus der Höhe. Vierungsampeln über der Kreuzung von Lang- und Querhaus beleuchteten den Altar als Ort der Anwesenheit Gottes. Die Architektur strebte himmelwärts und baute Metaphysik.

Auch für uns Heutige, in einer ideologisch dissonanten, auf- und zugeklärten Welt? Bleibt diese Symphonie nicht Mittelalter und ist also nur noch schöner Stein? Was betört dich hier – Geschichte oder lebendiger Geist? Und braucht der solche Opulenz? Gilt nicht einzig Gottes Wort, egal in welcher Hülle?

Plötzlich flammen die Rosetten auf. Hinaus, zwecks Photographie! Sonne im Dezember ist ein Minutenglück. Die Westfassade glüht. Dann sinkt die Sonne, der Stein erlischt. Die Kathedrale hält noch lange auf. Ein Dutzend Menschen ruht in ihrem Hafen, betend, sinnend, wandelnd mit stillem Schritt. Der Priester im offenen Beichtstuhl liest ein Buch. Jeanne d'Arc lehnt still versunken auf dem Knauf des Schwerts. Die Kerzen blaken, die Gewölbe verschatten sich zur Geometrie der Nacht. Chagalls Fenster: schwarz. Dann muß man gehen. Die angestrahlte Kathedrale leuchtet wie ein Himmelsschrein. Trotzdem gibt es nun nichts Himmlischeres auf Erden als eine Kneipe, ein Schinken-Omelett vom Typ Obelix und ein paar belgische Biere.

Jetzt rollt der Zug in die Picardie. Graugrünes Flachland. Krähen über nassen Nebelfeldern, Zuckerrüben-Hügel, die Skelette der winterlichen Linden. Dörfer und Weiler. Bald ein Städtchen, das aber vor tausend Jahren Frankreichs Kapitale war. Der Ruhm

Das Hauptschiff der Kathedrale zu Laon (9. Dezember 2009).

thront hoch zu Berge: Notre-Dame de Laon, fünf Turmhäupter in den Wolken.

Laons Bahnhof liegt im Tal. Zur Oberstadt gelangt man schnurrflink mit POMA, der Standseilbahn. Dies scheint des Kathedral-Pilgers unwürdig. Er astet die endlose Bergtreppe hinan. Die Oberstadt ist klein und eng. Es nieselt kalt. Hochfahrend herrscht die Kathedrale. Auf dem Vorplätzchen verhüllt ein Schausteller mangels Kundschaft sein Karussell. Sonst kein Mensch. Den Pilger befällt die Urangst des Protestanten: verrammelte Kirchen. Bang drückt er die Klinke, tritt ein und erschrickt vor Freude.

Völlige Klarheit, reine Form. Zwölf Säulen säumen das Langhaus und lassen es schweben. Die Zwölf symbolisiert Vollständigkeit: die Stämme Israels, die Jünger Jesu, die Monate des Jahrs. Dienste – schlanke Schausäulen – steigen von den Kapitellen auf, überspannen das Gewölbe, kommen auf der Gegenseite nieder und linieren eine triumphale Vertikalität. Laon ist Frühgotik, erbaut zwischen 1155 und 1235. Hier gibt es noch Emporen, die den Gewölbeschub horizontal zu mildern und zu tragen haben. In der Hochgotik wird dies das äußere Strebewerk tun.

Wie ein Lehrbuch liest sich die Westfassade. Die drei Portale gleichen kleinen Hallen. Über dem mittleren prangt die erste Fensterrose der Gotik. Die ganze Front wirkt raffiniert geschachtelt und bewegt; nichts bleibt flach. Die viereckigen, durchbrochenen Türme werden in ihren Obergeschossen zu Achtecken gedreht. Nicht Könige, nicht Kirchenväter besiedeln die offenen Filialen. 16 steinerne Ochsen weiden zwischen den Säulen, blicken weit über Stadt und Land und genießen ihre wohlverdiente Ehrung als Helfer am heiligen Bau. Nach der Legende brach ein Lastochse zusammen. Dies sah ein Artgenosse, schirrte sich selbst ein und schuftete, bis der Kollege wieder konnte. Dann trollte er sich, ohne auf Lohn oder Dank zu warten. Solches geschieht nicht oft.

Fern aller Liebe ist Erzvater Abraham im linken Portal. Wahnfromm lodert der Blick, als er sein angstarres Söhnchen Isaak beim Schopfe packt, um es für Gott zu morden. Die Rechte umklammert das Schlachtemesser. Gott schreitet noch rechtzeitig ein – in der Bibel (1. Mose 22,1–14).

Der Frühzug verläßt Laon zu nachtschlafener Zeit. Eine dünne

Laternenschnur säumt droben den Berg. Schwarz in Schwärze ragt die Kathedrale, nicht zu sehen, nur zu wissen. Erst gegen acht das erste Licht. Ein Turm der klassischen Moderne begrüßt den Ankömmling in Amiens. Die Tour Perette, 26 Stockwerke und 104 Meter hoch, stammt aus den fünfziger Jahren. Amiens war stark zerstört. Wunderbar verschont blieb in beiden Weltkriegen die Kathedrale. Alte Photos zeigen absurde Sandsack-Gebirge, die man zum Schutz um die Portale türmte.

Notre-Dame d'Amiens – 1220 begonnen und Vorbild des Kölner Doms – ist, neben Chartres und Reims, die dritte Klassikerin der Hochgotik. Erstmals baute man hier mit vorgeschnittenen Quadern, so daß nicht jeder Stein vor Ort eingepaßt werden mußte. Die Rationalisierung beschleunigte den Bau, der unüblicherweise nicht mit dem Chor, sondern mit dem Mittelschiff und den Westtürmen begann. Der überreiche Fassadenschmuck bestürmt den Betrachter wie in Reims, nur daß manche Figuren weniger individuell, sondern gleichfalls seriell gefertigt wirken.

Dies ist Frankreichs größte mittelalterliche Kirche: 145 Meter lang, das Querhaus 70 Meter. Im 13. Jahrhundert war das Mittelschiff der höchste Kirchenraum der Welt. 42,30 Meter ragt er auf, entsprechend jenen 144 Ellen, die laut Johannes-Offenbarung 21,17 die Stadtmauer des Himmlischen Jerusalem mißt. Ging's noch höher? Ja, in Beauvais. Die dort gebräuchlichen Ellen waren etwas länger, was das Beauvaiser Kathedralschiff in 46,77 Meter Höhe trieb. 1284 stürzte es ein.

Eine riesige Halle, hell geflutet durch die großen Obergaden-Fenster. Im Licht des Mittelgangs kniet ein alter Mann. Er hört die Schritte, wendet den Blick, erhebt sich, kommt lächelnd näher. Man greift zur Börse, doch er will kein Geld. Monsieur, sagt er glücklich, ist dies nicht eine wunderbare Kathedrale?

Tauben segeln unterm steinernen Firmament, über das grandios geschnitzte Chorgestühl. Die Außenseiten des Chor-Gevierts zeigen biblische Szenen und Heiligenlegenden. Die Köpfung St. Firmins. Der mordfrohe, hengstärschige Henker. Salomes geiler Tanz. Das Ende Johannes des Täufers; die Hure Salome dolcht noch ins tote Haupt. Unglaublich, gegenüber ruht es in der Mauer hinter Glas, goldgefaßt, natürlich echt, wie alle Reliquien. Diese erbeutete der Kanonikus Wallon de Sarton 1204 auf dem vierten Kreuzzug in Konstantinopel.

Exakt um 15.45 Uhr darf man die Türme besteigen – zunächst den südlichen, bis zur Rosengalerie. Dann Seitenwechsel auf schmalem Außensteg, vorbei an der gewaltigen Rosette, hinauf zur Nordtturm-Krone. Höhetrunken bibbert man im Winterhimmel, umgeben von Dämonen. Tief unten wimmmelt die Stadt.

Die Sonne geht. Es ist Advent. Deshalb beginnt in der Dunkelheit, wie in den Amienser Sommernächten, ein kontemplatives Spektakel. Drei hochpräzise Laser-Projektoren bestrahlen die Westfassade. Und siehe, Christus, Maria, die Heiligen erglänzen wieder in den farbigen Gewändern, die ihnen die Jahrhunderte genommen haben. Bläser spielen Händel und Bach. Ergriffen schaut das Volk über den Vorplatz und schweigt. Nach einer halben Stunde wagen sich die ersten Handy-Photographen näher an die leuchtenden Portale, dann weitere, dann gibt es kein Halten, denn alle Lust will Ewigkeit. Diese währt eine Stunde. Dann verlischt der Zauber, endet die Musik, und das Volk versickert in den Gassen.

Der nächste Tag braucht Sonne, für Rouen. Wohl dreißigmal hat Claude Monet die dortige Kathedrale im wechselnden Licht gemalt. Fünf ganz verschiedene Varianten hängen im Pariser Musée d'Orsay. Zusammen geschaut, zeigen sie Ewigkeit in zeitlicher Erscheinung. Aus Überwältigungsarchitektur wird Impression. Das ist eine friedliche Revolution. Sie entweiht nicht die Kathedrale, sie emanzipiert ihren Betrachter. Und den Glauben.

Früher Morgen, wieder im Zug. Kaum merklich endet die Nacht, gewinnt die Landschaft Kontur. Jetzt lugt der rote Sonnenscheitel über die Hügel. Der Ball steigt, rundet sich, hetzt, uns begleitend, hinter Bäumen und Hausern. Dann ist Rouen erreicht.

Hier wurde 1431 Frankreichs Heroine Jeanne d'Arc als Ketzerin verbrannt, auf dem alten Markt, wo heute Johannas Kirche und ihr mädchenhaftes Denkmal stehen. Die schöne alte Hauptstadt der Normandie hat noch über 2000 Fachwerkhäuser. Auch der Gotik begegnet man reichlich: am Justizpalast, in der Kirche Saint-Maclou, in der Abtei Saint-Ouen, deren Turm-Diadem Krone der Normandie heißt. Alles überragt die Kathedrale Notre-Dame, durch ihren gußeisernen Vierungsturm. 1876 errichtet, war er damals mit 151 Metern der höchste Bau der Welt. Rouens Promi-Autor Gustave Flaubert verhöhnte diesen »extravaganten Versuch dahergelaufener Kesselschmiede«. Hochnebel schluckt die Spitze. Er will auch zum Mittag nicht weichen. Die Sonne saugt und zerrt und dringt nicht durch. Dunstig dampft die Seine, das Wasser gleißt wie William Turners Gold. Auch Turner, Monets englischer Ahn, hat 1834 die Kathedrale von Rouen gemalt.

Deren Schiff ist titanisch, wie nun fast gewohnt. Langsam verschmelzen dem Reporter die erlebten Gottgehäuse zur *una sancta ecclesia*. Die Fassade zerfällt in zwei völlig verschiedene Türme und das schwarz verwitterte Portal-Areal. Man sieht die Flamboyanz der Spätgotik, den »flammend« überschmückten Stil ausgangs des 15. Jahrhunderts. Es scheint, ein ehedem Gefühltes und Ersehntes war gefunden, wurde nun mit routinierter Virtuosität betrieben und hochgejazzt. Das ist Manierismus: Eine Kunst wird allzu selbstgewiß. Sie herrscht. Sie sucht nicht mehr.

Dann hat es die Sonne geschafft. In letzter Tagesstunde erreicht sie die Kathedrale. Und wie in Reims verwandelt sich der Stein, errötet, wird warm und weich. Um den rechten, den Butterturm jagen schwarze Wolken. Hunderte Vögel umstürmen die Zinnen, geballt zu Kreisen, Hyperbeln, stiebenden Ellipsen – auf und nieder, und wieder von vorn. Auch Monet sah und malte die Vögel, 1893 in seiner »Blauen Harmonie« der Kathedrale. Die Rouener, nüchterne Normannen, nehmen keine Notiz. Nur ein Herr hat seinen Aktenkoffer abgesetzt und schaut sich satt. Dann bemerkt er, daß er sich nicht allein freut, lacht und weist gen Himmel: *Voilà!*

Angefangen hat alles in Paris, in der Vorstadt Saint-Denis. Deren Abtei dient seit dem Hochmittelalter als Grablege der französischen Könige. Mit dem Neubau des Chors begann der Abt Suger nach 1122 die gotische Kirchgeschichte. Das Kronjuwel dieser Geschichte bildet die Sainte-Chapelle, die Ludwig der Heilige 1248 als Schrein für die Dornenkrone Christi weihen ließ. Zweistöckig steht sie im Hof des Pariser Justizpalasts und strahlt in ihren mittelalterlichen Farben. Das Obergeschoß scheint ein Glashaus. Die Wände sind nahezu aufgelöst in grandios bemalte Fenster – eine transparente Bilderbibel. Rings sitzen die Besucher, schweigend, in selig versunkener Schau.

Alle Kathedralen dieser Reise sind Marienkirchen, doch wer den Namen Notre-Dame hört, denkt meist nur an eine. Das liegt auch an Victor Hugos berühmtem Roman von 1831. »Der Glöckner von Notre-Dame«, angesiedelt im Paris des Jahres 1482, ist nicht nur ein herzerschütternder Historienschmöker. Er singt auch das Hohelied der Gotik. Das fulminante Kapitel 19 erklärt deren Niedergang mit der Erfindung des Buchdrucks. Das Wort habe den Stein, die Baukunst, als Ausdruck von Gott und Welt überwunden. »Eine Macht folgt der anderen; die Presse tötet die Kirche. (...) Jede Zivilisation beginnt mit Theokratie und endet mit Demokratie. (...] Sogar die Kathedrale, dieser einst so dogmatische Bau, wird vom Volke, von der Gemeine, der Freiheit überfallen (...)«

Als der revolutionäre Pöbel nach 1789 die Pariser Kathedrale überfiel, drosch man auch die 28 Könige von Juda aus der Westfassade. Man hielt sie für die verhaßten eigenen Monarchen, zertrümmerte sie, nutzte sie als Latrine. Die heutigen Skulpturen sind matte Kopien. 21 der echten Köpfe wurden 1977 zufällig bei Schachtarbeiten gefunden. Im nahen Mittelalter-Museum Cluny bezeugen die geschundenen Riesenhäupter das ewige Wechselspiel von Aufschwung und Niedergang.

Heute, am 2. Advent, ist Notre-Dame völlig überrannt. Eine Messe folgt der anderen, mit klerikaler Prunkentfaltung und Orgelgebrüll, als ließen sich Ritus und Glauben noch immer hochkirchlich zusammenzwingen. Blitzende Touristenvölker fluten ums Mittelschiff und die Gemeinde. Souvenirs, Souvenirs! Engelchen, Marienpuppen, Glitzerkreuze, Kerzen ... Die wundervolle Kirche wirkt wie eine Frömmigkeitsmaschine.

Anders war es in Reims. Dort versammelten sich am Mittwochabend dreißig Menschen zur Messe, in einem schlichten Seitenraum. Sie grüßten einander und legten den Alltag ab. Sie knieten oder standen, beteten und sangen. Manche tauchten ihre Hostie ungehindert in des alten Priesters Kelch. Nichts war laut. Der Fremde, obwohl er nur wenige Worte verstand, fühlte sich daheim in dieser Hütte Gottes.

Januar 2010

Sehen und Glauben

Der See Genezareth: Urozean des Christentums und Israels Zisterne

Er aber schlief, im Heck des Boots. Wie konnte er, bei diesem Sturm? Das Wasser tobte fürchterlich, »so daß auch das Schiff mit Wellen bedeckt ward«, wie der Evangelist Matthäus schreibt, »schon voll ward«, wie Markus berichtet. Die Jünger weckten ihn, panisch. Er stand auf und bedrohte die Naturgewalten. Da wichen Wogen und Wind, »und es ward eine große Stille«. Die Jünger »fürchteten sich sehr und sprachen untereinander: Wer ist der? Selbst Wind und Meer sind ihm gehorsam!«

Wir Kinder wußten, wer er war. Wir sangen es im Lutherlied »Ein feste Burg«: *Fragst du, wer er ist? Er heißt Jesus Christ ...* Wir sahen ihn schlafen, derweil der arme Kahn in Wasserschlünde raste und die Jünger um ihr Leben schrien. Wir sahen ihn gemessen übers Wasser schreiten und wie zu seinen Füßen Petrus versank. Wir sahen ihn predigen, vom Boot aus; am Uferhang lauschte das Volk. Unsere Augenzeugenschaft verdankte sich einer Künstlerin, die wahrhaftig Paula Jordan hieß und das DDR-Christenlehrebuch »Schild des Glaubens« bereits 1941 mit unvergeßlichen Zeichnungen eines dezent arisierten Bibel-Personals bebildert hatte.

Und das Meer des Neuen Testaments, der See Genezareth? Er sei von ozeanischer Dimension, wußte die Katechetin, Tante Bosse. Natürlich. Die Bewandlung ziviler Binnengewässer, die Stillung von Stürmen im Wasserglas hätte Jesu Allmacht ungenügend demonstriert.

Dann kam das Studium der Theologie. Der akademisierte Glaube löste sich von Wunderbildern, Orten, Zeiten. Er trieb Philosophie – protestantisch frei wie Hegels Weltgeist, bloß ohne Reisepaß. Dann kam 1989, der Mauerfall, die Reisefreiheit. Amerika, Südostasien, die keltischen Gestade riefen lockender als das Heilige Land. Doch nun, nach weiteren 20 Jahren, Erwachen in einem Hotelzimmer in Tiberias. Und, plötzlich sehr aufgeregt, der

Gedanke: Da draußen wartet die Mitte der Welt. Gestern, bei der Ankunft, war schon Nacht. Nur der Ohrendruck bezeugte, daß man zum tiefsten Süßwassersee der Erde hinabrollte, 210 Meter unter den Spiegel des Mittelmeers. Nun reiß die Gardine auf. Und siehe!

Die Mitte der Welt? Der Urozean der Christenheit? Ein See, rötlichgrau im frühen Morgenlicht. Wind kräuselt das Wasser. Zwei Ruderer treiben ein Boot hinaus. Möwen stehen in der Luft. Einsilbiges Getschilp. An der Uferpromenade verschlafene Palmen und ein alter Mann mit Plastetüte. Ringsum schwingendes Bergland, schütter besetzt mit weißen Häusern, kleinen Gemeinden. Am jenseitigen Ufer, zehn Kilometer entfernt, erhebt sich der Golan. Links am Horizont schimmern, fast 3000 Meter hoch, die Schneekuppen des Hermon-Gebirges. Von dort kommt, über den Jordan, das Wasser des Sees.

Auf! Um acht Uhr geht das Schiff. »Simon« heißt der Motorkahn, ein hölzerner Senior, der sogleich überflutet wird: von 30 morgenfrohen Gläubigen der Wenatchee Valley Baptist Church aus dem US-Staat Washington. Tiberias, heute mit 45 000 Einwohnern die einzige Genezareth-Stadt, liegt am Westufer, »Simon« tuckert gen Norden. Das Nordwestufer war Jesu Wirkungsareal. Niemand möge sich vom stillen Wasser täuschen lassen. Fallwinde vom Golan können rasch vier Meter hohe Wellen türmen.

Schreck! Getöse ermordet die Stille. Der Bordfunk schmettert »Star Spangeld Banner«, die Besatzung hißt die *Stars and Stripes*. Die Pilger, Hand aufs Herz, singen mit Inbrunst die Hymne. Es folgt Sakro-Pop vom Typ *How great is our Lord*. Nun Stop, auf hohem See. Begleitet vom leisen Leerschlag des Motors, hält Pfarrer Bud Wenzel die Morgenandacht. Dies, sagt er, ist von allen Orten der Welt jener, den Gott erwählte, um zu zeigen, was es bedeutet, Jesus zu folgen. Erlösung ist Gnade und Geschenk, doch Gefolgschaft kostet etwas – Entscheidung. Die frohe Botschaft lautet: Wir sind im Boot mit Jesus. Die Sicherheit der Welt haben wir zurückgelassen, doch nirgends gibt es mehr Frieden und Freude als bei Jesus, sogar inmitten höchster Lebenswellen.

Bezüglich aktueller Ängste hat Pfarrer Wenzel seiner Gemeinde gesagt: Wir reisen nach Galiläa, da ist es ruhig. Das war nicht

Am Nordufer des Sees Genezareth (22. Januar 2009).

immer so. Bis zum Sechstagekrieg 1967 grenzte Syrien ans Ostufer des Genezareth. Syrisches Militär beschoß vom Golan israelische Fischer, Bauern, Kibbuzim. Eine ganze Generation, die *bomb shelter children*, brachte einen Teil der Kindheit im Bunker zu. Das weißt du von deiner Begleiterin, Ruth Eisenstein aus Jerusalem. Ihr Vater stammte aus Dortmund. Er verließ Deutschland 1937, seine beiden Schwestern wurden vom Hitler-Regime vernichtet. Ruths Mann ist Palästinenser. Natürlich gebe es Streit über den Gaza-Krieg. Aber, sagt Ruth, 9000 Raketen auf Israel in acht Jahren, wer kann das ertragen?

Erst seit zwei Wochen schweigen die israelischen Waffen. Fast wollte ich nicht reisen. Wie erträgt man Idylle, nur 30 Kilometer nördlich von Verwüstung und tausendfachem Tod? Am ersten Abend spazierte ich, umdribbelt von Barfußballern, am Strand von Tel Aviv. Im Fernseher einer Straßenbar lief Obamas Amts-einführung, stumm beschaut von unbegeisterten Israelis. Danach aß ich mit Benjamin-Gad Ninnayi vom Tourismus-Ministerium. Der nannte die derzeitige Besucherflaute eine Folge »dieses kleinen Kriegs in Gaza«. Worauf ich einwandte, diese Formulierung dürfte den 13 toten Israelis exakt so wenig gefallen wie den 1300 toten

Palästinensern. Hör zu, sagte Ninnayi, in anderer Runde würde ich anders reden. Jetzt sag ich nur: *We all are wrong. Okay?*

Wir irren alle? Alles in diesem Land ist vielfach historisch kontaminiert, verschweißt mit Glaubensgeschichte und Ideologie. Und der Friede des Sees, der schon im Altertum das Auge Gottes hieß? Flavius Josephus hat vor fast 2000 Jahren die »Landschaft von wunderbarer natürlicher Schönheit« gepriesen, die Köstlichkeit des Wassers, den Fischreichtum, »das ausgezeichnete Klima«, den »Wettstreit der Natur«, im »edlen Kampf der Jahreszeiten« immerfort »die königlichen Früchte, Weintrauben und Feigen« zur Reife zu bringen, »zehn Monate lang ohne Unterbrechung«. Doch schon im nächsten Kapitel seiner »Geschichte des Judäischen Krieges« (III 10,9) beschreibt Josephus »ein schreckliches und verschiedenartiges Morden«: wie die römischen Kriegsflöße Vespasians auf dem Genezareth die flüchtigen Rebellen massakrierten. »Mit Blut gefärbt und voll Leichen war der ganze See, da nicht ein einziger Mann sein Leben gerettet hatte. Während der nächsten Tage erfüllte ein schrecklicher Gestank die ganze Gegend, die einen gräßlichen Anblick darbot, denn die Ufer waren mit Schiffstrümmern bedeckt und mit aufgeschwollenen Leichen, die in der Sonnenhitze verwesten und die Luft verpesteten; was den Judäern schmerzlich, wurde so den Siegern widerlich.«

»Selig sind, die da Leid tragen; denn sie sollen getröstet werden. Selig sind die Friedfertigen, denn sie werden Gottes Kinder heißen ...« So lauten die Seligpreisungen, Kernverse von Jesu Bergpredigt (Matthäus 5–7), die eine Art Grundgesetz der Friedensherrschaft Gottes bilden. Das Schiff hat am Nordufer angelegt. Hier, auf diesem Hügel, könnte es gewesen sein, befand die fromme Verehrung und errichtete 1938 durch den Italiener Antonio Barluzzi, den Grossisten katholischen Bauens im Heiligen Land, die Kirche der Seligpreisungen. Die Kolonnaden umgibt ein zum See geneigter Gartenpark. Der Wind regt Palmen und Zypressen auf und läßt die meterhohen Weihnachtssterne tanzen. Auf dem Rasen lagern gelöste Menschen und fühlen sich am Ziel. In Grotten, Pavillons und Heckenlauben sammeln sich Pilgergemeinden. Hier zelebriert ein römischer Priester die Kommunion, dort knien Mexikaner in bleierner Trance. Plötzlich bricht's aus. Dumpf stöh-

Nigerianische Pilger auf dem Weg zur Brotvermehrungskirche.
Am Horizont die Höhen des Golan (22. Januar 2009).

nend, gurgelnd, schreiend schießt die Glaubenslava auf. Lallend
und gestikulierend zerreißen sich vulkanische Beter in Verzük-
kungsekstase. Man denkt Matthäus 6,7: »Und wenn ihr betet, sollt
ihr nicht viel plappern wie die Heiden (…) Euer Vater weiß, was
ihr bedürfet, ehe ihr ihn bittet.«

Außerdem denkt man: Schnell weg hier!

Zur Brotvermehrungskirche (Markus 6,35 ff.) gelaufen. An
den Bodenmosaiken gefreut. Die kleine Primatskapelle nebenan
markiert die Begegnung der fischenden Jünger mit dem Auferstan-
denen und der Bestallung Petri zum irdischen Führer der Christenheit: »Weide meine Schafe!« (Johannes 21,1–17) Das Kirch-
lein aus schwarzem Vulkanbasalt, 1934 von den Franziskanern
gebaut, birgt einen flächigen Felsen namens Mensa Domini, Tisch
des Herrn, auf dem angeblich der Auferstandene den Jüngern das
Brot gebrochen hat. Und wenn nicht – was nähme es dem Glauben? Braucht er heilige Steine?

In Kapernaum, Jesu Hauptort am See, deckt ein UFOartiges
Gottgehäuse mit gläsernem Boden Rudimente einer frühchrist-
lichen Wallfahrtskirche und des Hauses von Simon Petrus' Schwie-

germutter (Markus 1, 29–31). Aha, der nachmals erste Papst war verheiratet. Nahebei steht, teils rekonstruiert, der antike Folgebau jener Synagoge, in der Jesus »mit Vollmacht und nicht wie die Schriftgelehrten« (Markus 1,22) seine ersten wirkungsgewaltigen Predigten hielt. Dann geht es über den Jordan. Welch trauriges Rinnsal speist den Genezareth in diesem Trockenwinter. Am Ostufer, in Kursi (Gerasa), markieren byzantinische Trümmer den Ort einer spektakulären Jesus-Tat: den Exorzismus von 2000 Übelgeistern aus einem multipel gepeinigten Mann (Markus 5). Höflich baten die Geister, ob sie in eine benachbarte Sauherde fahren dürften. Jesus erlaubte es. Die bedauernswerten Säue wurden verrückt und ersäuften sich im See. Dieses Wunder war kein Hit.

An all diesen Orten schlägt Ruth Eisenstein ihre zerlesene Bibel auf, liest vor oder läßt mich lesen, was sich ebenhier zugetragen habe. Das berührt, beheimelt, irritiert. Ist denn die Bibel der Baedeker dieses Lands? Wäre vielleicht etwas weniger Heiligkeit seinem Frieden bekömmlich? Befindet man sich auf der finnischen Seenplatte ferner von Gott als am Genezareth? Was bedeutet denn die Offenbarung Gottes in einem wahren Menschen, an einem echten Ort, zu einer wirklichen Zeit? Nichts anderes, als daß diese Offenbarung allen konkreten Menschen, Orten, Zeiten gilt. Der Glaube will denken. Und das Denken fühlen. Und das Fühlen glauben, daß auch mein Einzelleben einer Allbedeutung unentbehrlich ist. Das schafft Heimat, das macht frei – den einen naiv, den anderen intellektuell.

Der Tag endet am Südufer des Genezareth. Hier, wo der Jordan den See nach 22 Kilometern wieder verläßt, liegt Yardenit, die Taufanstalt. Scharen von Nigerianern wallfahrten herbei, mit Flaschen und Kanistern, um Jesu Tauffluß für den religiösen Hausgebrauch abzufüllen. Schon folgen die Amerikaner. Man tauft und segnet sich, als gebe es kein Morgen. Hüfttief im grünen Wasser verkündet ein kompakter US-Christ: Dies ist mein Freund Franklin aus Nigeria! Wir haben uns gerade kennengelernt. Franklin, soll ich dich taufen? – *Yeah!* – Franklin versinkt, taucht auf, reißt die Arme gen Himmel, jubelnd: *Thank you Lord! Open heaven! No more closed doors forever!*

Da hinten verfolgt ein Stiller den Rummel, ein junger orthodoxer Priester aus Rumänien. Dies ist wohl der wichtigste Tag in meinem Leben, sagt er und zählt leise die Jesus-Orte auf: Dort durfte ich heute sein.

Was bedeutet Ihnen das?

Ich könnte es sagen. Aber dann würde ich es zerstören.

Ja, schweigen. Am schönsten ist der Genezareth, wenn man allein durch die Norduferhänge wandert, religionshistorisch nur gelinde aufgeladen, freien Blicks für »die Lilien auf dem Feld« (Matthäus 6,28) und das Wasserspiel der Sonne. Lichtadern durchflimmern den See, Silberscheiben, gefaßt in Blei und Türkis. Man läuft weich, auf sattem grünem Klee. Anemonen blühen, Bougainvillea winkt weiß, rot, violett im Wind. Man findet die orangen Kugelfrüchte des Paternosterbaums und das Dornengezweig der Christuspflaume, aus dem Jesu Peiniger ihm die Schmachkrone flochten. Die Bananenpflanzung dort unten am Ufer umflattern Gazeschleier, um der Verdunstung zu wehren. Und nun koste endlich das Wasser: frisch und süß.

Drei Tage am See. Seltsam ändern sie den Blick. Heilig und Profan tauschen die Seiten. Der Pilgertrubel läßt den Genezareth ordinär erscheinen, das irdische Gewässer entbirgt seine Seele. Yuval Lufan, Gärtner im Kibbuz Ginosar, erzählt, wie er 1986 mit seinem Bruder Moshe bei Niedrigwasser im Uferschlamm vor Magdala das 2000 Jahre alte Fähr- und Fischerboot entdeckte. Nach 14 Jahren im Konservierungspool ist das »Jesusboot« nun im Yigal-Alon-Center zu betrachten: der einzige authentische Artefakt aus jesuanischer Zeit am See. Lufan wurde 1942 hier geboren. Seine Eltern kamen 1921 aus der Ukraine. Bis heute danke er ihnen, daß sie sich hier niederließen. Man werde friedlich, langsam, wie das Wasser.

Was bedeutet es Ihnen, daß hier das Christentum entstand?

Bevor ich das Boot fand, habe ich nicht an Gott geglaubt, sagt Lufan. Jetzt ja. Der See hat die Form einer Gebärmutter, er ist mit Fruchtwasser gefüllt, das fühle ich. Aber das Christentum ist aus dem Judentum herausgewachsen, es gehört nicht mehr zu uns. Wissen Sie, wir leben noch nicht so lange hier, erst mußten wir uns um unsere jüdischen Wurzeln kümmern. Jetzt können wir weitere Blicke tun.

Bekümmert zeigt Lufan, wie das Ufer zurückgewichen, der See-spiegel gesunken ist, von 46 auf 42 Meter. Die Fische laichen im Uferschilf, sagt Lufan. Kein Laichplatz, keine Fische. Überfischt sei der See auch. Derzeit bestehe ein sechsmonatiges Fang-Mora-torium. Millionen extern gezüchteter Mini-Petrusfische würden in den Genezareth gesetzt.

Israels Zisterne, das ist der See. Ein Drittel des Trinkwassers kommt aus dem Genezareth. Der Wasserspezialist Hillel Glassman erklärt Israels prekäre Versorgungslage. Wenn man dem Geneza-reth mehr Wasser nimmt, als die Rote Linie gestattet, dann droht Versalzung durch aufsteigende Quellen vom Grunde des Sees. Einst lag die Rote Linie bei 212 Metern unter dem Meeresspiegel, dann bei minus 213 ... Und weiter? fragte Glassman. Minus 214? Minus 215? Dummes Land! Dumme Regierung! Dummes Den-ken, das immer nur auf Regenjahre spekuliert! Dies ist schon der dritte trockene Winter.

Umweltschutz hat es schwer in Israel. Die Grünen sitzen nicht mal in der Knesset. Immerfort überdecken Sicherheitsfragen das ökologische Bewußtsein. Die Zukunft, sagt Glassman, liege in der Meerwasserentsalzung, die seit einigen Jahren betrieben wird. Er träume von einer internationalen Lösung der Nahost-Wasserpro-bleme: eine mächtige Pipeline, die, von der wasserreichen Türkei kommend, Syrien, den Libanon, Israel, Palästina, sogar Saudi-Arabien versorgt.

Herr Glassman, das klingt wie ein paradiesischer Witz.

Wir müssen träumen, sagt Glassman, und so handeln, daß un-sere Träume wahr werden.

Jetzt führt Ruth Eisenstein den Golan hinauf, vom Ostufer des Sees nordwärts bis zur derzeitigen syrischen Grenze. Der Van fährt durch das Brachland steinerner Äcker, teils hinter Stacheldraht. Gelbe Schilder warnen vor Minen. Die Grenze verläuft heute 30 Kilometer östlich vom Genezareth und wird von UN-Truppen überwacht. Man sieht die alten Bunker, die strategischen Höhen. Audio-Säulen spenden schwülstige Musik und pathetische Schil-derungen siegreicher Gefechte. Im Tal gen Osten schimmern die Ruinen des 1967 zerstörten syrischen Quneitra, das 20 000 Ein-wohner hatte. Diesseits der Grenze ruht in der Schabbat-Stille die

In der wasserlosen Welt (Westjordanland, 25. Januar 2009).

neugegründete Kleinstadt Qatzrin. Der Golan ist besetzt, nicht annektiert. Israelische Siedler müssen unterschreiben, daß sie im Falle eines Friedensvertrags mit Syrien zu weichen hätten.

Der syrisch-israelische Krieg von 1967 ist auch als fortgesetzter Kampf um Wasser zu begreifen. Wir erreichen Caesarea Philippi, wo im Banias-Nationalpark einer der drei Jordan-Zuflüsse als gewaltig polternder Wasserfall niederkommt. Banias war syrisch. Die Syrer begannen 1964 mit dem Bau ihrer nationalen Wasserleitung und wollten dafür Wasser umlenken, das also nicht länger in den Jordan und den Genezareth geflossen wäre. Darauf startete Israel »eine Mini-mini-Attacke«, wie Hillel Glassman formulierte …

Das Rauschen des Wassers ist Glücksmusik in dieser Gegend der Erde. Man erkennt, daß die Bibel nicht blumig faselt, wenn sie vom »lebendigen Wasser« spricht. Das andere schmeckte ich später: die ekelhaft brennende Sole des Toten Meers. Und sah – auf der Westbank, in Qumran – was Wüste ist: nicht endloser Sandstrand, sondern wasserlose Welt.

Und dann stieg und stieg die Wüstenstraße, und die Erregung auch. Endlich erreichten wir Jerusalem, »die hochgebaute Stadt«,

drei Weltreligionen heilig, von zwei Nationen als Hauptstadt reklamiert ... Davon wird hier nicht erzählt, sonst ginge uns das
Wasser aus. Ohnehin fühlt man sich nach einer Woche Israel wie
seit einem Monat unterwegs. Fortwährend ringt das Sehen mit
dem Glauben. Wohl nirgends wird, was man empfindet, stärker
vom Gewußten überformt, und umgekehrt.

An einem Tag fuhr mich Avi Gafni vom Jüdischen National-
fund (JNF) auf den Gilboa, Israels Wasserscheide, den Todesberg
des Königs Saul. Tief unten in der Jesreel-Ebene schimmerten
silbrig Wasserreservoirs, von denen Israel über 600 angelegt hat,
damit kein Naß verloren geht. Gafni erzählte, vor einem halben
Jahrhundert sei der Gilboa kahl gewesen, dann habe der JNF ihn
mit Pinien bepflanzt. Die Pinie ertrage den karstigen Boden, die
Trockenheit, die 45 Grad Sommerhitze. Was mein liebster Baum
sei? Mir fehlte das englische Wort. Buche, sagte ich und, zu meinem Erschrecken: Buchenwald. Er schaute mich an. Dann griff er
zum Handy. Er wählte, sprach hebräisch, lachte. Buche! rief er ins
Handy. Buchenwald! Die Dame stammt aus Deutschland, erklärte
er später, sie ist über 90. Sie sagt, der Baum heißt auf englisch
beech. In Israel wächst er nicht. Doch sie erinnert sich genau, und
es ist ein sehr schöner Baum.

Februar 2009

Aus drei israelischen Büchern lernte ich viel:
»Eine Geschichte von Liebe und Finsternis« von Amos Oz,
»Die ethnische Säuberung Palästinas« von Ilan Pappe,
»Hitler besiegen« von Avraham Burg.

Der Träumer und sein Traum

Unterwegs zu Martin Luther King

Sagt es laut! ruft der Prediger. Ich will euch alle hören: *Happy birthday, Martin Luther King!* Heiterkeit erfüllt das Kirchenschiff. Die Gemeinde spricht den Glückwunsch nach, sodann bricht Beifall aus. Dies ist Atlanta (Georgia), Ebenezer Baptist Church. 600 sonntagsfeine *African-americans* lachen und palavern, daß der weiße Gast sich hölzern fühlt. *Happy birthday?* Für einen Toten?

40 Jahre ist es her, daß Martin Luther King erschossen wurde, am 4. April 1968, auf dem Balkon des Lorraine-Motels in Memphis (Tennessee). Der Prediger stand damals nur wenige Meter entfernt. Jesse Jackson heißt er; später hat er versucht, Kings Schuhe zu füllen, als erster schwarzer Präsidentschaftskandidat der USA. Jetzt liest er den Predigttext, Genesis 37, der Mordplan von Josephs Brüdern: »Seht, da kommt der Träumer! Laßt uns ihn töten und in eine Grube werfen und sagen, ein böses Tier habe ihn gefressen; so wird man sehen, was seine Träume sind.«

Der Träumer, der waffenlose Kämpfer Martin Luther King wäre heute 79 Jahre alt. In der ersten Bank sitzt seine Schwester Christine. Jesse Jackson ist 66, die Predigt hat Zorn. Wider die Wucherkredite wettert Jackson: daß kleine Leute ihre Häuser verlieren, und die Kommunen verhökern den Banken öffentliches Eigentum, bis die Städte verrotten, und die Menschen.

Reverend, fragen wir später, war Kings Tod das Ende der Bewegung?

Nein, sagt Jesse Jackson. Der Same trug Frucht. Wir haben heute schwarze Bürgermeister, Gouverneure, Kongreßabgeordnete. Und unser Kampf inspirierte Menschen in Südafrika, in Nepal …

Lange besaß King die Unterstützung der Präsidenten Kennedy und Johnson. Nach seiner Verdammung des Vietnamkriegs war er im Weißen Haus Persona non grata. Hätte er sich auf die Rassenfrage beschränken sollen?

Damals, sagt Jackson, scheute sich selbst der Kongreß, die Außenpolitik offen zu diskutieren. Heute können das alle Amerikaner, dank Dr. King.

Warum hatte er keine Bodyguards?

Er wollte nicht so leben, sagt Jackson. Der Mord wäre trotzdem geschehen.

Wir werden nach Memphis fahren, an den Ort der Tat. Wir besuchen Birmingham (Alabama), wo King im Gefängnis saß. Auch ins Mississippi-Delta wollen wir. Kings Geschichte läßt sich schwerlich begreifen ohne die des Bürgerkriegs, der Baumwollplantagen, der Sklaverei, der Lynchjustiz, des Blues. »Strange Fruit« sang Billie Holliday, seltsame schwarze Früchte hingen von den Bäumen ... Das Apex-Museum Atlanta erzählt die schwarze Opfergeschichte. Man sieht die Menschenregale der Sklavenschiffe, auf denen Westafrikaner als Stapelware nach Amerika verschleppt wurden. Während der dreimonatigen Überfahrt starb oft die halbe Fracht. Haie folgten den Schiffen. Eine Knochenspur markiert die Passage auf dem Grund des Atlantiks, des größten Friedhofs der Welt.

Warum heißt der schwarze Museumsführer Thomas White? Die Sklaven, erklärt White, wurden nach dem Plantagenbesitzer benannt; verkaufte er sie weiter, wechselte ihr Name. Stolz präsentiert White schwarze Erfindungen: Eiszange, Sturmlaterne, Zerstäuber, Mopp, Klappstuhl, Wasserwaage, Feuerlöscher ... Bei der Orgel haben wir Zweifel, nicht bei der automatischen Waggonkupplung. Vorher, sagt White, wurden viele Rangierarbeiter zwischen den Waggons zerquetscht. Am Ende des Museums beginnt die King-Geschichte: mit dem Nachbau des Yates & Milton Drugstore, in dem sich der junge Martin nach dem Geigenunterricht Eiscreme kaufte.

Vergangenheit. Das neue Atlanta kreierte den antirassistischen Slogan *too busy to hate*, zum Hassen zu beschäftigt. Die Wirtschaft brummt, die Skyline gleißt, die Einwohnerzahl nimmt beständig zu. Unablässig jagen vom Flughafen Maschinen gen Himmel, im Aufstieg einander überholend. Vor dem neuen High Museum of Art steht Bürgertum nach französischen Impressionisten an. Alles scheint neu in Atlanta. »Die älteren, stilleren

*Say Kiiing! Juniorenausflug zu Dr. Martin Luther King Jr. Im Hinter-
grund sein Begräbniskarren (Sweet Auburn, Atlanta, 12. Januar 2008).*

Städte«, liest man schon bei Margaret Mitchell, »blickten auf den
geschäftigen Neuling mit den Gefühlen einer Henne, die ein Ent-
lein ausgebrütet hat.« Im Mitchell-Haus – auch neu, da zweimal
abgebrannt – residiert der alte Süden. Die Autorin von »Gone with
the Wind« spendete erhebliche Gelder für schwarze Medizinstu-
denten und ein Krankenhaus – heimlich, wie viele weiße Opponenten der Rassentrennung, die sonst um Sicherheit und Status hätten
fürchten müssen.

Mehrheitlich ist Atlanta eine schwarze Stadt, wie Birmingham,
wie Memphis. *Mixed blood* begegnet man selten; die Segregation
ist ja erst seit vier Jahrzehnten vorbei. Im Boulevard-Distrikt At-
lantic Station bummelt Samstagabend Schwarz mit Schwarz und
Weiß mit Weiß. Und jeden Sonntagmorgen separiert sich die Stadt,
wie das gesamte Land, rassisch fast komplett: Punkt elf Uhr, zur
Gottesdienstzeit.

Der Gottesdienst ist aus, die Gemeinde strömt heim. Um die
Ebenezer Baptist Church erstreckt sich Sweet Auburn. Der alte
schwarze Geschäftsbezirk erholt sich mühsam vom Niedergang
der 70er Jahre, als die bessergestellten Mieter aus- und die Drogen

einzogen. Fett und süß gefrühstückt haben wir im Backstübchen von »Chef Sonya« Jones' gerühmter Bread Company. An der Wand hing wie ein Meisterbrief das Photo eines begeisterten Kunden: Bill Clinton, der sich schmeichelte, er sei *America's first black president*. Jetzt besuchen wir Kings Elternhaus, ein geräumiges Holzgebäude wohlsituierter Bürger, mit bunten Verandafenstern, Klavier und geblümter Tapete. Martin hat sein Kinderzimmer wieder mal nicht aufgeräumt. Monopoly und Baseball-Utensilien liegen auf dem Boden, doch vor allem liebte der Junge Bücher.

Hinter der Ebenezer Baptist Church erstreckt sich der Civil Rights Walk of Fame. Schuhabdrücke verewigen die Pioniere des Langen Marschs zur schwarzen Emanzipation. Gegenüber der neuen Kirche steht die alte. Hier predigte King, wie sein Vater und sein Großvater. Hier wurde 1974 seine Mutter, als sie im Gottesdienst Orgel spielte, von einem geisteskranken Schwarzen erschossen. Kings Grab ist nahebei. Auf einer kleinen Insel, blau umwässert, ruht der weiße Marmorsarkophag. Seit 2006 birgt er auch die irdischen Reste seiner Witwe Coretta Scott-King. Schwarze Schulklassen und Kindergartenscharen wimmeln, strahlen in die Kamera und rufen nicht *Cheeese!*, sondern *Kiiing!*

Kings Totenfeier am 9. April 1968 dauerte fünf Stunden. 200 000 Menschen geleiteten den Sarg. Lester Maddox, Georgias rassistischer Gouverneur, hatte sich im State Capitol verbunkert, umschanzt von Militär. King machte seine letzte Reise auf einem *sharecropper*-Karren, dem Transportmittel der armen Plantagenpächter, gezogen von den Maultieren Ada und Belle. So hatte er es gewollt. Das Brettergefährt ist ausgestellt, wie Kings Uhr, seine Schuhe, der Reisewecker, der Zimmerschlüssel vom Lorraine-Motel. Auch Kings Vorbilds Mahatma Gandhi wird gedacht, und der Näherin Rosa Parks aus Montgomery (Alabama), mit deren Weigerung, im Bus für einen Weißen aufzustehen, 1955 die Bürgerrechtsbewegung begann. 1954 hatte King in Montgomery seine erste Pfarrstelle angetreten.

Dean Rawley führt uns, ein King-Historiker in Park-Ranger-Uniform. Daddy King, erzählt Rawley, versuchte anfangs, seinen revolutionären Sohn zu bremsen – natürlich vergebens; daran war er selber schuld. Einst ging er mit dem kleinen Martin in ein

Schuhgeschäft. Der weiße Verkäufer nannte Daddy King *boy*. Der rastete aus. Er brüllte, er sei ein Mann und stürmte aus dem Laden. Auf dem Heimweg schwor er Martin: Ich werde mich mit der Rassentrennung niemals abfinden! Martin: Ich auch nicht.

Was für ein Mensch war King, jenseits der Heiligenlegende? – Fröhlich ist er gewesen, leichtherzig auch in der Gefahr, sagt Tom Houck, sein früherer Fahrer. Kettenraucher war er, Coretta durfte das nicht merken. *A good practical joker*, meistens auf Kosten von Ralph Abernathy, seinem Vize und besten Freund. Der Wassereimer über der Tür, Abernathy klatschnaß, herrlich! Ach, und das präparierte Auto, Abernathy krachte durch den Boden, King lachte sich kaputt. Ralph war fassungslos: Martin, warum hast du das getan? Martin, ich kann dir nie mehr vertrauen.

Houck, weiß, war damals Hippie mit wallendem Haar. Heute trägt er Glatze, ein vitaler Sechziger mit Stentorstimme. Er schwitzt, lacht, haut auf den Tisch, daß die Gabel fliegt. Wir reden, Rippchen und Hühnerkeulen vertilgend, in Son's Place, einem urigen Soulfood-Restaurant. Der Kassierer läutet eine Glocke und verkündet: *Mr. Tom Houck is in the house!* Sämtliche Gäste johlen beifällig: *Uh! Uh! Uh!* Lokalheld Houck grient zufrieden.

Und Kings Frauengeschichten?

Mann!, brüllt Houck erheitert, hast du keine? Coretta empfing Tonnen von Anrufen des FBI, die Martin denunzieren sollten. An was erinnere ich mich? An Streit oder Scheidung? Nein! An eine warme Familie? Ja! Liebte Dr. King seine Kinder? Ja! Sah ich Zuneigung zwischen Martin und Coretta? Ja! Okay?

Nun bleibt Atlanta zurück. Der Greyhound-Bus rollt westwärts. Der Fahrer ruft die Verbindungen aus, im singenden *southern drawl*: Tuscaloosa, Vicksburg, Dallas ... An Bord sind nur Schwarze, sichtlich armes Volk. Alles schläft. Draußen winterbraune Felder, Hügel, stilles Land. Dies ist schon Alabama. Stop in Anniston. Hier wurde 1961 ein Bus der *freedom riders* abgefackelt. Die *riders* waren busreisende Bürgerrechtsaktivisten, die das Rassentrennungsgesetz demonstrativ ignorierten. Der Mob wurde von Alabamas Gouverneur John Patterson demonstrativ entlastet: Wer Unruhe suche, werde sie finden.

Nach drei Stunden erreichen wir Birmingham. Hier geschahen

die übelsten rassistischen Exzesse. Jung ist die Stadt, erst nach dem Bürgerkrieg entstanden, als man hier, wo sich zwei Bahnlinien kreuzen, Kohle, Eisenerz und Schwefel fand. Birmingham gab Arbeit, bei striktester Segregation und Minderstellung der Schwarzen. Die Stahlstadt ist heute nahezu Vergangenheit. Ächzend wandelte sich Birmingham und lebt nun leidlich von der Universität und der Gesundheitsindustrie. Und stellt sich seiner Geschichte. Im Civil Rights Institute dokumentiert ein Museum die Ära der Rassentrennung und des Ku Klux Klan, der hier eine Hochburg hatte. Die Stadt war berüchtigt als *Bombingham*. Von 1957 bis 1962 gab es 17 Sprengstoffanschläge auf schwarze Häuser und Kirchen. Die Polizei fand zuverlässig keine Täter, da Polizeichef Eugene »Bull« Connor selbst als Inbegriff des Rassismus amtierte. Wie brutal er die Segregation durchsetzte, zeigt ein Parcours drastischer Plastiken im Ingram Park: prügelnde Polizisten, Bluthunde, Wasserwerfer, eingesperrte Kinder.

Nahebei steht das schlichte Denkmal für Pfarrer Fred Shuttlesworth, den geistlichen Führer des schwarzen Birmingham. Er rief 1963 Martin Luther King in die Stadt. Kings Taktik der Gewaltlosigkeit wirkte am stärksten dort, wo seine Gegner gewalttätig wurden. Und falls gerade hier die Rassentrennung fiele, wäre das ein Signal für den gesamten Süden.

King kam und wurde verhaftet. Die Zelle steht im Museum. Münzen bedecken die Pritsche, durchs Gitter geworfen, als wäre Kings Bett ein Wunschbrunnen. Aus dem Dämmer spricht seine zorndurchglühte Stimme den Text des berühmten Briefs, den er hier verfaßte, gerichtet an weiße Geistliche, die ihm Mäßigung empfohlen hatten: ... *your first name becomes nigger, your second name becomes boy, no matter how old you are, and your last name becomes John ...*

Kings Kampagne war nur ein Teilerfolg. Zur Wende bedurfte es der Katrastrophe. Am 15. September 1963, einem Sonntag, explodierte kurz vor dem Gottesdienst vor der 16th Street Baptist Church eine Bombe. Vier Mädchen starben. Der Ku Klux Klan feierte die Tat und nannte die Opfer geschlechtskranke Huren. Erst 14 Jahre später wurde ein Täter angeklagt: Robert Chambliss, notorischer Rassist, Sprengstoff-Freak, guter Freund der Polizei.

Ingram Park (Birmingham, 15. Januar 2008).

Am Dienstagvormittag hat der Besucher das Gotteshaus für sich allein. Am Ausgang sitzt Cathleen Burton, die Kirchendienerin. Wie kann man gewaltlos bleiben, wenn so etwas geschieht?

Ja, damals war ich voll Zorn, sagt Cathleen Burton. Aber gegenseitiger Respekt ist besser als zurückzubeißen. Sehen Sie die Kriege in der Welt. Niemand gewinnt.

Jetzt haben die USA eine schwarze Außenministerin, die zu den Architekten des Irak-Kriegs gehört.

Wir achten Condoleezza Rice. Sie stammt aus Birmingham. Zwei der toten Mädchen gehörten zu ihren besten Freunden.

Das jüngste Opfer, Denise McNair, war elf. Wir besuchen ihren Vater. Chris McNair ist 82, ein Photo-Chronist der Bürgerrechtsbewegung. Lange saß er im Rat der Stadt. In seinem Studio hat er dem toten Kind ein kleines Museum eingerichtet. Man sieht die lachende Denise, ihre Puppen, die Schuhe, das Marienkäferkleid. Wir fragen auch McNair: Wie kann man gewaltlos bleiben?

Weiße sind keine Teufel, Schwarze keine Engel, sagt McNair. Ich wollte immer Menschen zusammenführen. Was mich aufregt: daß wir uns selbst umbringen. 2007 wurden in Birmingham

93 Menschen gekillt, die meisten schwarz, von Schwarzen, die sie kannten. Die Drogen, die minderjährigen Mütter ...

Zum Abschied sagt er: Dieses Land ist nicht reif für Obama.

Unvergeßliche schwarze alte Männer treffen wir in Birmingham. Ich hatte nie Angst, sagt der 90jährige Colonel Stone Johnson, Reverend Shuttlesworth' Bodyguard. Gott hat mir was eingepflanzt, daß ich keine Angst kenne. – Erst 80 ist Fred Adams, der Direktor der Alabama Jazz Hall of Fame. Klarinette blasend führt er altersheiter durchs Haus und erzählt von Sun Ra, dem großen Phantasten des Jazz, der transrassische Immunität genoß. Kein Polizist wagte ihn zu schlagen. Sun Ra erklärte: *I'm from Mars.*

Ähnlich beseelt wirkt Joe Minter. Am Stadtrand bewohnt er ein ärmliches Haus, umringt von einem grotesk überfüllten Skulpturenpark. Müllkunst, denkt man zunächst angesichts der symbolgeladenen Installationen aus Puppen, Brettern, Schrott und Stein, bemalt mit Bibelzitaten. Dann begreift man, daß diesen Naiven die ganze Welt besorgt – die Atomkraft, der *crash* der Familien, das leere Herz der Computerkinder ... Wir wissen alles, sagt Minter, nur nicht, was Liebe ist. Seine Frau sitzt stumm dabei, hat das gewiß schon hundertmal gehört und liebt ihren grenzenlosen Mann.

Wir fahren weiter, immer nach Westen. Zwei Tage sind wir im Blues-Staat Mississippi unterwegs. In Greenwood stehen wir am Grab des Urbluesers Robert Johnson, den 1938 ein gehörnter Ehemann vergiftet haben soll. Bei Cleveland kreuzen sich zwei Schotterpisten: die *crossroads*, wo Johnson, die Sage verlangt's, mitternachts dem Teufel seine Seele überließ, im Tausch für Gitarrenkünste. Ein kleiner Laster naht. Grinsend brüllt der Fahrer aus dem Fenster: *Yessir, I'm the devil!*

In Money verfällt der Laden, in dem 1955 der 14jährige Emmett Till einer weißen Frau nachpfiff. Dafür mußte der Junge sterben. Gatte und Schwager der Frau ergriffen den Jungen, schossen ihm in den Kopf und warfen ihn in den Tallahatchie River. Ein Geschworenengericht sprach die Mörder frei.

Joe Minter und sein African Village in America
(Birmingham, 16. Januar 2008).

Räudige Katen, karges plattes Land. Hunde streunen. Baumwollfelder, Wattefetzen an den Strünken. Wir schlafen in einer Pflückerhütte, den Tallahatchie Flats, wie jede Nacht erschlagen von so viel Neuer Welt. Am nächsten Abend quartieren wir in Clarksdale, dem Bethlehem des Blues. Club reiht sich an Club, ein Museum versinnlicht die Geschichte der Kummerkunst. Das spartanische Riverside Hotel war früher ein schwarzes Krankenhaus. Im Vorderzimmer verblutete 1937 nach einem Verkehrsunfall Bessie Smith. Den Korridor tapezieren Photos der Granden des Blues. Hier hat John Lee Hooker geschlafen, sagt Rat, der Hotelier. Hier Muddy Waters. Hier Aretha Franklin.

Und in meinem Bett?

Zimmer 9? Ike Turner. Aber Tina war nicht mit.

Im Ground Zero Blues Club trinken wir mit einem weißen Hubschrauberpiloten. Jeder zweite Satz beginnt mit: Ich will nicht rassistisch klingen, aber ... – Schwarze, müssen wir hören, vermüllen die Stadt, kennen keine Disziplin und sind sehr anders als Martin Luther King. Dessen Gedenktag, den dritten Montag im Januar, ignorieren im Süden viele Weiße demonstrativ. Statt dessen feiern sie die konföderierten Generäle »Stonewall« Jackson und Robert E. Lee.

Die letzte Schlacht des Bürgerkriegs fand 1962 in Oxford statt. Zum 1. Oktober immatrikulierte »Ole Miss«, die State University of Mississippi, James Meredith, den ersten farbigen Studenten. Um das zu verhindern, strömten aus dem ganzen Süden Tausende von Rassisten herbei. Es kam zu wüsten Tumulten, zwei Menschen starben. Präsident Kennedy schickte die Nationalgarde. 30 000 Soldaten flogen ein. In Oxford glaubte man, die Russen kämen. Ein Meredith-Memorial auf dem Campus von »Ole Miss« erinnert an diese Tage. Heute ist ein Sechstel der 18 000 Studenten farbig.

Das entzückende Oxford wirkt wie der Inbegriff eines amerikanischen College-Städtchens. Weiß glänzt das Rathaus im Winterlicht, der Säulen-Portikus zitiert Antike. Eine Gedenkstele ehrt die Konföderierten. Der Buchladen heißt Rebel Store. Die Studenten im Coffeeshop sind sämtlich weiß. Warum? Erstmals hören wir den Ausdruck *self segregation*. Es läuft »Casey Jones« von den

Grateful Dead, danach »Stairway to Heaven«. Musik und Mode trennen die Rassen nicht weniger als ihre Geschichte.

In die Welt um Oxford imaginierte William Faulkner das Yoknapatawpha County seiner Romane. Nahebei im Wald liegt Rowan Oak, Faulkners Haus. Hier hat der Metaphysiker des Südens von 1930 bis zu seinem Tode gelebt, getrunken und geschrieben, sogar auf die Tapete. In der Rassenfrage vertrat Faulkner einen Mittelweg. Segregation sei Unrecht, sofortige Emanzipation der Schwarzen jedoch unmöglich. Erst bräuchten sie Bildung, Reife, Qualifikation. Mit seinem Nobelpreis-Geld finanzierte Faulkner schwarze Stipendien und Kleinunternehmen. Er starb 1962. Martin Luther Kings Marsch auf Washington, sein *I have a dream!* hat Faulkner sowenig erlebt wie die beiden Gesetze, die alle Amerikaner gleichstellen sollten. 1964 unterzeichnete Präsident Lyndon B. Johnson den Civil Rights Act, 1965 den Voting Rights Act. Und sprach, dieser Sieg für die Freiheit sei genauso groß wie alles, was sich auf dem Schlachtfeld erringen lasse.

Das Schlachtfeld hieß damals Vietnam.

Wir kommen ans Ziel unserer Reise, nach Memphis (Tennessee). Die herbe Stadt lagert am Mississippi wie das ägyptische Memphis am Nil. Sogar eine Pyramide gibt es. Sie wurde in den neunziger Jahren erbaut und sollte Konzerthalle werden. Die Akustik war miserabel. Nun finden hier Spektakel statt, bei denen Monstertrucks Autos zermalmen.

Wir besuchen Slave Haven, das Haus von Jakob Burkle. Der Fleischhändler, Mitte des 19. Jahrhunderts aus Schwaben eingewandert, verbarg in seinem Keller entlaufene Sklaven, denen er zur Flucht nach Norden, in die Freiheit verhalf. Das Baumwollmuseum erzählt von *king cotton*, der haßgeliebten Monokultur, und wie in den dreißiger Jahren die Erfindung der Pflückmaschine den Arbeitsmarkt des alten Südens zerstörte. Jedes dieser Teufelsdinger nahm hundert Pflückern den Job. Sieben Millionen Pflücker wanderten nach Norden. Die erste Station hieß Memphis.

Memphis ist Musik. Elvis Presleys verkitschtes Graceland muß man sehen, doch auch den Kontrast: das Holzhäuslein des *Father of Blues* W. C. Handy. Es steht am Ende der Club-Meile Beale Street. Die wirkt mittlerweile etwas zu touristisch für den klassischen Satz der Memphis-Soul-Legende Rufus Thomas: »Eine Samstagnacht auf Beale Street, und du willst für den Rest des Lebens schwarz sein.« In B. B. Kings Club spielt allabendlich die erlesene Hausband um den Soulsänger Preston Shannon. Die Blues Hall beschallt der Harp-Virtuose Dr. Feelgood Potts. Vor jeder Beale-Street-Bühne steht ein Eimer und bittet um Kollekte. Diese großartigen Musiker leben vom Trinkgeld.

Man versäume nicht das Sun-Studio, die Herzkammer des Rock 'n' Roll. Elvis, Carl Perkins, Jerry Lee Lewis – sie alle begannen hier, in einer umgebauten Bäckerei, als weiße Imitatoren schwarzer Musik. Wer zu den Quellen will, besuche das Soul-Museum im wiedererrichteten Stax-Gebäude und lausche Otis Redding, Little Milton, Booker T. & The MGs ... Nebenan verfällt das Haus von Memphis Slim. Das Stax-Studio zählte im Memphis der sechziger Jahre zu den wenigen Orten ohne Rassentrennung. Ein anderer war das schlichte Lorraine-Motel, in dessen Pool sich die Musiker gern nach den Sessions entspannten.

Am 3. April 1968 checkte Martin Luther King im Lorraine ein. Er war nach Memphis gekommen, um den Streik der schwarzen Müllarbeiter zu unterstützen. Die Medien meldeten Kings Quartier – mit Zimmernummer.

Am 4. April mietete sich in der Pension gegenüber dem Motel ein Weißer namens John Willard ein. In Wahrheit hieß er James Earl Ray, ein Rassist, Bankräuber und Gefängnisausbrecher. Ray/Willard verlangte ein Zimmer mit Sicht zum Lorraine. Um 18.23 Uhr betrat Martin Luther King den Balkon vor Raum 306. Ein Schuß fiel. Er traf King in den Hals.

Heute ist im Lorraine das National Civil Rights Museum untergebracht. Es umfaßt auch das Haus, aus dem Ray schoß. Er entkam, bis man ihn 65 Tage später in London faßte. War Ray überhaupt der Täter? Wenn ja: War er allein – ein Scharfschütze, der nichts vom Schießen verstand? Kings Tod ist kein kleineres Rätsel als der von John F. Kennedy, über den King 1963 sagte: Wer Kennedy umbrachte, ist nicht so wichtig wie zu verstehen, was ihn umbrachte.

Am Abend vor seinem Tod hielt King in der Mason Temple Baptist Church seine letzte Predigt, jenen prophetischen *Top-of-*

the-mountain-speech, der nachher klang, als habe er seinen frühen Tod geahnt: »Wie jeder andere würde ich gern lange leben. Aber darum bin ich jetzt nicht besorgt. Ich möchte nur Gottes Willen tun. Er hat mir erlaubt, auf den Berg zu steigen. Ich habe das Gelobte Land gesehen.«

Wir treffen einen Zeugen. Fred Davis heißt er, ein betagter Herr, der 1968 als einer von drei Schwarzen im Stadtrat von Memphis saß. Es goß in Strömen in jener Nacht, sagt Davis. King sollte gar nicht sprechen, er war im Lorraine-Motel. Ralph Abernathy stieg in die Kanzel, doch die Menge schrie ihn nieder und verlangte King. Man holte ihn …

Was ist King heute – eine Ikone oder lebendiger Geist?

Mehr eine Ikone, sagt Davis.

Ist Barack Obama der Erfüller von Kings Traum?

King, sagt Davis, hätte kein politisches Amt angestrebt. Auch ein Präsident Obama kann nur Chef-Manager sein, nicht Besitzer der Firma USA. Dieses Land gehört der Geld-Aristokratie, und diese Leute träumen nicht Dr. Kings Traum. Ich fürchte, die Obama-Kampagne ist wie ein Zug, der an einem Blatt Papier vorbeirast. Der Fahrtwind läßt das Blatt flattern und fliegen, dann ist der Zug vorbei, und das Papier sinkt zurück an den alten Platz.

Das klingt sehr fatalistisch.

Einiges wurde erreicht, sagt Davis. Die Diskriminierung ist heute weniger offen. Aber es bleiben sehr viele Möglichkeiten, Schwarzen Nein zu sagen.

Hat Kings Tod der schwarzen Sache genützt?

Das ganze Christentum ist aus einem Tod geboren, sagt Davis. Martin Luther King hat durch sein Sterben mehr erreicht, als er im Leben hätte schaffen können.

März 2008

Die Band spielt weiter
Die Auferstehung von New Orleans

Jetzt verlassen wir die Sonne und schneiden durch die Wolken. Tief unten lagert ein schwarzes Meer: Lake Pontchartrain. Die Mississippi-Marschen. Rundtanks und qualmende Raffinerien. *Cancer alley*, sagt der Nachbar. Aus dem Schwefelhimmel giften Blitze. Hart am Sumpfland setzt die Maschine auf. Die Stewardess ruft: Willkommen in einer genesenden Stadt!

Zum Jazzfest kommen wir, am 5. April 2006. Vor sieben Monaten mordete der Hurrikan Katrina zwölfhundert Menschen, machte 800 000 obdachlos, zerstörte 60 000 Häuser. Wie kann man da feiern? Wie klingt Musik nach soviel Tod? Was ist geblieben vom *Big Easy*, das mit dem Jazzfest Auferstehung feiern will?

Am nächsten Tag der erste Rundgang durch die ramponierte Stadt. Im Lafayette Park spielt der Cajun-Star Michael Doucet mit seiner Band BeauSoleil. Cajun ist frankoamerikanischer Tanzfolk, mit Fiddle und Akkordeon, randvoll von vergnügter Melancholie. Vor der neoantiken Gallier Hall picknickt wohlsituiertes Volk und schwooft unter den Platanen. Ein Jubelprinz von Ansager preist die unbesiegbare Stadt. Hier ist die Musik! jauchzt er. Das Essen! Die Toleranz! Der Optimismus ist hier, in NEW Orleans!

Sind Sie wirklich so optimistisch?

Wir müssen es sein, sagt die alte Dame. Ihr Mann: Wir halten alle den Atem an. Am 1. Juni beginnt die Hurrikansaison. Wir können nur beten, daß bis dahin die Deiche repariert sind.

Mein Haus ist abgesoffen, sagt die junge Frau, ich wohne immer noch bei Bekannten. Die Freundin: Mein Dach war kaputt, ich warte und warte auf das Geld von der Versicherung.

Es gibt einen gemeinsamen Trotz, sagt der Lieferwagenfahrer.

Aber die Gangster sind raus aus der Stadt?

Die, die wir kannten, sind weg, sagt der farbige Polizist. Mit den Aufbaukolonnen kommen andere, die wir nicht kennen.

Die Flutopfer, die Evakuierten waren ja meistens schwarz, wie die Mehrheit von New Orleans. Gibt es wirklich Pläne, die Stadt mit Katrinas Hilfe weiß zu machen?

Höre ich oft, sagt der Polizist. Gibt viel Rassismus hier. Ist aber gut getarnt. Unser Image, *you know.*

Meine Tochter studiert an der Loyola-Universität, sagt der mexikanische Unternehmer. Sie kellnert. Vorige Woche kam sie weinend heim, mit dem Satz einer Lady aus dem Coffeeshop: Ich danke Gott und Katrina, daß sie unsere Stadt von den Schwarzen befreit haben.

Hunderttausende Flüchtlinge sitzen in Louisianas Nachbarstaaten fest, mit chaotischen Bustransporten übers halbe Land verstreut. Seit jeher leben die Anrainer des Golfs von Mexiko mit Hurrikanen, doch die Katrina-Katastrophe gilt als menschlich verschuldetes Desaster. Das unfaßbare Versagen der Bush-Regierung nach der Flut erschütterte die USA nicht weniger als die Schlamperei beim Deichbau. Die Amerikaner sahen Drittweltzustände im eigenen Land, Ohnmacht, Anarchie und Leichenberge. Der allzeit lächelnde Präsident lobte die Katastrophenschutzbehörde FEMA, deren Evakuierungsplan ein T-Shirt verkündet: *Run, motherfucker, run!*

New Orleans' bessere Bezirke scheinen unversehrt. Da ist der Garden District mit seinen herrschaftlichen Villen, Gaslaternen und Magnolienbäumen. Da ist das French Quarter / Vieux Carré; als höchstgelegenes Areal entging es der Flut. Die pittoresken Gassen, die Giebel, Gauben, Schindeldächer der präamerikanischen Ziegelhäuser entzücken das Auge, vor allem die *galleries*, schmiedeeisern begitterte Balkone, auf denen sich zum Mardi Gras die Menschen drängen, um die Karnevalsparade mit bunten Ketten zu bewerfen.

So wirbt die Stadt seit jeher um den Besuch der Welt: als semieuropäische US-Oase, mit Jazznächten und den Mythen des *deep south*. Spukt nicht hinter der St. Louis-Kathedrale William Faulkners Geist? Man kann mit Tennessee Williams' *streetcar* zur Endstation Sehnsucht fahren, mit dem Raddampfer auf dem Mississippi, mit dem Boot in die Mäandertäler der Bayous und zwischen moosbärtigen Sumpfzypressen Alligatoren füttern.

Doch Faulkners Haus ist geschlossen, wie die Old US Mint mit dem Jazzmuseum, die Saenger Hall, das Hyatt-Hotel, die vielen sturmvernagelten Geschäfte am Canal Street-Boulevard. Bourbon Street, die Kneipenmeile, rockt, blinkt und bimmelt wie zu allen Zeiten. In New Orleans darf man auf der Straße Alkohol trinken. Laut und breit schieben die Nachtschwärmer sich durch Bars, Lustschuppen und Klimbim-Boutiquen, bewaffnet mit Schnaps-Handgranaten und Plastebecher-Bieren der Größe *Mighty ass*. Die früher üblichen Massen sind es nicht. Der Hot-Dog-Verkäufer macht kein Geschäft, das fahl geschminkte Blumenkind wird seine Rosen nicht los. Im Tropical Island hockt ein Alt-Folkie auf dem Podest und singt für sich allein »I've got a name«.

Am nächsten Tag bekommt die Stadt Besuch. George Bush fliegt ein. Er bindet ein Zimmermannsschürzchen um und trägt mit Bürgermeister Ray Nagin einen Balken an den Fernsehkameras vorbei. Dann schlagen die Herren Nägel ein, wobei Bush Nagins Linkshänderei scherzig kommentiert. Nagin ist Demokrat, ein *liberal*, nennt Bush aber Freund; er braucht verzweifelt Geld aus Washington. Bush, dramatisch unbeliebt, benötigt volksnahe Bilder. Überall fordern T-Shirts Deichbau statt Krieg: *Make levees not war*. Unverändert handeln täglich mehrere Seiten der Lokalzeitung »Times-Picayune« vom *Hurricane Aftermath*, bis hinein in die Todesanzeigen – dreimal mehr als vor Katrina. Achten Sie auf das Alter, sagt der Stadtführer Bob Baton. Viele Menschen sterben vor ihrer Zeit, aus Hoffnungslosigkeit.

Jenseits der ruppigen North Rampart Street liegt der älteste Friedhof der Stadt, St. Louis No. 1. Dies ist kein Totenort der deutschen Art. In New Orleans' moorigem Boden kann man nicht bestatten, deshalb geschieht es oberhalb der Erde, in Familien-Mausoleen, die ganze Generationen aufnehmen. Ein Jahr und einen Tag nach der Bestattung wird die Grabkammer geöffnet, der Sargrest entnommen, menschliches Rudiment verbrannt oder nach hinten gekehrt, und es ist wieder Platz. Dort drüben erhebt sich die Italia-Tombe, Rockfans unvergeßlich aus Dennis Hoppers Kultfilm »Easy Rider«, worin der schwer bedrogte Peter Fonda das Marmorweib für seine Mutter hält und kreischt: Warum haßt du mich?

*Das Wiederöffnungskonzert der Preservation Hall Jazz Band
(New Orleans, 27. April 2006).*

Vor dem Stein der 1881 gestorbenen Voodoo-Queen Marie
Laveau liegt Obst, zwecks Geisterspeisung. Voodoo heißt: Gott.
Wir stehen am Congo Square im Louis-Armstrong-Park und blik-
ken zur St. Louis-Kathedrale. Aus diesen beiden Orten erklärt
sich das Wesen von New Orleans: Synkretismus, Mischkultur.
Der robuste Magen des Katholizismus verdaute die Religion der
westafrikanischen Sklaven. Die wiederum adaptierten das Christentum, dessen Monotheismus, Heiligenverehrung und Glauben
an ein Leben nach dem Tod sich mit ihren Überzeugungen vertrug.
Und während nach angloprotestantischem Kolonialrecht Sklaven
Gegenstände waren, dinglicher Besitz, über dessen Leben und Tod
ihr Herr nach Belieben verfügte, galten sie im katholischen Louisiana immerhin als Seelen, Menschen also, mit gewissen Rechten,
zu denen der freie Sonntag gehörte. Vormittags gingen die Sklaven zur Kirche und lauschten Europas Chorälen und Harmonien.
Nachmittags trafen sie sich am Congo Square, trommelten, führten archaische Ringtänze auf. Die Weißen hörten die Rhythmen
Afrikas. 200 Jahre verschmolzen, und es ward Jazz.

An diesem Abend erlebt das Bethlehem des Jazz seine Wieder-
geburt, in einem Stall. Die Preservation Hall eröffnet neu, ein rus-
tikales Kabuff für maximal 50 Hörer, in dem allabendlich formell
gewandete Senioren Urjazz aufführen. Plötzlich steht inmitten
der Jazzer ein fremder Freund: The Edge, Gitarrist von U2 und
wohltätiger Spender, um vom Hurrikan betroffenen Kollegen ihre
Instrumente zu ersetzen. Die Band schwenkt zur Tür, marschiert
hinaus ins French Quarter, zieht um den Block. Aus den Häusern
stürzen Menschen und tanzen hinterdrein. Die greise Musik frischt
auf, verjüngt sich, jubelt: *When the saints go marching in ...*
  Warum war die Hall geschlossen? Hier ist doch nichts kaputt.
  Keiner da, für den man spielen konnte, sagt Derryl Adams, der
Saxophonist. Das hier ist für Touristen.
  Jetzt kommen sie, in Scharen. Die Stadt läuft voll. Das Jazzfest beginnt, auf dem Fair Grounds Race Course, einer Pferde-
rennbahn. Der Bus-Shuttle führt durch Katrina-Land. *God save
you!* ruft der Fahrer. *Don't believe what you see on TV!* Wir sehen
verlassene Häuser, Hunderte Auto-Ruinen, Verödung, Dreck. *Oh
my God! Look at this!* Der junge Mann aus Florida schlägt vor,
ein neues New Orleans nach Art von Venedig zu errichten, mit
Kanälen und so. Die New-Yorker Lehrerin ist erstmals hier, aus
Solidarität mit dieser anderen leidgeprüften Stadt. Und wegen Bob
Dylan, dem Troubadour ihrer Generation.
  Das Jazz & Heritage Festival, so der offizielle Name, ist ein
Universum bodenständiger Musik. Jazz bildet nur ein Segment.
Zehn Bühnen, zwei Wochenenden, da erlebt jeder ein anderes
Festival. Das Publikum (zu 97 Prozent weiß) flaniert. Oder man
schlägt Wurzeln und sein Campingstühlchen auf, befreundet sich
mit Betsy und Bill aus Baton Rouge, tauscht Regenschirm gegen
Sonnencreme und bittet die unentwegt zappelnden und quatschen-
den Amis ringsum, endlich mal zu lauschen. Bob Dylan offeriert
mit Rest-Stimme klassisches Liedgut, preßt sein Örgelchen, lächelt
gar versehentlich und erfreut mit einer vorzüglichen Band. Gefeiert
werden New Orleans' Lokalheilige Dr. John und Allen Toussaint.
Der Exilschwede Anders Osborne groovt durch Jazz 'n' Soul-
Jams, Sonny Landreth rennt Slidegitarren-Marathon. Das Gospel-
zelt bläht sich im Lob des Höchsten. Keb' Mo's grammygeadel-

*Was vom Wohngebiet 9th Ward übrigblieb
(New Orleans, 1. Mai 2006).*

ter Blues klingt gebügelt, sehr anders als die Altvorderen Snoogs Eaglen und Clarence Frogman Henry. Und dann bricht Feuer aus, gelegt vom *Zydeghost* C. J. Chenier und seiner Red Hot Louisiana Band. Die Bühne lodert, entflammt von Brunst und Passion.

Das Jazzfest spielt bei Tage. Danach mögen die Unersättlichen New Orleans' 60 Musikklubs bevölkern. Das House of Blues in der Decatur Street ist zum Weinen schön, ein Pantheon schwarzer Musik, dekoriert mit Götzen, Amuletten, Epitaphen, phallischer Malerei. Über der Bühne, zwischen Davidstern und Yin und Yang, prangt Leslie West als Purpurpriester und fragt: WHO DO YOU LOVE? Ganz gewiß die North Mississippi All Stars. Die Joints kreisen, als nachts um halb drei ein Collegekid, ein Hühnerdieb, ein schwarzer Football-Koloß auf die Schummerbühne treten. Drei Stunden jagen, torkeln, halluzinieren sie durch die *badlands* des Blues: pure William-Faulkner-Musik, die keine Zukunft kennt, nur Tiefe und Durst. Gitarrist Luther und Trommler Cody Dickinson sind Söhne von Jim D., ehemals Keyboarder der Rolling Stones. Seine Jungs müssen schon in der Wiege Blues gesoffen

237

haben. Der Morgen graut. Hinaus. Noch immer strömt warmer Regen.

Und dann kommt der Gegenpräsident nach New Orleans: Bruce Springsteen spielt mit seiner schmissigen neuen Bigband ein rührendes Konzert im Geiste Pete Seegers, mit »John Henry« und »O Mary Don't You Weep« und dem Antikriegslied »Mrs. McGrath«. Ry Cooders »How Can A Poor Man Stand« hat Springsteen für New Orleans umgetextet, und bei »My City Of Ruins« weiß sich ohnehin jeder Hiesige gemeint. Wir waren im *9th ward*, sagt Springsteen, und wir sahen Bilder, die wir in Amerika für unmöglich hielten. – Bei »We Shall Overcome« fließen Tränen. So inniges Pathos gelingt nur einem.

Anderntags fahren wir endlich in den *9th ward*, den zerstörten Bezirk der kleinen Leute, mit Christine DeCuir vom Metropolitan Convention & Visitors Bureau. Sie lebte dort. Derzeit ist sie in einem Appartement untergekommen, aber Tausende hausen in Wohnwagenlagern. Christines Haus steht noch; bis August hofft sie es wieder zu beziehen. Wir treten ein. Die Einrichtung ist komplett hinüber. Wenigstens hatte Christine eine Versicherung. Der *9th ward* liegt schlicht in Fetzen. Statt Häuser Bretterhaufen, Gebirge aus Müll und zerschrotetem Holz, Gewölle gewesenen Lebens. Christine sagt: Wie nach einer Atombombe.

Hier ist nichts aufzubauen. Wer könnte hier je wieder wohnen, unbeschützt, ohne funktionierende Strukturen? Hier war der Waschsalon, sagt Christine, hier war mein Gemüsemarkt, schau, die Maria vor der Baptistenkirche hat's überstanden. Das dort ist Fats Dominos Haus, er wurde gerade noch mit dem Hubschrauber gerettet. An seinem Haus stand schon: RIP, *rest in peace.*

Überall die Graffiti der Militärpatrouillen, die mitteilen, was sie im Haus vorfanden – Menschen, Tiere, Leichen. BAGHDAD steht an einer Wand. Christine, das sieht aus, als wäre hier der alttestamentliche Engel des Todes durchgegangen.

Ja, sagt Christine, wir warten auf einen Moses, der uns aus diesem Elend führt.

Wie es hier war, kann man im unversehrten Uptown sehen: kleinbürgerliche Nachbarschaft, Häuslein aus buntbemaltem Holz. An der Kreuzung Tchoupitoulas/Napoleon Avenue steht das berühmte Tipitina's, wo einst Boogie-Vater Professor Longhair in den Tasten wühlte. 1980 ist er gestorben, im Eingang wacht seine Büste. Jeder streicht darüber, als wäre Longhairs bronzeblankes Haupt Petrus' Fuß im Petersdom. Heute steigt das *Instruments A Comin'*, die alljährliche Musiker-Spendenaktion, um der Schuljugend Instrumente zu finanzieren. Da kommen sie, 60 farbige Kinder mit blitzendem Gebläse. *Horns up!* kommandiert der Tambourmajor. Es beginnt das Hupkonzert von Jericho. Die Jungs mit dem Basketball dort drüben auf der Treppe gucken neidisch. Jambalaya wird verkauft, Pudding, Blue-Moon-Bier. Unter den mächtigen Lebenseichen futtern und palavern Menschen aller Farben von New Orleans.

Drinnen singt Shannon McNally, betörende *southern belle* mit Gitarre, ihre Konfessionen in schwülem Moll. Später spielen Voice of the Wetlands, ein All-Star-Ensemble mit aufklärerischer Mission. Gitarrist Tab Benoit erklärt sie, nachts um zwei: Das fragile Süßwasser-Feuchtsystem des Mississippi-Deltas wird zerstört durch Eindeichung und Eingriffe der Ölindustrie, die sich hier dumm und dämlich verdient. Die Versalzung und Austrocknung der Sümpfe vernichtet Vegetation, Tierwelt, Überflutungsräume. Jedes Jahr verschwinden 52 Quadratkilometer Sumpfland. Das Prinzip ist einfach, sagt Benoit, der unten im Delta, in Houma, lebt. Der Mensch muß die *wetlands* schützen, dann schützen die ihn.

Kann man das Delta retten?

Das ist eine Frage des Geldes. Das Geld, das wir im Irak ausgeben und hier nicht, tut hier wie dort dasselbe: Es killt Menschen.

Tagelang durch die Stadt gelaufen. Unentwegt Kontraste. Elend und Pracht, die Bettler und das kreolische Soniat House-Hotel von 1827. Einst war es Wintersitz des Plantagenfürsten Honore Landreaux Jr., mit Orangenbäumen im Plätscherbrunnenhof. Man residiert antik, man schläft wie der König des Südens. Der schwarze Frühstücksbutler weckt und serviert heiße Bisquits, Orangensaft und Auferstehungskaffee in schwerer Silberkanne ans Empire-Bett. Hier steht man nicht auf, hier erhebt man sich.

Und dann war es von allem genug. Der letzte Abend gehörte der Einsamkeit. Lauer Nachtwind unterm Sichelmond, Trunk auf dem Balkon des Soniat House, Shannon McNally im Ohr:

It don't matter where you bury me
I'll be home and I'll be free
It don't matter where I lay
All my tears will be washed away

New Orleans' Musik ist nicht auf Entwicklung aus, sie spiegelt das tägliche Leben. Das hatte uns in der Nacht zuvor Anders Osborne gesagt, der Gitarrist von der Insel Gotland, der vor 20 Jahren nach globaler Odyssee hier hängenblieb. Im Cabildo am Jackson Square wird die louisianische Geschichte ausgebreitet, mit Hybris, Blut und Tränen, mit Gelbfieber und Gemetzeln, mit General Jacksons Locke, Napoleons Totenmaske und den weniger bekannten Gesichtern des Friedens. Wie seltsam, daß diese fragilste Stadt des Riesenreiches USA wie keine zweite aufgeladen ist mit Tradition und seßhafter Nostalgie. Man denkt: Hier hätte der Mensch nicht siedeln sollen. Aber nun ist die Geschichte da, und sie muß weitergehen. Keinen Satz hörten wir häufiger als: Danke für's Kommen.

Mai 2006

Den Hurrikan Katrina und die Tragödie von New Orleans
schildert David Eggers' erregender Tatsachenroman »Zeitoun«
(2009, deutsch 2011). Eggers erzählt, wie die amerikanisch-syrische
Familie Zeitoun ins Visier der US-Terrorismusfahnder geriet und
nahezu der »Säuberung« von New Orleans zum Opfer fiel.

Die ewige Band

Fairport Convention können nicht sterben

Diese Reise begann mit einem Schicksalsgefühl: Jetzt oder nie! Es gibt im Leben ein Zuspät. Fairport Convention, die Urmutter des britischen Folkrock, vollendeten ihr viertes Jahrzehnt. Zum Bandjubiläum ehrte die BBC das 1969er Album »Liege & Lief« als beste Folk-Platte aller Zeiten. Alljährlich, am zweiten Augustwochenende, feiert die Fairport-Gemeinde im mittelenglischen Cropredy ein familiäres Festival. 2007, meldete die Website, werde »Liege & Lief« gespielt, komplett und in Originalbesetzung.

O Donnerwort. Das klang, als kehrten die Beatles zurück, um ihr weißes Album aufzuführen. Auf nach Cropredy – jetzt oder nie!

Zeit ist eine Linie, Geschichte ein Kreis. Zukunft bedeutet Altern, der Fortschritt fährt Karussell. Derlei Lebensweisheit hatte man als junger Kerl noch nicht erlitten, zumal als Rockfan in der DDR. Die ungezähmte Musik, die per Westradio über die Grenze stürmte, weitete die kleine Stadt am Harz. Jimi Hendrix, John McLaughlin, die Allman Brothers Band – das ließ die Haare wachsen, stärkte den Wildermut, machte den Trotzkopf hart.

Dies war nicht nur die Epoche der Gitarrengötter, die Niegehörtes schufen. Anfang der Siebziger grassierte auch das Folk-Revival, und diese Musik klang, als wäre sie schon immer dagewesen. Rock machte stärker, Folk machte weiser. Moderatoren wie Tom Schroeder und Volker Rebell vom Hessischen Rundfunk beförderten Folkies zu Stars der Jugendsendung »Rumms« und spielten Planxty, Gryphon, Pentangle, The Watersons ... Toll waren auch Steeleye Span, die, wie Schroeder lehrte, aus Fairport Convention hervorgegangen seien. Ian Matthews' Southern Comfort: ein Fairport-Ableger. Richard Thompson: Fairports erster Gitarrist. Die Band schien ein Folk-Mutterschiff, ein ähnlicher Katalysator wie Miles Davis im Jazz.

Fairports Musik hatte zwei Seiten. Die wilden *fiddle-tunes*, die Jigs und Reels waren Tanzmusik. Aber da gab es diese Balladensängerin der pursten Melancholie, Sandy Denny, die traurigste Stimme unter der Sonne – falls sie die Sonne kannte. »A Sailor's Life« zu Richard Thompsons seelenzersägender Gitarre, das über den Abgrund gehauchte »Farewell, Farewell«, die Liebesverzweiflung des »Crazy Man Michael«, das Abschiedslied für Maria Stuart, vor deren Hinrichtung auf Schloß Fotheringay: *Tomorrow, at this time / she will be far away / much farther than these islands / for the lonely Fotheringay ...* Trolle, Elfenköniginnen, sprechende Raben bevölkerten die dunklen Wälder dieser Songs. Die Gegenwart lieh sich historische Gewänder und sprach aus anderen Räumen. Uns Deutsche, deren Blaue Blume der Romantik die Nazis zu Braunkohl gemacht hatten, mußte dieser freie Rückgriff in die Vorzeit besonders betören. *Timestop*, Verewigung, das ist die Metaphysik des Folk.

Sandy Denny starb am 21. April 1978, schwanger und wohl angetrunken, nach einem Treppensturz. Fairport Convention hatte sie bereits nach »Liege & Lief« verlassen; später war sie nochmals kurz zurückgekehrt. Ich hörte Fairport erstmals 1993 in einem brechend vollen Londoner Pub namens Half Moon Putney. Von Sandys Mond- und Todessüchten erklang an diesem Abend nichts. Der Laden barst vor trunkener Ekstase, Fairports Musiker mittendrin. Pint um Pint begriff ich den Slogan: *Fairport Convention did for real Ale what the Grateful Dead did for LSD.*

Die Reise nach Cropredy fühlt sich an wie eine Heimfahrt, obwohl sie nach England führt. In London / Marylebone Station besteigt man den Zug in Richtung Birmingham. Vis-à-vis im Abteil sitzen Sophana und Brian, ein Ehepaar meiner Generation. Der Zug passiert das Wembley-Stadion. Man erinnert sich: das Wembley-Tor! Erzielt hat es bekanntlich Geoffrey Hurst (danach geadelt) am 30. Juli 1966 im Weltmeisterschaftsfinale England gegen Westdeutschland. Sir Geoffreys Lattenkracher machte die Bundesdeutschen zu Vizeweltmeistern, doch sprang der Ball wirklich

Oxfordshires Schmückstück, Fairports Paradies (11. August 2007).

CROPREDY

hinter die Linie? 50 Millionen Engländer bezeugten es, und zwei Deutsche. Der eine hieß Heinrich Lübke, damals Bundespräsident. Der andere war ich.

Wembley! rief ich nun aufgeregt. *Hurst, goal, clearly behind the line!* Ich als Deutscher sei Zeuge. Sophana und Brian strahlten, die Kunde der hunnischen Anerkennung des Wembley-Tors verbreitete sich im Waggon wie ein Freudenfeuer. Brian fragte: *Where do you go?* – Cropredy, sagte ich, in Banbury muß ich raus, dann weiß ich nicht weiter. Brian lachte, griff zum Handy und meldete seinem Vater die Sensation: *Peter, we must help.* Ein reizender Senior wartete am Bahnhof Banbury und kutschierte mich im Pickup-Truck durch die grünen Auen von Oxfordshire, bis zum Festivalgelände. Zum Abschied gab der alte Peter mir die Hand und sprach: *God bless Germany. War is over.*

Heerscharen sind unterwegs. Trecks schleichen über Land. Rucksack-Prozessionen wälzen sich durch Cropredy, ein adrettes 600-Seelen-Nest, das seinen Titel *Best kept village in Oxfordshire* verdient. Zwei Pubs gibt es, zwei Läden, die Kirche St. Mary The Virgin, den Oxford-Kanal und ringsum Wiesen, die vor zwei Wochen noch halbmetertief unter Flutwasser standen. Jetzt sind sie bepflanzt mit Tausenden von Zelten. Cropredy ist ein Camperfest. Der Reporter, seit Jahrzehnten Berliner und folklich leicht degeneriert, zerrt wirr an seinem neuen Zelt. Schon eilt Fairport-Bruder Phil herbei und baut es auf.

Cropredy genießt den Ruf des freundlichsten Festivals von England. Drei Tage währt es. Drei Generationen, 20 000 Menschen strömen zuhauf und lauschen alten und jungen Bands der Marke Handwerk & Wurzelboden. Gepriesen seien Show of Hands, The Demon Barbers Roadshow, Kerfuffle, Jools Holland's fabelhaftes Rhythm & Blues Orchestra, natürlich die Richard Thompson Band ... Daß der alte Andy Powell & Wishbone Ash noch solches Feuer entfachen, ist eine freudige Verblüffung.

Sonne, Sonne, Sonne, wie man England kennt. Das Volk umlagert die Bühne, liegt hangaufwärts im duftenden Gras, meditiert in Campingstühlen, führt Hunde aus, bespaßt Kinder und Enkel. Jongleure schleudern Keulen, Druiden bezaubern, Drachen segeln. Ein geschminkter Herr im Kleid telephoniert mit einer

*Simon Nicol
(Cropredy,
11. August 2007).*

Banane nach Australien. Ein Meer von Flaggen meldet die Herkunft der Fairpordisten, von Cornwall bis Kanada. In Buden brutzeln unenglische Speisen. An einem endlosen Tresen strömt Fairports köstliches Jubiläumsbier, nebst weiteren Hopfentropfen. Eine *backstage*-Bar existiert nicht. Die Musiker sind nahbar und schlucken mit den Fans.

Es gab nie eine Fairport-Mystik, sagt Simon Nicol, der Gitarrist und Sänger. Wir schotten uns nicht ab, man kann mit uns reden.

Das tun wir, am dritten Tag des Festivals. Am Abend zuvor hat Nicol, der einzig Verbliebene aus Fairports Urbesetzung, mit den alten Gespanen »Liege & Lief« aufgeführt, à la carte, vom ersten bis zum achten Song, von »Come All Ye« bis »Crazy Man Michael«. Ein heftiges Remake. Richard Thompson unterlegte die Klassiker mit schneidender Gitarre. Dave Mattacks donnerte ins Schlagzeug, Ashley Hutchings spielte pumpend Baß. Besonders umjubelt wurde der wundersam genesene Geiger Dave Swarbrick. Ihn hatte man der Erde nah geglaubt; seit Jahren war er an Sauerstoffschlauch und Rollstuhl gefesselt. Statt Sandy Denny sang

Chris While; schon als Teen hatte sie »Tam Lin« und »Reynardine« vor dem Spiegel in ihre Haarbürste tremoliert. Ein lautes, ein schönes Konzert, und doch ... Man wußte immer, was kommt. Der Zauber war in Banden, die Elfenkönigin gezähmt.

Es hat Freude gemacht, sagt Simon Nicol, aber es war ein bißchen unwirklich, wie eine Fairport-Tributband. Wir spielen auch mit der jetzigen Besetzung Songs aus »Liege & Lief«, aber das ganze Album? Das ist, als drehst du die Uhr zurück und willst der junge Mensch von damals sein.

Was bedeutet »Liege & Lief«?

Das sind sehr alte Wörter. *Liege* meint Schuldigkeit – das, was du pflichtig bist, dem Höhergestellten, dem *landlord*, dem Mitmenschen. *Lief* bedeutet ehrlich, beständig, fest.

Kein hipper Slang.

Nein, sagt Nicol, dessen sonorer Ton und würdig ergrautes Haupt dem Landedelmann geziemen. Er lebt hier, nahe Cropredy. 1950 geboren, Londoner, wuchs er selbstverständlich mit Gitarre auf. Alle spielten damals in einer Band, sagt Nicol. Das war eine Phase, die fast jeder durchlief.

Als Fairport Convention entstanden, war Nicol keine 17 Jahre alt. Die jungen Leute benannten sich nach Familie Nicols Haus, in dem sie zum Üben zusammenkamen. Im Unterschied zu ungezählten anderen Nachwuchsbands bekamen Fairport rasch einen Plattenvertrag. Dem Produzenten Joe Boyd hatte besonders Richard Thompsons Gitarrenspiel gefallen.

Das erste Album klang wie ein Echo auf die zeitgenössischen amerikanischen Songwriter-Singer. Manchmal wurden Fairport für Amerikaner gehalten, oder sie galten als britische Jefferson Airplane. Wir verehrten Phil Ochs, David Ackles, Leonhard Cohen, sagt Nicol. Das Album ist ein Beispiel dafür, was passiert, wenn man *youngsters* ohne feste Richtung die Chance gibt, ins Studio zu gehen. Das änderte sich entscheidend, als Sandy Denny kam.

Was war Folkmusik damals?

Fünfzig konzentrierte Leute im Hinterzimmer eines Pub, sagt Nicol. Ein Musiker, der Gitarre spielte oder Concertina oder sang, mit dem Finger im Ohr. Sehr traditionell alles, sehr akademisch, wie eine Rezitation, mit großem Respekt für die Musik. Kein *team thing*, also ganz anders als in Irland. Was wir dann mit diesen Songs machten, war ziemlich ungewöhnlich.

Was brachte Sandy Denny mit?

Eine innere Kenntnis dieser Musik. Sie verstand das Wesen der Tradition.

Wer hatte sie das gelehrt?

Eine Reihe von Leuten, vor allem Alex Campbell, der war ihr eine Vaterfigur. Auch Bert Jansch, mit dem sie befreundet war. Wir nahmen »What We Did On Our Holidays« auf, das ist immer noch mein Fairport-Lieblingsalbum. Dann kam »Unhalfbricking«, dafür hatten wir den Mut, David Swarbrick einzuladen. Der war kein Rocker, der war ein anerkannter Folkie. Und dann »Liege & Lief«.

Wie können so junge Leute derartig alte, abgründige Musik spielen?

Das, sagt Nicol, hing sicher auch mit dem Unfall zusammen.

Wie die Geschichte vieler Bands, birgt auch die der Fairport Convention einen Totenort. Am 14. Mai 1969 verunglückte ihr Van auf der Heimfahrt nach einem Konzert in Birmingham. Es starben Drummer Martin Lamble und Richard Thompsons Freundin Jeannie Franklyn. Die anderen wurden erheblich verletzt. Am glimpflichsten davon kam Nicol, der, wegen Migräne mit Tabletten zugedröhnt, im Van geschlafen hatte. Die Band wollte sich auflösen, machte weiter, stürzte sich in »Liege & Lief«. Das Album bedeutete den Übergang vom folk-inspirierten Rock zur Neuinterpretation traditioneller englischer Musik. Es etablierte Folkrock als Genre.

In den Linernotes der erweiterten Ausgabe von 2002 entsinnt sich Ashley Hutchings der magischen Zeit. Die Band lebte und arbeitete in einem großen Landhaus nahe Winchester in Hampshire. Als große Herausforderung empfanden Fairport »Music From Big Pink«, den 1968 erschienenen Erstling von The Band. Dem wollten sie etwas ebenbürtig Englisches zur Seite geben.

Aber der Unfall schwebte über uns, sagt Simon Nicol. Ashley Hutchings wurde von allen Überlebenden am schwersten verletzt. Ashley schrieb 25 Versionen von »Tam Lin« und 55 Versionen von »Matty Groves«. Nachdem das Album fertig war, traf ihn verspätet der Unfallschock. Er ging. Und Sandy auch. Ein Album später ging Richard Thompson.

Damit verschwand die Metaphysik aus eurer Musik, die Tragik, das Dunkel.

Ja, wir wurden eine *boys band*, sagt Nicol. Sandy war eine Lady, wir mußten uns benehmen. Jetzt fuhren Typen mit Gitarren in einem Van herum. Du weißt, was das bedeutet: Spaß.

Wann merktest du, daß ihr kein Teil der Jugendkultur mehr wart?

1976, als Punk aufkam. Ich verstand das nicht – die verrückten Haare, die Sicherheitsnadeln. Im Prinzip ist es ja gut, daß musikalisch alle zehn Jahre was völlig Neues passiert. Aber die Sex Pistols … Diese Leute schienen ihr eigenes Unvermögen zu feiern, die bespuckten sich, das war nicht mein Geschmack. Plötzlich fühlte ich mich ziemlich alt.

Mit 26.

Der Markt war weg. Wir hatten den Bus verpaßt. Wir würden keine Popstars mehr werden. Das Musikbusiness ist nun mal Teil der Modeindustrie.

Dave Pegg, Fairports neuer Bassist, hatte eine Idee, der heute unzählige Bands folgen. Damals war sie revolutionär. Fairport kochten fortan auf der kleinen Flamme einer *cottage industry*. Sie bauten auf ihre Fanbasis und veröffentlichten ihre Platten selbst. Finanziell half ihnen ein kurioser Deal. Nach Island Records hatte Vertigo die Band für vier Alben unter Vertrag genommen. Auf halbem Wege zahlte das Label Fairport aus für das Recht, keine weiteren zwei Platten veröffentlichen zu müssen.

1979 war die Band ohne Vertrag und löste sich zeitweilig auf. Die Abschiedstournee endete mit einem Open-Air-Konzert in Cropredy, wo Dave Pegg mit seiner damaligen Frau Christine lebte. Niemand wollte den Live-Mitschnitt veröffentlichen, also begründeten die Peggs Woodworm Records, wo seither eine Fülle von Fairport-Aufnahmen erschienen ist. Cropredy, ursprünglich ein Reunion-Festival, brachte die Band 1986 wieder zusammen. Keine Besetzung währte so lange wie die jetzige mit Simon Nicol, Drummer Gerry Conway, Geiger Ric Sanders, Multi-Instrumentalist Chris Leslie und David Pegg.

Pegg ist ein uriger Typ von 60 Jahren. Graubeglatzt, Creole im Ohr, so sitzt er am Tisch und schwadroniert im breitesten Birmingham-Idiom von einem Buch, das er plane, um endlich seine hunderttausend Anekdoten loszuwerden. Dieses Höhlenkonzert in Devon, sagt Pegg. 450 Hörer, kein *backstage area*. Vor der Höhle spricht mich ein älterer Herr an: David! Ich gucke, ich erkenne ihn: Peter Lewis! Wir hatten uns 50 Jahre nicht gesehen – zuletzt in der Grundschule, da waren wir sieben. Wir tranken zwei Gläser Wein, ich schwöre, zwei Gläser ...

Wie Dave Pegg während der ersten Konzertstunde verzweifelt pinkeln muß, wie er in der Höhle keine Toilette und kein leeres Bierglas findet, wie er fluchtartig durchs Publikum ins Freie stürzt, sich entleert und umjubelt wiederkehrt, das ist gewinnend erzählt. In der Pause trinken Pegg und Peter Lewis wiederum – Schwur! – exakt zwei Gläser Wein. Des Konzertes zweiter Teil beginnt, der Harndrang wiederholt sich desaströs. Diesmal gibt es kein Entkommen, denn die Band durchreist eine epische Version von »Matty Groves«. Knecht Matty schläft mit Lord Donalds Weib, der Gehörnte erscheint am Lotterbett, zückt sein Schwert, metzelt Matty und die Ungetreue, doch all das ist gar nichts gegen die Qualen des David Pegg. Nichts hilft ihm, nicht Yoga, noch beinverschränktes Bassen, noch Dauergehupf. Ein Desaster, sagt Pegg. Ich trug Bluejeans. Ich machte mich naß. Ich pißte mir die Karte von Neuseeland ins rechte Hosenbein. Jeder sah es. *Absolutely embarrassing!*

Nein, die Geschichte ist längst nicht zu Ende. Es folgt die chaotische Übernachtung bei einem obskuren Paar namens Robin und Luella, ferner geht es um magische Gürtel, Männerprobleme und andere Folk-Themen. Wir blenden uns behutsam aus und fragen Pegg, ob er musikalische Unterlassungen bereue.

Ich bin ja eigentlich Rockmusiker, sagt Pegg. Ich hätte gern bei Traffic Baß gespielt, die waren auch aus Birmingham. Aber sie brauchten keinen Bassisten. Sie hatten den genialen Steve Winwood, der machte alles mit den linken Keyboardtasten. Led Zeppelin, da wär ich auch gern gewesen, aber erstens ist John Paul Jones besser als ich, zweitens wäre ich sonst schon lange tot. Und James Taylor, den liebe ich ...

Der schreibt doch immer denselben Song.

Na, drei oder vier sind's schon, sagt Pegg. Drei oder vier brauchen wir alle, und verschiedene Texte, damit man nicht wahnsinnig wird. *Sorry*, ich muß gehen.

Noch eine Frage: Woher kam Sandy Dennys entsetzliche Traurigkeit?

Sie war keine fröhliche Lady, sagt Pegg. Sie hatte niemals Selbstvertrauen. Sie sang unglaublich, sie schrieb wunderbar, wir alle sagten ihr, daß sie die Beste sei. Bloß sie fand sich nicht gut. *It's a shame.*

Die Glocken läuten. Wir laufen ins nahe Dorf, wie jeden Vormittag. Auf einem Bauernhof und am Sportplatz brutzeln die Damen vom Kirchenchor Frühstückseier und Speck, kredenzen Kaffee und erwirtschaften ihrer tausendjährigen St. Mary einen Obulus zur Reparatur des Dachs. Wir betreten das Gotteshaus, freundlich bewillkommnet mit dem Ruf: *Is this your first visit to our church?* Jawohl, deshalb hören wir nun die Geschichte des berühmten silbernen Bibelpults. Am 29. Juni 1644, im frühen englischen Bürgerkrieg, trafen bei Cropredy die Royalisten-Truppen Charles I. und Cromwells Parlamentarier aufeinander. Ralph McTell hat über die Schlacht an der Cropredy Bridge die Ballade »Red and Gold« geschrieben; Simon Nicol wird sie heute nacht singen. Aus Angst vor den Siegern, wer immer sie seien, versenkten die Dörfler im Cherwell-Fluß ihr wertvollstes Gut: das Bibelpult. Hundert Jahre später und ein gutes Stück flußabwärts wurde es wiedergefunden.

Wir erklimmen den Turm. Weit schaut man über Oxfordshires grüne Hügel, die friedlichen, blutgetränkten Felder. Unten auf dem Rasen des alten Friedhofs, gegenüber dem Red Lion-Pub, lagern züchtige Zecher mit ihrem Ale. Im Turm tickt seit 150 Jahren das mannshohe Werk der Uhr. Eine Treppe höher hängen acht Glocken. Sechs sind uralt, zwei nagelneu. *Villager* heißt die eine, die andere *Fairport*, gestiftet von der Band.

Das ist ein Dank dafür, was das Dorf für uns tut, sagt Simon Nicol. Mich rührt der Gedanke, daß auch in 400 Jahren hier noch was von uns bleibt.

Dann kommt der letzte Abend. Die Sonne sinkt. Vier Stunden

lang spielen sich Fairport Convention durch ihr unendliches Buch der Lieder und Zeiten. Das Quintett wächst auf 14 Menschen. Iain Matthews kehrt wieder, Richard Thompson, Maartin Allcock, Jerry Donahue, Julie Dyble, Fairports scheue erste Sängerin, bevor dann Sandy Denny kam ... Sandys »One More Time« singt heute Vikki Clayton, auch »Who Knows Where The Time Goes«.

Sie steht, die Zeit, vier Stunden lang, bis zum alljährlichen Schlußchoral. »Meet On The Ledge« ist das Memento mori dieser Band. Volksgesang, kirchentagsähnliche Szenen. Sodann ruft Simon Nicol den Reisesegen in die Nacht: *Next year same place!*

Nun ist es gut.

Wir hatten David Pegg gefragt: Gibt es für euch Fortschritt, in diesem Alter und nach so langer Zeit?

Wir denken nicht in solchen Kategorien, sagte David Pegg. Wir sind zusammen und machen Musik – eine sehr einfache Musik.

Ich bin stolz auf unsere Geschichte, auf unsere Tradition, sagte Simon Nicol. Wir gehen einfach weiter.

Wie lange?

Warum sollte es nicht auch in 50 oder 100 Jahren Fairport Convention geben? sagte Nicol. Ein Fußballklub hat auch eine Identität von Generation zu Generation. Wenn irgendeine Band das schaffen kann, dann diese.

Der Papst bleibt ja auch immer der Papst.

Hm, sagte Nicol. Ein bißchen lebendiger sind wir schon.

August 2007

Fairport Conventions jüngste Platte, erschienen 2011, heißt »Festival Bell« und zeigt die Glocke von Cropredy. Chris Leslie hat sich die langen Haare abgeschnitten, obwohl er doch schon seinen Grabspruch wußte: »At least he kept his hair.« Sollte ich jemals ein Begräbnis brauchen, dann spiele man mir Fairports »The Hiring Fair«.

Der weiße Papst
der schwarzen Kunst

Johnny Winters späte Wiederkehr

»Die Liebe höret nimmer auf.« So steht es im ersten Brief des Apostels Paulus an die Korinther. Die Liebe wandelt sich. So weiß man es selbst. Einst liebten wir den Bluesrock-Gitarristen Johnny Winter mit Leidenschaft. Aber dann ...

Am 4. Mai 2011 hat Johnny Winter in Berlin gespielt, zum Auftakt einer Europa-Tour. Die Vorfreude erweckte gloriose Memoiren. Stonezeitliche Rocker – etliche leben ja noch – schwärmen bekanntlich gern von ihrer wildermutigen Jugend und wie sie damals die weichlichen Beatles-Fans verachtet haben. Unsereins, etwas jünger, bevorzugte Bluesrock-Gitarrengötter. Gitarristisch wirkten die Rolling Stones nicht minder limitiert als die Beatles. Jimi Hendrix, Duane Allman, Eric Clapton waren schneller, also besser. Der *speed king* hieß Johnny Winter, laut »Rock-Lexikon« von Barry Graves und Siegfried Schmidt-Joos »ein hundertdreißigpfündiger schielender Albino, der so ziemlich die flüssigste Gitarre spielt, die man jemals gehört hat«. Fürwahr, Winter raste. Er tobte übers Brett, er qirlte die Saiten, er häckselte Vierundsechzigstelnoten. Sein Paradestück warnte vermutlich vor ihm selbst: »Be Careful With A Fool«.

Wir wußten nicht, daß Winter die Rockstarhysterie haßte. Im Herzen war er Bluesmann. 1944 in Beaumont (Texas) als Sohn eines Baumwollplantagen-Besitzers geboren und fast blind, wuchs der Außenseiter gewissermaßen als weißer Schwarzer auf. Mit 18 verschwand er mit seiner Gitarre gen Chicago. Dort fand er keinen Erfolg. Er trampte durch den Süden und spielte sich durch. Die Hippie-Ära begann. Deren Protagonisten pushten den Blues. Weiße Briten adaptierten die schwarze Musik und reimportierten sie als Pop in die USA. Die Stones, John Mayalls Bluesbreakers, Eric Burdon & The Animals, Led Zeppelin schossen hoch, die Plattenfirmen griffen hektisch zu. Mit 300 000 Dollar, dem bis

*Johnny Winter im bluesgerechten Alter von 67 Jahren
(Berlin, 4. Mai 2011)*

dato üppigsten Vorschuß der jungen Rockgeschichte, schnappten sich Columbia Records Johnny Winter. Der hielt den Tourneestreß nicht durch, verfiel dem Heroin und verschwand 1971, suizidgefährdet, für fast ein Jahr in einer Entziehungsklinik.

Sein Comeback-Album von 1973 hieß programmatisch »Still Alive And Well«. Erst 1977, mit »Nothin' But The Blues«, beendete Winter das Kapitel Rock 'n' Roll-Star. Fortan spielte er Blues in der Tradition seines Idols Muddy Waters, freilich weitaus virtuoser. Waters starb 1983. Sein Spätwerk hat Johnny Winter produziert. Und kürzlich erschien eine DVD jenes Konzerts, das Winter europaweit bekannt machte: der »Rockpalast«-Auftritt in der Essener Gruga-Halle am 22. April 1979. Die Live-Rocknächte des WDR wurden in ganz Westeuropa übertragen, vom Nordkap bis Sizilien. Auch in televisionär begnadeten Regionen der DDR war Winters Gala-Auftritt zu sehen. Hierzu benötigte man einen Fernsehapparat. Man hatte keinen? Null Problem. Man ging in Ostberlin auf die Straße, hielt Ausschau nach einem bluesartigen Menschen und fragte: Kuckste irgendwo »Rockpalast«?

Die 79er Erinnerung meldet einen Dachboden im Prenzlauer Berg, überfüllt von 50 Bluesern aus der ganzen DDR. Andachtsvoll umlagerten sie einen kleinen Schwarzweißfernseher. Der Ton dröhnte aus einer Mammutbox. Die J. Geils Band eröffnete die Show, danach kam Patti Smith. Und dann erhob sich der Gitarrensturm Johnny, mit »Hideaway«, gefolgt von »Messin' With The Kid«. Zwei Stunden tobte Winters Trio (J. W. plus Drummer Bobby Torello und Bassist Jon Paris, mit dem Winter zeitweilig das Instrument tauschte). Dann flammte in Essen das Saallicht auf. In Ostberlin taumelten wir benommen auf die morgenrötliche Pappelallee, trunken ohne Alkohol.

Mit Rührung sieht man die DVD 31 Jahre später: Johnny Winter jung, im Vollbesitz seiner selbst und der Musik, obzwar ihn, bedingt durch den Albinismus, extreme Sehschwäche hemmt. Sonst ist er bei allen Kräften. Das würde sich ändern. In den 90er Jahren baute Winter ab. Zu Beginn des neuen Jahrtausends schien er dem Ende geweiht. Wer ihn sah, fühlte sich beklommen. Johnny Winters Stil lebt von der Virtuosität, doch nun wurde ein tapernder Greis auf die Bühne geführt. Er setzte sich, spielte verlangsamt und reduziert, sang brüchig »Live Is Hard And Then You Die«. Er blieb am Leben. Vor vier Jahren wirkte er leidlich repariert. Und nun kam er wieder nach Berlin, in die Kulturbrauerei.

Wir waren verabredet, am späten Nachmittag, zur Soundcheck-Zeit. Schon von fern vernahm man köstliches Getöse: »Get Down«, mit rasanter Gitarre, die aber fremd klang, ebenso die Stimme. Im Kesselhaus probte Winters Band. Vito Liuzzi trommelte und sang das *down down down*, Scott Spray pumpte Baß, Gitarrist Paul Nelson hobelte sein Brett. Er legte es ab, begrüßte und führte uns über den Hof, zu einem kleinen Bus. Darin saß an einem Tischchen ein dürrer alter Mann und lauschte archaischem Blues-Gesang. Das, sagte Johnny Winter, ist Big Bill Broonzy.

Johnny, warum Blues? Wie kam ein Mensch, der weißer nicht sein kann, zur schwarzen Musik?

Ich hörte den Blues als Kind, sagte Winter. Ich dachte: Das ist die tollste Musik der Welt, das will ich können.

Damals herrschte Rassentrennung in den USA. Was dachten Weiße, wenn du ihnen mit Blues kamst?

Winter lachte, hustend. Natürlich habe er Blues nicht für Weiße spielen können, höchstens mal ein untergeschmuggeltes Stück. Schwarze hätten gar nicht in weißen Etablissements auftreten dürfen.

Aber du für Schwarze?

Ohne Probleme, sagte Winter und erzählt, wie er, mit 17 Jahren, erstmals B. B. Kings Club betrat, als einziger Weißer weit und breit. King, erschrocken, hielt ihn für einen Steuerspion. Dann ließ er ihn, da der jugendliche *taxman* bettelte, sogar auf die Bühne. Mein erster Auftritt vor einem schwarzen Publikum, sagt Winter, immer noch stolz. Ich bekam eine *standing ovation*.

Hat dich das überrascht?

Nein, lächelte Winter. *I knew I was good.*

Dann geriet der Süden in Bewegung. Martin Luther King, die Bürgerrechtsbewegung …

Ja, das mußte passieren. Es war zu übel im Süden. Und auf einmal wollten die weißen Kids schwarze Musik hören.

Kaum jemand weiß, daß du 1969 beim Woodstock-Festival gespielt hast. Warum tauchst du in dem Film nicht auf?

Das zu untersagen, erklärte Winter, hat mein damaliger Manager als größten Fehler seines Lebens bezeichnet. Er dachte, das Festival ist finanziell ein Desaster, dem Film wird es genauso ergehen.

Bereust du das?

Natürlich, sagte Winter. – Allerdings zeigt ihn die jüngste Langversion des Woodstock-Films, ediert 2009. Gleichfalls zum 40. Jahrestag des epischen Festivals erschien Johnny Winters fulminanter Auftritt komplett als CD. Auch ohne Kontrakt hatten die Veranstalter mitgeschnitten. Johnny, wie war Woodstock?

Schlammig und schrecklich. Toll, für so viele Leute zu spielen. Aber es war das reinste Chaos.

Warum bist du zum Blues gewechselt?

Ich liebe den frühen Rock ’n’ Roll, aber ich wollte nie ein Rockstar sein. Mein Manager wünschte das, da gab’s mehr zu verdienen. Ich mag das Rockbusiness nicht, die Leute, das Benehmen …

Warum hörte Blues auf, die Popmusik der Schwarzen zu sein?

Weil die Leute Blues mit schlechten Zeiten verbanden. Daran

wollten sie nicht erinnert werden. Tja, schade, nun hören sie Hip-Hop, Rap ...

Was ist für dich Blues? Philosophie? Kunst der Traurigkeit?

Nein. *It makes me happy.* Wenn ich Blues spiele, geht es mir gut.

Es ging dir lange gar nicht gut. Gab es eine Zeit, in der du nicht mehr spielen konntest, wie du wolltest?

Ja, die 90er Jahre waren schlecht für mich. Ich hab zu viele Dinge genommen.

Und was hat das geändert?

Ich nahm nichts mehr. Hab auch das Trinken aufgegeben.

War das schwer?

Nein. Ich habe einfach entschieden, das wäre gut.

Mann, warum hast du dann nicht eher aufgehört?

Winter lachte: Weil ich nicht eher wollte. Erst als es mich beschädigt hat. Solange es Spaß machte, war's okay.

Bist du ein religiöser Mensch?

Yes. I'm a christian.

Welche Johnny-Winter-Aufnahme würdest du Petrus am Himmelstor als deine größte Lebensleistung präsentieren?

Oh, sagte Winter, das sind so viele Songs. Vielleicht »Be Careful With A Fool«. Und »When You Got A Good Friend«, die alte Robert-Johnson-Nummer. Welche Platte magst du denn am liebsten?

Deine erste. Und »Nothing But The Blues«. Die späten Muddy-Waters-Scheiben. »Guitar Slinger«, »Serious Business«, »Third Degree«, deine Alligator-Sachen aus den 80ern. »Let Me In« von 1991 ...

Ich mag die alle, sagte Winter.

Bereust du nichts? Was würdest du gern noch mal anders machen?

Die Rock 'n' Roll-Platten mit Rick Derringer, »Johnny Winter And«, »Live«, solche Sachen. Aber die verkauften sich am besten, also sollte ich es lassen, wie es ist.

Blues hat afrikanische Wurzeln. Hast du je mit afrikanischen Musikern gespielt, wie Ry Cooder mit Ali Farka Touré aus Mali?

Nein, sagte Winter, er sei niemals afrikanischen Musikern begegnet. Allerdings war er gerade in Japan, erstmals in seinem Leben. Drei ausverkaufte Shows in Tokio, sagte Winter. Ich dachte, die Japaner wären reserviert. Nicht im geringsten!

Und Fukushima?

Tokio betreffe das nicht, meinte Winter. Er zeigte den rechten Innenarm, wo der *illustrated man* zu seinen weltweit gesammelten Tattoos nun auch ein japanisches trägt: drei rätselhafte Schriftzeichen, die *blue music feather* bedeuten, oder so ähnlich. Für Blues hätten Japaner kein Wort.

Der Worte waren genug gewechselt. Wir verließen Winter. Der wird demnächst nach langer Zeit ein neues Album veröffentlichen, »Roots«, mit Lieblingsstücken seiner Jugend: Songs von Chuck Berry, Elmore James, T. Bone Walker, Bobby Bland … Johnny-Winter-Fans hören konservativ. Sie erwarten, was sie kennen: gediegene Exempel des Wohlvertrauten. Schon gar nicht schrecken Winters 67 Jahre. Bluesleute sind alt. Auch das Publikum, das sich nun versammelte, wirkte überaus volljährig. Viele suchten Karten. Ausverkauft!

Es wurde ein lautes Konzert. Die Band begann zu dritt. Im Intro kam Winter auf die Bühne. Nahm umjubelt Platz. Begann mit »Hideaway«. Ließ »Sugar Coated Love« folgen. Sehr muskulär rockte die Band, auf fettem Boogie-Fundament. Der Gitarrist Paul Nelson verschalte die Strukturen, in welche Johnny Winter seine rasanten Dauersoli flocht. Die Läufe perlten, zerrten, unterschliffen, jaulten delikat wie je. Winters Stimme freilich krähte weniger vital als ehedem, und die Beton-Akustik vermatschte manches. Erstaunlich war, daß Winter nur eine seiner lodernden Slowblues-Nummern spielte: »Black Jack« von Ray Charles. Ansonsten gab es Klassiker: »Johnny B. Goode«, »Good Morning Little School Girl«, Muddy Waters' »Got My Mojo Working«, doch auch »Gimme Shelter« von den Rolling Stones … Nach 70 Minuten erhob der Meister sich und ging. Er kam zurück, ohne die kopflose Lazer-Gitarre. Er ließ sich die mächtige Gibson Firebird reichen und schloß mit zwei Slide-Orgien: »Dust My Broom« von Elmore James und Bob Dylans »Highway 61 Revisited«.

Dann war's vorbei. Winter dankte und trat ab. Das schlohweiße Haar bedeckte seine Schultern wie eine Stola. Als er so sorgsam tappend verschwand, ergriff mich ein seltsames Déjà vu: Einst sah ich im Petersdom den greisen Papst Johannes Paul II. ebenso fragil aus der überfüllten Halle schreiten, bis ihn eine Tür verbarg. Wahrhaftig, der späte Winter erinnert an den polnischen Schmerzensmann und sein öffentlich zelebriertes Siechtum.

Sonderbare Heimfahrt: An diesem 4. Mai 2011 lag in der nächtlichen Berliner Straßenbahn eine »Süddeutsche Zeitung« vom 2. Mai. Darin las man über die römische Seligsprechung Johnny Paul des Zwoten. Der Geist verbindet, was er will; folglich fiel mir zu Johnny Winter der Apostel Paulus ein: »Die Liebe höret nimmer auf.« Andernorts schreibt er: »Du aber bleibe in dem, was du gelernt hast.« Mach ich. Johnny Winters Blues gehört zu meinem Leben. Ich liebe ihn auch nach Jahrzehnten – einst mit Leidenschaft, heute in Treue.

Mai 2011

Der Schmerzensmann

Der Freitod des Jenaer Nationaltorwarts Robert Enke

Ich werde nicht vergessen, wo ich war, als es geschah. An diesem trüben 10. November 2009 streifte ich mit dem Photoapparat durch Weißenfels. Am Vortag hatte das offizielle Berlin mit großem Gepränge das Zwanzigjährige des Mauerfalls gefeiert, doch Weißenfels wirkte so marode wie 1989 die ganze DDR. Nachmittags reiste ich ab und stieg in Weimar um. Auf dem Bahnsteig begegnete mir Friedrich Dieckmann, für den ich zufällig Photos in der Tasche trug. Als ich in Greiz ankam, war es schon dunkel. Um 18.25 Uhr saß ich in einem Café, aß Apfelkuchen und freute mich der Provinz.

In dieser Minute starb Robert Enke. Er parkte sein Auto unweit des niedersächsischen Örtchens Eilvese an der Bahnstrecke Bremen – Hannover. Er stellte sich auf die Gleise und ließ sich vom Regionalexpreß überrollen. Ich erfuhr es kurz vor Mitternacht durch einen Anruf von daheim. Ich heulte, fassungslos.

Warum?

Ich kannte Robert Enke – wie Millionen Menschen, die ihn auch nicht kannten. Immerhin war er der Torwart meines Fußballclubs, des FC Carl Zeiss Jena. Gewesen.

Mein Club. Was ist das? Zugehörigkeit. Frühe Erfahrung des Auf und Ab, der Zyklik des Lebens. Ein Licht, das aus der Kindheit scheint. Und die lebenslange Chance zu spielen, oder kindlich absolut zu fühlen – wenn es um meinen Club geht.

Ich erwählte Jena, oder Jena mich, im Alter von neun Jahren. Mein Vater war Pfarrer in Dingelstedt bei Halberstadt. Ich erwuchs also am Harz, im Bezirk Magdeburg. Am 8. Mai 1965 bestritt Magdeburg das DDR-Pokalfinale gegen eine fremde, märchenhaft benamte Stadt. Jena, das klang wie China, Harem, Samarkand. Ich sah das Spiel auf Onkel Krems' Bauerncouch. Der Reporter

orgelte: »1:0 für die bravourösen Männer aus dem Paradies!«
Welche Nachricht! Spielten dort Engel, zumindest Pastorensöhne?
Erst Jahre später erfuhr ich, daß Jenas Stadion im Paradies-Park
liegt. In der 82. Minute erlitt Jena den Ausgleich und in der 89.
Minute einen Elfmeter. 1:2, Schlußpfiff, Onkel Krems jauchzte:
»Jetzt kotzt Jena ab!« Dieser barbarische Siegersatz trieb mich für
immer auf die Seite der traurigen Männer aus dem Paradies.

Jenas Torwart hieß Harald Fritzsche. Ein Jahr später beende-
te er seine Karriere. Ihn ersetzte ausgerechnet sein Magdeburger
Kontrahent Wolfgang Blochwitz. Magdeburg war 1966 abge-
stiegen. Das SED-Bezirksblatt »Volksstimme« veröffentlichte ein
Gelöbnis der Spieler, sie würden als verschworenes Kollektiv den
Wiederaufstieg erkämpfen. Kurz darauf publizierte und geißelte
die »Volksstimme« den Vereinswechsel des Verräters Blochwitz.
So war die Zeit. Wechsel gab es selten. Die Spieler blieben treuer
Besitz ihrer Heimat, Leibeigene der hiesigen Herzen.

In Jena wurde Blochwitz Meister, Pokalsieger und National-
spieler, wie zuvor Fritzsche. Auf Blochwitz folgte 1976 Hans-
Ulrich Grapenthin; er stieg ebenfalls zum Auswahltorwart auf.
»Sprotte« spielte, bis er 41 war. 1985 übergab er seinen Kasten
an Perry Bräutigam. Auch der brachte es zum Nationaltorhüter.
Die Mauer fiel. In Scharen verließen die besten Ostfußballer ihre
Heimatclubs. Bräutigam blieb in Jena, bis der FC Carl Zeiss 1994
aus der 2. Bundesliga abstieg. Kurz zuvor machte ich mit ihm ein
langes Interview. Bräutigam sprach einen wunderbaren Satz, würdig der Schillerstadt Jena: »Die Zeit heiligt alle Wunden.«

Auf Bräutigam folgten biedere Ballfänger. Jenas große Torwart-
tradition schien beendet. Doch dann hörte man, daß Deutschlands
kommende Nummer 1 Jenenser sei. Ein unfaßbar begabter Junge,
ein wahrer Torwart-Messias! Jena werde er freilich kaum erlösen.
Er sei bereits westwärts versprochen oder verkauft, an Borussia
Mönchengladbach.

Sein Name? Robert Enke.

Tatsächlich wurde Enke Jenas fünfter Nationaltorwart – ein Dutzend Jahre später, als Keeper von Hannover 96. Für den FC Carl
Zeiss hat er nur kurz den Kasten gehütet, als 18jähriger, im Herbst

1995. Zunächst saß er auf der Ersatzbank, weil sein Trainer Eberhard Vogel dem Routinier Mario Neumann mehr vertraute als einem Nachwuchsgott. Neumann patzte, Enke bekam seine Chance – dreimal. Beim 1:1 in Hannover hielt er passabel. Gegen Lübeck sah ich ihn, einen knabenhaften Schlaks, dessen Nerven nicht die besten schienen. Jena führte 2:0 und hatte den Gegner im Griff, da unterlief Enke ein Fangfehler à la Mädchen-Völkerball. Tor. Fortan stürmte Lübeck. Bernd Schneider rettete Jena mit einem Kunst-Freistoß zum 3:1. Eine Woche später, am 25. November 1995, erlebte ich Jena bei Lok Leipzig (von Wessis und Kindern damals VfB genannt). Nach 30 Sekunden ließ Enke einen Weitschuß unterm Bauch ins Netz. Sogar das Völkerschlachtdenkmal lachte.

Kurz vor Ultimo kassierte Enke das 0:2, durch Leipzigs Torjäger Jürgen Rische. Es war beider Abschied vom Ostfußball. Rische wurde sofort nach dem Schlußpfiff gen Kaiserslautern verhökert. Enke wärmte noch bis zum Saisonende die Jenaer Ersatzbank. Dann ging er nach Mönchengladbach, damals ein desaströser Verein. In der »Sportschau« sah man Enke als besten Gladbacher Spieler mal sechs, mal acht Gegentore fressen. Er emigrierte zu Benfica Lissabon, wurde Mannschaftskapitän und schien froh. Er folgte dem Ruf des großen FC Barcelona, wo man ihn nach drei Spielen und dem Pokal-Aus gegen einen Drittligisten demontierte. Er ging zu Fenerbahce Istanbul und floh alsbald wegen des ihm unerträglichen Fanatismus der Fans, der »Brutalität gegenüber Verlierern«. Schon damals hat er seinem Trainer Christoph Daum seine Krankheit gestanden. Daum hielt dicht. Ein Kurzgastspiel bei CD Teneriffa folgte, dann das biedere Hannover.

Ein sicherer Hafen, so schien es. Was weiß man?

Postum vieles. Daß Enke seit langem an Depressionen litt. Daß er in ärztlicher Behandlung war. Daß ihm, glaubte er, als Leistungssportler keine öffentliche Schwäche verziehen würde. Daß ihn der Ehrgeiz fraß, und Versagensangst. Und daß er 2006 bei seinem zweijährigen, schwer herzkranken Töchterchen Lara wachte und eingeschlafen war, als sie starb.

Enke war ein gereifter, gepeinigter Mensch. Ein stiller Star. Ein intelligenter Redner, dessen analytischen Blick man für souverän hielt. Ein seriöser Torwart, kein Kunstflieger, auch kein Egomane wie Lehmann oder Kahn. Ausraster, Spleens sind nicht erinnerlich, aber Enkes gespanntes Erwarten des Balls, sein typisches Federn auf den Füßen. Wie er abschnellt, herausrennt, sich breitet, fliegt. Auch: durch den Torraum irrt. Bei Hannover 96 bekommt der Keeper reichlich zu tun. Enke hielt viel. Dennoch kassierten die 96er in der Meisterschaft 2008/09 als Elfter 69 Tore, die meisten aller Bundesligisten.

Enkes letztes Spiel war ein 2:2 gegen den Hamburger SV am 8. November 2009, einem Sonntag. Am Dienstag fuhr er dann zum Bahngleis. Am Mittwoch barsten Deutschlands Medien vor Schock und Anteilnahme. Tausende Menschen formierten sich in Hannover zum Trauerzug. Die Bischöfin Margot Käßmann hielt in der Marktkirche einen ökumenischen Gottesdienst. Enkes Frau Teresa trat vor die Kameras und sprach über die Krankheit ihres Manns. Drei Sätze wurden überall zitiert: »Wir dachten, wir schaffen alles. Wir dachten, mit Liebe geht das. Aber manchmal schafft man doch nicht alles.« Die ganze Ratlosigkeit bündelte ein Plakat, das 96er Fans ans Stadion hängten: »Danke Robert, halt das Himmelstor sauber!« Der Spruch war so idiotisch wie tief empfunden.

Das Länderspiel am Samstag gegen Chile wurde abgesagt. Am Sonntagvormittag übertrug die ARD Enkes Trauerfeier aus dem hannoverschen Stadion. Nein, es strömten nicht hunderttausend, wie prophezeit. 35 000 Menschen kamen. Es blieben Plätze frei. Im Mittelkreis stand Enkes blumenüberhäufter Sarg. Ein blondes Girl schnulzte die 96er Vereinshymne. Der DFB-Präsident Theo Zwanziger sprach über die Tabus im Leistungssport, zu denen auch Homosexualität gehört, und dekretierte: »Fußball darf nicht alles sein.« Zivilcourage forderte er, mehr Menschlichkeit »in allen Bereichen des Systems Fußball«, ein Aufstehen »gegen Böses« und »das Kartell der Tabuisierer und Verschweiger«. Niedersachsens Ministerpräsident Christian Wulff diagnostizierte: »Die Welt ist nicht im Lot. Unzählige spüren das in Momenten wie diesen.« Wir alle stünden unter Druck und hätten Ängste, doch Enkes Tod könne »zu einem veränderten Zusammenleben in unserem Land führen«.

Wulff gedachte auch der Zugführer, die Enke überfuhren. Da

Von links: Bernd Schneider mit Robert Enkes Hund, Thoralf Bennert, Jens König, Robert Enke (Jena, 8. Dezember 1995).

rauschte Beifall. Alle Redner trafen einen echten, tiefen Ton. Ein Pfarrer sprach, der katholische Priester Heinrich Plochg, und intonierte das Vaterunser. Der Sarg wurde von Enkes Mannschaftskameraden aus dem Stadion getragen, dazu erklang LeeAnn Rimes' Countryheuler »The Rose«. Es grinse, wer mag, über die Skurrilitäten dieser Totenmesse. Es gab hierfür keine geprägte Liturgie.

Man hört des öfteren von der Religion Fußball. Ich finde das albern. Ich bin Theologe und kann Fußball als globale Kulturtechnik würdigen, als friedlichen Synchronisator einer ideologisch dissonanten Welt, aber nicht als Metaphysik, Offenbarung, Glaube. Dennoch zeigt Enkes Tod und seine Verklärung zum Schmerzensmann, wieviel rudimentäre Religiosität wildwüchsig vagabundiert und Unterschlupf sucht. Sie projiziert Bedürfnisse und Gefühle auf das Schicksal der Berühmten. Enkes Tod definiert nichts, er stiftet kein Credo. Er berührt aber Dimensionen unseres Leben, die in einer völlig säkularen, funktional hochgetunten Welt keine Verwendung finden.

Die mediale Trauer währte etwa zehn Tage. Die Zeitungen füllten sich mit Texten, die Enkes Krankheit als *dark room* der Leistungsgesellschaft beschrieben. Auf absehbare Zeit werden viele an Robert Enke denken, wenn von Depressionen, *Burn out*, Druck die Rede ist. Oder wenn der Zug stoppt, wegen »Störung im Betriebsablauf«, weil sich »eine Person im Gleisbett« befindet. In Deutschland sollen vier Millionen Menschen behandlungsbedürftig depressiv sein. Entsetzlicherweise erliegt dem, während ich dies schreibe, ein lieber Verwandter. Den Tod in sich tragen ... Fast möchte man vom stellvertretenden Sterben des Robert Enke sprechen. Darf man zu vermuten wagen, daß dieses selbstgewählte Ende eines Fußballspielers mehr Menschen in Deutschland erschüttert hat als der jähe Tod von Hunderttausenden auf Haiti?

Das Leben geht weiter. Auch in Hannover. Allerdings gewannen die 96er seit Enkes Tod bis zum heutigen 29. Januar 2010 kein einziges Spiel. Die Vereinsführung entließ den seelenkundigen Trainer Bergmann als zu weich und verlangt gebieterisch die Rückkehr zum Erfolg. Profifußball ist kein Volkssport; er folgt Marktgesetzen, nicht der olympischen Idee. Natürlich wird niemand das alte Niedersachsenstadion in Robert-Enke-Stadion umbenennen. Der Name der Arena ist längst verscherbelt. Derzeit heißt sie nach einem sogenannten Finanzoptimierer, auch wenn zur Trauerfeier fast alle Werbung verhüllt wurde. Doch am Oberrang, hoch über dem Sarg, prangte der Schriftzug: MEHR SIEGE – MEHR TORE – MEHR NETTO.

Enkes Tod bewirkte lediglich ein kurzes Innehalten. Die Mechanik der Leistungsgesellschaft blieb unangetastet, bloß Hannovers Spieler können anscheinend nicht mehr, wie sie sollen. Ich hoffe und vermute, der Verein steigt ab. Das wäre menschlich, eine Reverenz vor Enke.

Eines hat er geschafft: deutsche Einheit der Gefühle. Jenas fünfter Nationaltorwart war Hannovers erster seit Beginn der deutschen Länderspielgeschichte 1908. Ein bißchen wurmte es mich, wie Enkes Trauergemeinde ihn nun und für immer als Hannoveraner reklamierte, als wäre sein Vertrag nicht im Sommer 2010 ausgelaufen, als hätte er nicht längst über einen Wechsel nachgedacht. Der FC Carl Zeiss Jena erklärte Robert Enke zum »Sohn des Clubs« und druckte sein Porträt aufs Programmheft des Drittligaspiels gegen Wuppertal, das mit einer Art Kurzandacht begann. Das war am 28. November 2009, 14 Jahre, nachdem ich Enke zum letzten Mal sah.

Lange kramte ich in Kisten und Kartons. Endlich fand ich die Jena-Photos vom 8. und 9. Dezember 1995. Das Ernst-Abbe-Sportfeld lag verschneit. Die Zeiss-Truppe, trainiert von »Matz« Vogel, übte locker und lustig mit einem knallroten Ball für das Zweitligaspiel gegen Meppen. Einige hatten danach noch nicht genug und tollten mit Robert Enkes Hund. Von links sieht man Bernd Schneider, Thoralf Bennert, Jens König und, ganz klein im Hintergrund, Enke. Seltsam, kein anderes Bild hält Enke fest. Meine letzten Aufnahmen vom Spieltag zeigen Meppens jubeltobenden Keeper Stefan Brasas, der in der Nachspielzeit das 2:2 geköpft hat, und Enkes Torwart-Vertreter, den restlos bedienten Mario Neumann. Nicht mal auf dem Photo der Ersatzbank ist Enke zu sehen, nur sein Name leuchtet von der Anzeigetafel.

Man will in die Bilder hinein, Enke suchen. Und kann es nicht.

Januar 2010

Hannover 96 stieg nicht ab. Anfang September 2011 machte Hannovers Torhüter Markus Miller öffentlich, daß er an Depression leide. Er begab sich in eine Klinik und kehrte im Dezember 2011 ins Tor zurück.

Heimspiel in der Ewigkeit

Der Fan-Friedhof des Hamburger Sportvereins sucht Bewohner

Wir wurden überrascht. Was war zu erwarten? Ein Event-Friedhof, beflaggt mit Rautenbannern? Eine postmortale Fanmeile, gefüllt von Besitzern der Ewigen Dauerkarte? Zumindest in Marmor gemeißelte Treue: »Hier ruht ein lebenslanger HSVler, jetzt beim FC Sankt Petri«, »NN – niemals Zweite Liga, aufgestiegen am …«, »Ahoi, Kuddel, triff ins Himmelstor!« Nichts dergleichen fand sich, nur novemberliche Einsamkeit.

Das Fußball-Grabfeld des Hamburger Sportvereins liegt gleich am Stadion, inmitten des städtischen Friedhofs Altona. Der Besucher passiert ein Fußballtor aus Schwarzbeton. Dahinter hügeln sich im Rasenrund sanfte Grabterrassen auf. Bislang sind sie unbelegt, bis auf zwei Mustergräber und zwei anonym versenkte Urnen. Nur auf der mittleren Traverse nennt eine Marmorplatte einen Namen: Elfriede Eberstein 15.11.1932 – 21.12.2010. Darunter ist noch Platz für ihren Mann.

Ihn treffen wir morgen. Jetzt setzen wir uns für ein Sonnenstündchen zu Frau Eberstein und schmökern in Peter Cardorffs ewigkeitskundigem Werk »Der letzte Paß. Fußballzauber in Friedhofswelten«. Eichenlaub rieselt. Ein Blatt segelt ins Buch, auf den Satz: »Die Toten sind für die Lebenden da, nicht umgekehrt.«

Wer will hier ruhen und wer nicht? Wir fragen die Zielgruppe, beim HSV-Training im Stadion. Breitbeinig, mit verschränkten Armen, observiert der Trainer Thorsten Fink die Leibesübungen seiner Abstiegskandidaten. Oben auf den Rängen kiebitzen dreißig Unentwegte, viele davon Rentner. Sie erleiden das unhanseatische Geballer der Sportfreunde Guerrero, Jarolim und Heung Min Son. Sie träumen von Uwe Seeler, der aber am Samstag wieder nicht treffen wird, sondern seinen 75. Geburtstag feiert. Ein Senioren-Trio – Elbsegler, Beulenjeans & Wildlederjackett – beseufzt die jüngste Pleite. Der Huckel da, sagt Elbsegler, das is wo der Aogo vor dem Tor von Lautern weggerutscht is. Wildlederjackett: Da kann er sich einbuddeln lassen.

In Holland oder England wäre das möglich. In Deutschland herrscht Friedhofspflicht. Meine Herren, fragt der Reporter, haben Sie auch eine Meinung zur letzten Ruhestätte des HSV?

Jung, sagt Elbsegler, von mir kriggs du nix.

Wir wolln nich auf den Friedhof, sagt Beulenjeans. Wir wolln lebenbleiben.

Paßt nich nach Hamburch, sagt Wildlederjackett. Paßt nach Dortmund oder Schalke.

Was ist denn da der Unterschied?

Hamburg, erfahren wir, sei eine Stadt mit Stil und vielerlei Kultur. Ruhrgebietler hingegen müßten mangels lebenswerter Umwelt zwangsläufig dem Fußball verfallen wie einer Religion. Nach Niederlagen heule der Schalker öffentlich, erwachsene Männer flennen wie die Kinder, nee, nee, nee.

Wir fragen andere. Ein Fanfriedhof sei Schwachsinn, findet der bayerische Spion, so was gebe es in München nicht. Skurril, sagt die junge Mutter, Männersache. Ihre Begleiterin: Die letzte Ruhestätte soll den Wünschen des Verstorbenen entsprechen, und wenn einer weiß, wo er hinkommt, erleichtert ihm das vielleicht den Gedanken an den Tod. Wer will, der soll, sagt der Frankfurter Junge, ich will nicht. Seine Freundin: In der Großstadt leben viele für Fußball, das ist ihre Familie. Er: In Argentinien gibt's Fußball-verrückte, die beten in der Kirche zu Maradona.

Kann Fußball Religion sein?

Nein, sagt das Mädchen. Der Junge: Religion nicht, aber Glaube. Sie: Aberglaube. Er: Ja.

Ich bin überhaupt nicht religiös, aber vielen bietet das Fußball-Leben, was sich frühere Generationen aus der Religion geholt haben: Rituale, Mythen, Emotionen. – So spricht der Mann, der 2008 den Fanfriedhof initiiert hat. Christian Reichert war damals HSV-Vorstand für Fan-Angelegenheiten. Der freundliche Bär und sein Nachfolger Oliver Scheel laden zu Grünkohl und Knackwurst in die Raute, das Stadion-Restaurant. Wir fragen: Warum wird der HSV-Friedhof nicht angenommen?

Das muß nicht brummen, sagt Scheel, wir müssen nicht Gräber

verkaufen wie Dauerkarten. Reichert: Die Leute, die jetzt sterben, haben oft schon Familiengräber.

Aber drei Beisetzungen in drei Jahren?

Das Projekt ziele in die Zukunft, erklärt Reichert. Traditionell hätten die Menschen an ihrem Geburtsort gelebt und sich dort begraben lassen. Die heutige Gesellschaft wandert, sagt Reichert. Wer stirbt schon noch in seiner Geburtsstadt? Und worauf gründet das Bestattungsvorrecht der Kirchen, wenn nur noch 50 Prozent der Hamburger gläubig sind? Es gibt einen Trend zur Anonymität, auch bei der Bestattung. Dagegen müssen Friedhöfe Angebote machen. Was liegt näher als ein Grab, an dem meine Freunde alle 14 Tage vorbeikommen? Meine Mutter liegt in Hofgeismar bei Kassel, da war ich acht Jahre nicht.

Wollen Sie auf den HSV-Friedhof?

Ich hab meiner Frau gesagt: Du mußtest mich schon das ganze Leben mit dem HSV teilen, du entscheidest.

Was sagt Uwe Seeler?

Der findet es übertrieben. Aber als Hamburger Ehrenbürger wird er wahrscheinlich eine Supergrabstätte in Ohlsdorf bekommen.

Was verdient der HSV an der Sache?

Keinen Cent. Bestatter und Steinmetze zahlen für die Raute eine Lizenzgebühr.

Seine Grundeinstellung zum HSV-Friedhof sei nicht überschäumend positiv, erklärt Holger Wende vom Großhamburger Bestattungsinstitut (GBI); später wird er das Projekt einen Rohrkrepierer nennen. Clubstrategisch sei die Sache nett gemeint, gehe aber an den Bedürfnissen der Trauernden völlig vorbei. Warum? Weil die Lebenden den Tod verdrängen. Begräbnisse wurden in aller Regel von Hinterbliebenen organisiert. Üblicherweise wolle die Witwe ein Grab an der nächsten Ecke. Es brauche schon ziemlich viel Glück, damit beide Ehepartner HSV-Fans sind. Wenn die Gattin ehelang darunter litt, daß der Gemahl am Spieltag erst nachts und besoffen heimkam, dann wähle sie als ihren Ort der Trauer nicht unbedingt den HSV.

Begrabt mich unter der Raute! – ist das nicht eher ein enthusiastischer Ruf aus der Mitte des Lebens?

In der Trauer, sagt Herr Wende, geht es um den Verlust eines Menschen, einer Seele. Da sind solche trivialen Weltbezüge völlig irrelevant, und zur Religion fehlt der Fußball-Ideologie die metaphysische Ebene. Dieser Kosmos ist viel zu klein geschnitten. Außerdem wird's teuer. Der HSV-Sarg kostet 2350 Euro, die Urne zwischen 295 und 390, dazu müssen Sie einen Grabpflegevertrag über 25 Jahre abschließen. Da landen Sie rasch bei 8000 Euro. Für die Hälfte kriegt man in Hamburg schon eine Bestattung, die okay ist.

Herr Wende empfiehlt uns die GBI-Filiale in der Fuhlsbütteler Straße, der sogenannten Bestattermeile. Dort, am Ohlsdorfer Friedhof, residiere mit Holger Langer ein glühender HSV-Fan. Wir suchen ihn auf. Herr Langer nennt sich Thanatologe; früher fuhr er zur See und vertrieb Electronica. Extra für uns läßt er den rautengeschmückten Sarg aus dem Lager holen. Ein blau-weißes Prachtstück, Kiefer, handlackiert. Verkauft wurde noch kein Exemplar.

Und HSV-Urnen?

Etwa 15, sagt Herr Langer, wohl auch an Souvenirsammler.

Glauben Sie, die Fan-Bestattungen boomen noch irgendwann?

Vielleicht bei der nächsten EM oder WM. Oder wenn der HSV Meister wird. Dann ist die Euphorie da.

Doch selbst Herr Langer bekennt, ein HSV-Begräbnis sei nicht sein sehnlichster Wunsch. Es wird Zeit, daß wir Horst Eberstein treffen. Das Club-Urgestein vom Jahrgang 1930 erklärt, er trage die Raute im Herzen. Im gleichnamigen Lokal erzählt der gebürtige Berliner sein wildbewegtes Leben, beginnend im Warthegau, wo der Vater Holzhandel und ein Sägewerk betrieb. Sohn Horst landete in Sonthofen, auf der Adolf-Hitler-Eliteschule.

Was wäre aus Ihnen geworden, wenn der Schulheilige den Krieg gewonnen hätte?

Führernachwuchs. Gauleiter.

Da war Ihnen das Schicksal aber gnädig.

Das findet Eberstein auch. Mit 15 sollte er die Amerikaner am Überschreiten der Donau hindern. Das mißlang. Er schmiß die Wehrmachtjacke weg, schnitt sich die Uniformhosen ab und wurde wieder Kind. Wir überspringen ein Jahrzehnt Lebensroman.

Es verschlug den begeisterten Sportler nach Hamburg und zum HSV, wo er 17 Jahre als Leichtathletik-Betreuer wirkte, bevor ihn der Fußball ergriff. Er war Amateurvorstand, Bundesliga-Teammanager, im Ehren- und im Aufsichtsrat ... Geschichten ohne Ende. Nun ist Eberstein Pensionär und Witwer, bis ihn dereinst das HSV-Grab mit Frau Elfriede vereint. Mir war gleich klar, sagt er, da legst du dich hin.

Was sagte Ihre Frau?

Ich hab ihr das erzählt, dann war das in Ordnung. Gefragt hab ich nicht. Zu Hause herrschte der HSV. Meine Frau ist durch mich HSV-geprägt worden. Wir haben eine sehr gute Ehe geführt. Ich war acht Tage in der Woche unterwegs. Unsere zwei Kinder hat meine Frau aufgezogen.

Jede Frau macht das nicht mit.

Nein. Meine Frau kann nichts dafür, daß sie mich an ihrer Seite hatte.

So wird es wieder werden – dann für immer. Uwe Seelers Unsterblichkeit symbolisiert sein fünf Meter hoher Bronzefuß neben dem Stadion. In seiner Geburtstagsrede traf »Uns Uwe« den nüchternen Hamburger Herzenston: Man ist so, wie man ist, und das Schönste auf der Welt ist, dabeizusein.

November 2011

Quellenverzeichnis

Freiheit, die ich meine
Geschrieben für dieses Buch im Herbst 2011

Gewinn und Verlust
Erstveröffentlicht in »Die Zeit«, Nr. 40/2010

Die kleine Einheit
»Die Zeit«, Nr. 45/2009 (stark erweitert)

Wer nichts wagt, der darf nichts hoffen
»Die Zeit«, Nr. 24/2011

Schiefer als Pisa
»Die Zeit«, Nr. 40/2011

Verstecker und Entblößer
»Zeit-Magazin« Nr. 14/2011

Vaterlandsriesen
»Die Zeit Geschichte« Nr. 3/2010

Die freie Entwicklung aller
»Die Zeit Geschichte«, Nr. 3/2009

Kronzeugen des Arbeiterstaats
»Die Zeit Geschichte«, Nr. 1/2009

Das Blut der Befreiung
»Die Zeit Geschichte«, Nr. 3/2006

Bürgerdämmerung
»Die Zeit Geschichte«, Nr. 2/2010

Gottes Hochhäuser
»Die Zeit Geschichte«, Nr. 1/2010

Sehen und Glauben
»Die Zeit« (Sonderbeilage Reisen), Nr. 11/2009

Der Träumer und sein Traum
»Die Zeit«, Nr. 15/2008

Die Band spielt weiter
»Die Zeit«, Nr. 21/2006

Die ewige Band
»Zeit Online«, 17.8.2007

Der weiße Papst der schwarzen Kunst
»Zeit Online«, 6.5.2011

Der Schmerzensmann
»Palmbaum«, Heft 1/2010

Heimspiel in der Ewigkeit
»Die Zeit«, Nr. 46/2011

Bildnachweis

Umschlag Titelbild: Caspar David Friedrich: »Der Chasseur im Walde«
  (1813, Privatbesitz)
Vordere Umschlagklappe: Kathedrale von Amiens (Aufnahme: Christoph
  Dieckmann)
Seite 85: Wolfgang Kumm / dpa-picture alliance
Seite 253: Lutz Müller-Bohlen
Alle weiteren Aufnahmen stammen von Christoph Dieckmann.